中公文庫

革命戦争回顧録

チェ・ゲバラ
平岡　緑 訳

中央公論新社

目次

第二部　キューバ革命戦争について　171

編集ノート

キューバ革命戦争回顧録を綴った本版は二部に分かれている。第一部は一九六三年にキューバ出版組合が発刊した初版本を厳密に複刻したものである。その初版本の多くの章は、これまですでにキューバ革命軍の機関誌「ベルデ《緑の》・オリーボ《オリーブ》」誌に連載物として発表されている。それが単行本として出版された後、チェ・ゲバラはその一冊に追加、削除、訂正文を挿入する形で（これらのページは写真となって本書中に掲載されている）刊行済みであった自著の中身を編集した。こうして訂正された部分はその後の重版に反映されなかった。チェの同志であるチェ・ゲバラ研究センターの理事長アレイダ・マルチが長年経ってから書き込みのあるチェの所蔵本を発見したことで、ようやく彼の追加文は本文に組み入れられ、この版で初めて日の目を見る運びになった。

第二部では一九六三年以降にチェが革命戦争について綴ったエッセーや逸話が紹介されている。これらの逸話を通じて、チェは過去の戦いを追想する一方で新たな戦いを説明して、グランマ号がキューバ沿岸に上陸した一九五六年十二月二日からキューバ革命が勝利する一九五九年一月一日まで続いた勇壮な戦闘に、より思慮深い政治的な分析を加えている。

緻密に再校の作業がなされ、キューバのハバナにあるチェ・ゲバラ研究センターによって公認された本版のキューバ革命戦争回顧録には当時の貴重な写真も添付されており、これまで出版された中で最も権威のあるものである。

オーシャン・プレス

エルネスト・ゲバラの伝記覚書

タイム誌が「今世紀の聖像《イコン》」の一人に掲げたエルネスト・ゲバラ・デ・ラ・セルナは一九二八年六月十四日、アルゼンチンのロサリオに誕生した。彼はブエノスアイレスで医学を修学中にも、そしてその直後にも、ラテンアメリカ諸国を数回にわたって巡歴している。そこには彼が一九五二年に、ノートン社製のおんぼろのオートバイを駆けってアルベルト・グラナドと共に楽しんだツーリング旅行も含まれるが、そのときの様子を、彼は青春時代の日誌、「オートバイ日記」として書き遺している。

彼はその時すでに政治活動に身を投じており、一九五四年当時居住中であったグアテマラでは、ハコボ・アルベンス政権がＣＩＡ《アメリカ中央情報局》の軍事工作により転覆する場面に遭遇した。エルネストは筋金入りの過激分子としてメキシコへ逃亡した。

ゲバラはグアテマラ時代の連絡を辿って、メキシコ・シティに亡命中のキューバ革命細胞集団に接触を図る。一九五五年七月、彼はフィデル・カストロに出会うとその足でキューバのフルヘンシオ・バティスタ独裁政権の打倒をめざすゲリラ遠征隊に入隊する。キューバ人たちは彼に、アルゼンチンで人気のある呼び名「チェ」を愛称として与えた。

一九五六年十一月二十五日、ゲバラは、キューバのシエラ・マエストラ山中で革命武装闘争に着手したゲリラ隊付きの医師としてヨット「グランマ号」の船上の人となり、キューバへ向けて出帆した。数カ月のうちに彼は、フィデル・カストロにより叛乱軍初の指揮官に任命されたが、その後も負傷したゲリラ戦闘員やバティスタ軍の捕虜兵を医療面で世話した。

一九五八年九月、彼とカミロ・シエンフエゴスはシエラ・マエストラから西の方角へ別途ゲリラ縦隊を率い、バティスタ軍を敗北に追い込む上で決定的な戦役（これについては彼自身が後日『キューバ革命戦争回顧録』の中で解説している）をはたした。

バティスタが一九五九年一月一日に逃亡した後、ゲバラは国立農業改革研究所の工業局長として、その後は国立銀行総裁として、新革命政府の重要な指導者となった。一九六一年二月には工業大臣に就任した。一九六五年にキューバ共産党と改名した政治組織〔社会主義革命統一党。一九二五年に結成された共産党とカストロらの七月二十六日運動が、一九六一年に合併、結成された。一九六五年に元の党名、共産党に戻った〕の中心的指導者の一人でもあった。

こうした幾つもの重職とは別途に、ゲバラはキューバ革命政府を代表する立場で数多くの使節団を率いて世界各地へ赴き、国連およびその他のアジア、アフリカ、ラテンアメリカ、社会主義諸国における国際フォーラムで演説をおこなった。彼は第三世界の情熱的で雄弁なスポークスマンとしても名声を博したが、中でも最も有名であるのはウルグアイのプンタ・デル・エステ会議において、ケネディ・アメリカ合衆国大統領の「進歩のための同盟」を公然と非難した際の弁舌であった。

彼は、キューバ革命運動に参加した時からの決意に則して一九六五年四月にキューバを去ったが、その最初の目的はキューバ人で組織したゲリラ隊を率いてコンゴにおける革命闘争を支援するためであった。彼は一九六五年十二月、秘密裏にキューバへ帰国したが、その目的はボリビアに派遣するべく別の、やはりキューバ人で組んだゲリラ隊を準備編成するためであった。一九六六年十一月、ボリビアに入国したゲバラの計画は、同国の独裁的軍事政権に反対して革命運動を扇動し、それをゆくゆくはラテンアメリカ大陸に拡大させようとするものであった。彼がボリビア作戦を展開中に記録した日誌は「ボリビア日記」(邦題『ゲバラ日記』)として知られている。ボリビア戦線で負傷したチェは一九六七年十月八日、アメリカ合衆国で訓練を受けたボリビア軍の対叛乱活動隊に捕捉された。逮捕の翌日に彼は殺害され、その遺体は隠匿された。

一九九七年になってようやく、チェ・ゲバラの遺骸は発見されてキューバへ帰還した。キューバ中央部のサンタ・クララに記念碑が建立されたが、そこは彼が革命戦争時代に主戦を勝利に導いた要所である。

序文

アレイダ・ゲバラ

しばらく前に私の母が——一通の文書を探すために——父チェの私的書類を束ねた綴じ込み帳を整理していたところ、その中に、次のような手書きのメモを発見した。そこにはこう書かれていた。「これはいつの日か再版される時のために朱筆を入れて書き足したわが著書、『回顧録』である」

この追想の物語は、チェによって書かれたキューバ革命戦争（一九五六年—五九年）の回顧録を含む一冊の本が初めて読者の手に渡った一九六三年五月八日に遡る。著書本体は、チェが野戦日誌に記録した覚書を基にしている。若きエルネストの、回顧録としては処女作の「オートバイ日記」も同じような形で執筆された。『キューバ革命戦争回顧録』はより緻密な、洗練された文体で綴られているが、チェの若い頃の輝きと力強さは依然として健在である。時の流れの中でこの回顧録は重要な、かつ検証された価値ある年代記であると共に、大変貴重な歴史的意義を有する文書と目されている。

チェは後日、いつの日か著書の再版が決まった場合のために、若干の追加、編集作業および文体の変更を含めて原文を改訂していた。数年後、著作は実際に再版を重ね、チェが雑誌や新聞に発表したその他の資料——やはり同時代からの——を加えてページ数も増えた。と

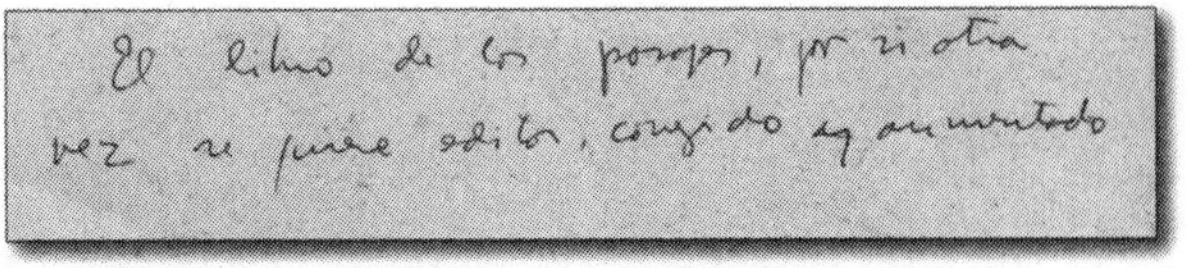

「ここにあるのはいつか再版される時のために修正し、加筆した著作『回顧録』である」――チェ・ゲバラ

ころがその版は、先にチェが指示した変更および訂正がなされないまま刊行された。

キューバのハバナにあるチェ・ゲバラ研究センターは、史実に基いて記憶を蘇らせて既刊本にある不十分な点を解明する過程で、本書の再刊を決定するに到った。このたび提案のあった改訂事項が適切な形で織り込まれたことで、チェが手書きで表明した希望は実現された。

したがってあなたが現在手にしている本は、既刊書のどれよりも精確かつ完璧なのである。また同時にそれは、チェ自身が筆を入れた原本の復刻版でもあるのだ。

チェ・ゲバラ研究センターとしても、チェの傑作の一つとされる本書を読者の手許に届けることができるのは最大の喜びである。本書を通じて読者諸君は、伝説的人物が生き抜いた非凡な瞬時の数々を探究できる。チェは本書を、彼の叙述法に特徴的な明晰かつ直截な文体をもって執筆しており、また未来を勝ち取るための戦いに心身を捧げたキューバの男女らが率いたゲリラ闘争について、その重要な各節目における報告もおこなっている。

もしもチェが、ここに記録された革命戦争の類まれな概要をあなた――とりわけこれまでチェの著作を読む機会のなかった年若い読者諸君——と分かち合うことができたら、あなたは本書を読了後に、キューバの人民について、また、われわれの革命闘争の過程で最も重要な歴史のひとこまについて、理解をより深めるに相違ない。なによりもあなたは、［バティスタとの対戦で］闘った者たちの人間性を、ひいては彼らの偉大さを、肌身に感じ取るであろう。

それぞれの逸話を読むことによってわれわれは、彼ら戦闘員のかたわらに身を置いて彼らの抱く懸念を憂い、彼らの成功を共に喜ぶことができるのだ。

いかようにして闘争が展開したのか、またチェのゲリラ戦闘員らがいかなる必要に応じて精励恪勤《かっきん》し、重大かつ自己批判的な解析をおこなってきたのか、われわれは改めて知ることもできる。こうした解析事項は、革命闘争を戦闘用の武器として採用しようとする者たちに必ず一つのメッセージを伝達するであろうし、また彼らが同じ過誤を犯さないよう助けになるであろう。

本書をひもといたときから、私の記憶には「殺された子犬」と題されたある逸話が深く刻みこまれている。私はその記憶を拭い去ることができないでいる。私には子犬のキャンキャンと鳴く声が聞こえ、ゲリラ戦士らの後ろめたさが身に迫って感じられた。戦場での決定が数秒間でおこなわれなければならない事実は否定できない。大勢の同志の生命が、事の迅速さに左右される場合は多い。正しい選択をしたとして自信に満ちる一方でこうした決断がしばしばもたらす苦悩を無視することもできない。これは戦う者すべてに共通していえよう。実は彼らも、われわれを個人として振り分けると同時に人間社会にある連帯意識を抱かせる諸々の複雑な感情をすべて備えた、あなたや私やその他の人たちと同じ人間なのである。

あなたには、この、わが人民の解放戦争における最終段階の年代記製作者とでも説明できる者が書きしるした本書を楽しんで読み、なにかしら学んで欲しい。戦闘員のかたわらで待ち伏せ戦に遭遇したら良いのだ。決断を下したら良いのだ。そして自由のために闘うことだ。彼らの中で最も戦闘に鍛えられ、愛される指導者の一人であった彼の体験録を通じて。しかし、この本を読み終えたところで武器を棄て去ってはならない。今日、最も使いでのある武器は知識であり理解なのだ——共に闘い続けようではないか、世界をより良くするために。

¡Hasta la victoria siempre!

永遠に勝利をめざして！

アレイダ・ゲバラ・マルチ

ハバナ、二〇〇五年六月

革命戦争回顧録

シエラ・マエストラにおけるフィデル・カストロとチェ・ゲバラ

第一部　キューバ革命戦争回顧録

エスカンブレー山中でのチェ・ゲバラ

序幕

　長い間、われわれはわれわれの革命について沢山の、そして様々な局面に説明を付しながらその歴史を書き残したいと思っていた。革命の指導者の多くが、私的にあるいは公的にそのような物語を著わしたい願望をしばしば表明してきた。しかし、片付けなくてはならない仕事が山積し、歳月が過ぎ、叛乱の追憶は過去の彼方に融け去っていく。すでに南北アメリカ大陸の歴史の一部と化してしまった当時の出来事はいまだにきちんと説明がなされていない。

　以上の理由により、私はここに、われわれ全員が参画した小競り合い、攻撃戦、戦闘について私自身の一連の追想を綴り残そうと思う。私としてはこの、記憶と数少ない走り書きに頼った断片的な歴史の記録を完璧な報告書と見なして欲しくない。そうではなく、私の希望はそれぞれの出来事を生き抜いた者たちがここに加筆し、さらには詳述することで、その内容を巧く作り上げていくことなのだ。

　全闘争期間を通じて私はキューバの地図からするとある一定の地点に留まる形で戦い続けていたため、当然ながら、そこ以外の地域で展開された交戦や重要な事柄には参加できなかった。それでも、われわれの革命活動を蘇らせ、この記録作業をいくらか順序だてておこなうためには、最初の戦いであるアレグリア・デ・ピオでの奇襲戦——フィデル・カストロが闘ってわが軍を不利に導いた唯一の交戦——から書き下ろすのが妥当であろう。
　この交戦の生き残りは数多く、私はそのひとりひとりに、各自が記憶を持ち寄って物語の余白を埋めるように奨励したい。その際私は唯一つ、語り部は峻厳なる真実を陳述すべしとだけ要求した。彼らは自分たちの勢力拡大のために足を運んでもいない場所へ行ったふりをしてはいけない。また細心の注意を払って不正確を排除しなければならない。私は彼らに、数ページを書きためた——彼らの気質と教養に応じて能力を最大に発揮して——ところでその内容について真剣にあら捜しをして、厳密を期して事実に則さない単語のすべてを、また事実として不確かなすべてを撤去するよう求めたい。私自身もこの心構えを固くして本回顧録のペンを執った。

エルネスト・チェ・ゲバラ
［一九六三年］

アレグリア・デ・ピオ

われわれは一九五六年十二月五日、オリエンテ州、ニケロ市のクルス岬近くのアレグリア・デ・ピオの地で独裁政権の軍隊に奇襲をしかけられた。

われわれは距離をこなしていなかったわりには骨の折れた行軍のせいで消耗しきっていた。われわれは十二月二日、ラス・コロラダス海岸として知られる地点に上陸をはたした。われわれは装備の大半を失い、下ろしたての長靴を履いて塩水の沼地を重い足どりで延々と歩いた。隊のほぼ全員が足に肉刺《まめ》ができて潰れた痛みに堪えていた。しかし敵は足に馴染んでいない長靴や化膿菌による炎症だけでなかった。われわれはメキシコ湾とカリブ海を越える七日間の航海を経てキューバに辿り着いたのだが、食物もなく、貧相な設いの船に揺られ、ほとんどの者が船旅に不慣れなために船酔いに苦しめられた。トゥスパン港を十一月二十五日に出航したが、その日は航海が全面的に禁止された激風の吹きすさぶ日であった。こうしたすべてが、実戦の場面に遭遇したことのない、無経験の新規補充戦闘員からなるわれわれの隊に影響を及ぼしていた。

戦備品としてわれわれの手許に残ったのは小銃、弾丸ベルト、濡れた弾丸数発がすべてであった。医薬品はどこかへ消えてしまい、背嚢《はいのう》のあらかたは沼地に遺棄してきた。その前夜、われわれは当時フリオ・ロボの所有であったニケロ精糖所のサトウキビ畑を通過した。われわれはサトウキビをかじって飢えと喉の渇きを癒すことができたが、経験不足のせいでサトウキビを剝いた皮としぼり滓《かす》をそのまま放り棄ててきた。といってもわれわれの道程を追う警備隊は痕跡などいっさい必要としていなかった、つまり――われわれは数年後に真相を知ったのだが――裏切って彼らをわれわれの許に案内したのはわれわれの道案内だったのだ。前夜、行軍を中断して休息を取った際、われわれはその男を行かせたのだが、それは長い闘争の日々の中でわれわれが、危険な地域では背景の不明な一般市民を決して信用してはならないということを学ぶまで、幾度か繰り返した過ちであった。あの状況下でわれわれはあの偽《にせ》者の道案内を絶対に立ち去らせるべきでなかった。

十二月五日未明、前進する気のある者は二、三人しかいなかった。昏倒する寸前にあってわれわれは、短距離を行っては長時間の休息をせがむ有様であった。このように全員が衰弱しているとあって、サトウキビ畑の端の密林に接した藪《やぶ》の中で行軍を中断するよう命令が発された。大半の者が朝じゅう寝入った。

正午に、われわれはあたりに異様な活気が張っているのを感じた。パイパー型の航空機に加えてその他の小型の軍用機および個人所有機が上空を旋回し始めた。隊員の中にはサトウキビを切り倒してはのんびりとかじり続けている者たちもおり、低速で低空飛行中の敵機の操縦士に自分たちの姿が丸見えであるのにも気付いていなかった。私は隊付きの医師として全員の肉刺だらけの足に手当てを施す仕事があった。私はその朝最後に診た患者を憶えている。彼の名前は同志ウンベルト・ラモッテであったが、その日は彼にとってこの地上で過ごす最後の日となった。私の脳裏には、彼がひどく疲労困憊し、疼痛を我慢しながら、俄《にわ》かづくりの応急処置所から自分の持ち場まで、履けない靴を片手にぶらさげて歩いて行く姿が浮かぶ。

同志［ヘースス］モンタネと私が、樹木にもたれて互に自分たちの子供のことを語らいながら、少量の糧食――ソーセージ半本とクラッカーを二枚――を食べていると、一発の銃声が轟《とどろ》いた。数秒の内に銃弾が雨霰《あめあられ》となって――少なくともわれわれにはそう感じられた、初の銃火の洗礼であったので――八十二名からなるわれわれの隊の上に降りそそいだ。私の小銃は最高級品ではなかった。私はここに来るまで全航海を通じて喘息の発作が長引き、健康状態がきわめて悪かったので、良質の武器を配給されて無駄にする責任を負いたくなく、わざとその銃を選んだのであった。その後起きたことはあまり憶えていない。私の記憶はすでに霞《かす》んでしまった。最初の集中砲火の後、当時大尉であった［ファン］アルメイダが近づいてきて命令を出して欲しいと頼んだが、下す者はいなかった。後になって私はフィデルが、境道さえ横切れば逃げこめる隣地のサトウキビ畑に全隊員を集結させようと試みたが上手《うま》くいかなかったということを聞かされた。奇襲はあまりにも大規模で、砲火はあまりにも激しかった。アルメイダは自分の隊の指揮を執るために駆け戻っていった。同志の一人が一箱の弾薬を私の足元に落としていった。私がそれを指差すと、その同志は今でもまざまざと思い出せる苦悩に満ちた表情で私を見返したが、それは「弾薬箱にかまってなどいられない」とでも伝えているようであった。彼はそのままサトウキビ畑に通じる道へ走り去った（彼は後にバティスタの手下らに殺害された）。

　これが正に私にとっては最初の、医者としての天職と革命戦士としての義務のどちらかを選ぶかのジレンマに直面させられた一瞬であった。まさにその時、私の足元には医薬品のぎっしりと詰った背嚢と一箱の弾薬が転がっていた。両方を背負うには重すぎた。私は医薬品をそのままにして弾薬を拾い上げ、サトウキビ畑へ向かって空き地を横断し始めた。私の脳裏にはファウスティーノ・ペレスが藪の中でひざまずいたまま機関銃を連射する姿が蘇ってくる。私のかたわらに［エミリオ］アルベントーサという名前の同志がサトウキビ畑をめざして歩いていた。われわれ二人に砲撃が命中した。私は胸に鋭利な一撃を感じると同時に首もやられたと思った。死を覚悟した。アルベントーサは血を吐きながら、四五口径の弾丸が切り裂いた深い傷口からも大量出血する身で、次のようなセリフを叫喚していた。

「やつらに殺《や》られた」

　そしてまわりに誰もいないのに小銃を乱射し始めた。私は地面に這いつくばったまま、

「ちくしょうめ」

　とファウスティーノに言うと、ファウスティーノは銃を手離さずに撃ちまくりながら私の顔をいちべつして、大したことはないと告げたが、その瞳の色は私を死んだのも同然と思っていることを物語っていた。

　地面に身を伏せたまま、私は負傷した連れが感じたと同様の衝動に駆られ、森の方向へ一

発放った。そしてその瞬間、万事休すと感じたので、すぐさま最良の死に方について考えを巡らし、ジャック・ロンドンの書いた往年の小説を思い出した。その主人公はアラスカの氷原地帯で自分が凍死しかけていることに気付くと、樹木に身をもたせ、従容と死の旅路につく準備をするのだ。私の頭に浮かんだのはこの場面だけであった。匍匐《ほふく》する誰かが、われわれは降伏すべきだと声を放つと応答があった。

「ここには降参するような者はいないぞ！」

と喚く一声——それがカミロ・シエンフエゴスのものであったのを私は後に知ることになる——に続いて悪口雑言が投げつけられた。すると［ホセ］ポンセが興奮して呼吸を荒げながら私に近づいてきた。彼は私に、両肺を貫通したらしい弾痕を見せた。彼が私に負傷したと告げるので、私も素っ気なく自分もそうだと応えた。するとポンセはその他の無傷の同志たちと一緒になってサトウキビ畑へ向かって這っていった。一瞬私は一人になった。死ぬためだけに転がっていた。アルメイダが寄ってきて先へ進むように追い立てるので、私は激痛に身をよじりながらサトウキビ畑の中に自分を引きずっていった。そこで私は、偉大な同志ラウル・スアレスが銃弾で吹っ飛んでしまった親指の傷の手当てをファウスティーノ・ペレスにまかせて、包帯を巻いてもらっているのを目撃した。それから全景——低空飛行する爆撃機が一帯を機銃掃射して混乱をいっそう極める中で、肥りすぎの戦闘員が一本のサトウキビの陰に隠れようとしていたり、砲火の炸裂する騒音に向かって訳もなく静かにしろと怒鳴りまくっている男がいたりの、ダンテ風でもありグロテスクでもある場面を背景に——がぼやけていった。

一隊が組織され、アルメイダが指揮し、そこに当時は中尉だったラミロ・バルデス指揮官、同志［ラファエロ］チャオ、［レイナルド］ベニテスが合流した。アルメイダを先頭にわれわれは幾列となく植えられたサトウキビの間を縫って最後の小道を横断してようやく安全な森に到達した。

「撃て！」

との最初の叫び声がサトウキビ畑のあたりから聞こえると、たちまち火炎と煙の柱が立ち上った。しかしそれも定かではない。わたしは敗北の惨めさとわが身に切迫する死の影で頭がいっぱいだった。

われわれは夜闇にすっぽりと包まれてそれ以上進むのが困難になるまで歩き続けた後、体を横たえ、寄り添い、ひとかたまりになって眠りにつくことにした。襲ってくる蚊の群れが、空腹で喉が渇いているわれわれをいっそう惨めにした。以上が一九五六年十二月五日、ニケロ近郊でわれわれが遭遇した最初の銃火の洗礼であった。それは叛乱軍にとって鍛錬の第一歩であった。

ラ・プラタの戦い

シエラ・マエストラ山中のラ・プラタ川の河口に配置された少人数からなる兵営を攻撃したのが、われわれにとって最初の勝利を収める結果となった。その戦果は絶大なもので、速報はそれが起こった嶮阻な地方よりもっと遠方まで駆け巡っていった。それは叛乱軍が実際に存在して戦闘の準備を整えたことを証し、注目を呼びかけたも同然であった。この戦いはわれわれに、わが方の最終的勝利の可能性を再認識させてもくれた。

アレグリア・デ・ピオで奇襲戦をしかけられてから一カ月余りを経た一九五七年一月十四日、われわれはラ・プラタ川とシエラ・マエストラ山脈から枝分かれして海洋に流れ込むマグダレナ川岸で行軍を停止した。フィデルは隊員を訓練するために射撃演習のまね事を命じた。彼らの中には生れて初めて武器を握る者もいた。われわれはそこで水浴——幾日間も衛生管理をほったらかしにしていたので——もした。また清潔な服に着替えることのできる者たちはそうした。当時われわれは作動する武器を二十三個所持していた。望遠照準器付きライフル銃九挺、自動装塡式の機関銃五挺、安全遊定式ライフル銃四挺、トムソン型の軽機関銃二挺、別種の軽機関銃二挺、一六口径の散弾銃。

その日の午後、われわれはラ・プラタへ出るために最後の丘を登った。われわれはめったたに人間の通らない狭い通り道を進んだが、それは、われわれのために特別にメルキアデス・エリアスという名前の農民が山刀《マチエテ》を振るって付けてくれた道であった。彼は、当時われわれにとってなくてはならない道案内で、叛乱農民の典型のように見えるエウティミオ［ゲラ］の推薦した男であった。彼は後日［ホアキン］カシージャスによって捕縛されたが、カシージャスは彼を処刑する代わりに、フィデルを殺害すれば一万ドルをくれて軍隊に入れて位官してやると誘って買収した。エウティミオは、引き受けた役割を実行する寸前までいったが、成し遂げるには勇気が足りなかった。いずれにせよ彼は敵軍に対して大いに利用価値を発揮し、わが方の野営地の所在を数カ所となく密告した。

その当時はまだエウティミオもわれわれに忠実に仕えていた。彼は土地の所有を巡って大地主に戦いを挑んでいる大勢の農民の一人だったが、地主に刃向かう者は、地主らの命令通りにする地方警備隊員に対してものろしを挙げることになった。

その日われわれが捕虜にした農民二名は、われわれの道案内の親戚であるのが判明した。一人は放免したが、もう一人は念のために捕まえておいた。翌日の一月十五日、われわれは、ラ・プラタの兵営が亜鉛板の屋根を乗せて建設中であるのを見た。半裸体の男たちが動きまわっていたが、それでも彼らが敵の軍服を着用しているのは判別できた。太陽の落ちる寸前の午後六時頃に一隻のボートが入ってきた。幾人かの兵士が上陸したのと入れ替わりに幾人かが乗船した。彼らの作戦行動を見極められなかったので、われわれは攻撃を明日まで延期することにした。

一月十六日の未明から、われわれは兵営を監視し続けた。沿岸警備艇は夜間のうちに引き揚げてしまい、一帯を見まわしても兵士の姿はなかった。午後三時に、われわれは兵営に通じる川沿いの道に接近して様子を探ることにした。夕暮れ時までにわれわれはラ・プラタ川の最浅瀬を渡り終えて道路上に陣立てした。五分後、農民二名を捕捉した。その一人にスパイの履歴があった。われわれは身元を明かした上で、情報を提供しなければ容赦しないぞと告げると、彼らは幾本か有益な情報をくれた。兵営にはおよそ十五名が詰めていた。地域の最も悪名高い牧夫頭《マヨラール》として三本指に入るチチョ・オソリオが、そろそろこの地点を通りかかるはずだとも教えてくれた。牧夫頭《マヨラール》たちは、ラビティ家が所有する大農園のために働いていた。ラビティ一族は巨大な所有地を築き上げ、チチョ・オソリオのような連中の手を借りて恐怖体制を敷き、管理を任せていた。それからまもなく、噂のチチョが酒の臭いをぷんぷんさせてラバに揺られ、やはりラバに乗る小さなアフリカ系キューバ人の少年を供に連れて姿を現した。ウニベルソ・サンチェスが、自分は地方警備隊員だぞと告げて停止を命じると、チチョは間髪を入れず応答した。

「蚊」

それが合言葉であった。

われわれは山賊の一団のように見えたに相違なかったが、チチョ・オソリオはすっかり酩酊していたので一杯食わせることができた。フィデルが一歩前へ進むと、自分は政府軍の大佐だが叛乱分子らがいまだに征伐できていない原因を調査しに訪れたのだと忌々しそうな口ぶりで言い放った。フィデルは、自分は森の奥深く入り込んでいたのだと自慢げに話して、髭はそのせいだと告げた。軍隊のやっていることは「お粗末だ」と付け加えて軍隊の有用性を一言のもとに貶《けな》しつけた。チチョ・オソリオはおどおどして、警備兵たちが時折無駄な発砲をする以外は一日の大半を兵営内にこもって徒食しているに過ぎないことを認めた。そしてあっさりと、叛乱分子は殲滅《せんめつ》しなければならないと賛同した。われわれはその地域で誰が友好的で誰が非友好的であるかについて入念に聞き取り調査をして、当然ながら登場人物をさか様にして彼の返答内容をメモに取った。チチョが誰かを悪玉と評した場合、その者はわれわれにとって善玉であり、云々。われわれは二十幾つかの氏名をすでに入手していたが、彼は早口でしどろもどろになりながらいつまでも喋り続けていた。彼は自分がいかにして二人の男を殺したかを語った後にこう締めくくった。

「だけど大バティスタ将軍様は私を即刻釈放してくれましたさ」

彼は「行儀作法をわきまえていない」二人の農民を殴ってやったとも話し、警備兵はそんなことすらできないと付け加えた。彼らは農民たちに勝手なことを言わせて懲らしめもしない。フィデルがオソリオに、もしも万が一フィデル・カストロを捕まえたらどうするかと訊くと、オソリオはきわどい仕草をして、自分は彼の――をちょん切ってやると言い、クレセンシオ「ペレス」にも同じことをしてやると告げた。さらに、

「見てやってくださいよ」

と彼は履いていた靴を指して言った。それはわれわれの隊員が着用しているのと同じ種類

のメキシコ製のものであった。

「この靴は……の息子たちの一人でわしらが殺したやつの持ち物だったのさ」

そこでチチョ・オソリオは、思わず知らずで、自らの死刑宣告に署名したのであった。フィデルの提案で彼にわれわれを兵舎に案内させ、兵士たちに不意討ちをくらわせ、彼らがどれだけ不用意で任務を怠っているか証拠を摑んでやろうという話になった。

チチョ・オソリオを先頭に立てて兵舎に近づく道すがら、私には彼がわれわれの計略を見抜いていないかどうか自信が持てなかった。しかし彼は、酔っ払ってまともに物事が考えられないというのに器用に歩き続けた。兵舎に接近するためにふたたび川を渡ったところでフィデルが、既存の軍規では捕虜は縛られていなければならないと通告した。オソリオはそれに対して抵抗もしないで、図らずも本物の捕虜のようになって先へと進んだ。彼はわれわれに、警備兵は建設中の兵舎の入口と、オノリオという名前のもう一人の牧夫頭《マヨラール》の家の門口にしか配置されていないと教えた。オソリオは兵舎に近いエル・マシオへ向かう道路上の地点に案内した。現在は指揮官になっている同志ルイス・クレスポが周辺を偵察して戻ると、牧夫頭《マヨラール》の報告内容に間違いないと告げた。クレスポは兵舎が二棟あるのを確認して、警備兵が残した煙草の吸殻の燃えさしを見たとのこと。

まさにわれわれが兵舎に接近しようとしたところに騎乗した三名の兵士が通りかかったので、彼らをやり過ごすためにひとまず身を隠さなくてはならなかった。男たちは一人の捕虜をまるでラバでも引っ張るようにして歩かせていた。彼らは私のかたわらを通ったが、その時の哀れな農民の言葉が今も耳に残って離れない。「わしらだってあんたたちの一人のようなもんなんですよ」

　そのうちの一人で、後日バソル伍長と確認された男が答えていた。

「へらず口を叩かずにさっさと歩け、さもないと鞭で引っぱたくぞ」

　われわれは兵営を砲撃する際にこの農民が中にいなければ難を逃れられるのだがと思ったが、その翌日、兵士たちは兵営が攻撃されたことを知ると、その捕虜をエル・マシオで惨殺した。

　われわれは攻撃するための武器を二十二個用意していた。肝腎な時だというのに、弾丸数があまりにも不足していた。しかしなんとしても兵営を強奪する必要があった。失敗すれば弾薬の無駄使いになるし、われわれは事実上丸腰になる。同志のフリオ・ディアス中尉――エル・ウベロ戦で雄々しい戦死を遂げた――、カミロ・シエンフエゴス、ベニテス、カリスト・モラレスが半自動式機関銃で装備して、右方の椰子葉で葺《ふ》いた兵舎を包囲する。フィデル、ウニベルソ・サンチェス、ルイス・クレスポ、カリスト・ガルシア、［マヌエル］ファハルド――現在指揮官、エスカンブライで［後日］斃《たお》された隊付き医師ピティ・ファハルドと同姓――そして私が中央から急襲をかける。ラウル［カストロ］とその一団およびアルメイダとその一団が左方から突撃する。

　われわれは兵営から四〇メートルのところまで接近した。満月が煌々と照る下でフィデルが機関銃を二度連射させ、戦闘の火蓋を切った。使える小銃をかかえた者たちが後に続いた。

われわれは即刻敵軍に降伏を求めたが、そうはいかなかった。銃撃戦が開始されるやいなや、殺人者であり情報提供者のチチョ・オソリオが処刑された。

交戦が始まったのは午前二時四十分であったが、警備兵らはわれわれの予想を上回って反撃の勢いを緩めなかった。われわれが降伏を呼びかけるたびに、M－1銃で武装した一人の軍曹が掃射でこれに応えた。われわれは手持ちの旧式のブラジル製手榴弾を使うように命じられていた。ルイス・クレスポが自分にあてがわれていた分を投弾し、私も自分のものを放ったが、あいにく両弾とも不発に終わった。ラウル・カストロがダイナマイト一本を投げつけたが爆発しなかった。ここまでくるとわれわれとしても我が身に危険が及ぶのは承知で、兵舎ににじり寄って火を放つより他に選択肢がなかった。ウニベルソ・サンチェスが一番乗りしたが失敗し、カミロ・シエンフエゴスの試みも不首尾に終わった。最後にルイス・クレスポと私がいくつかある建物の一棟に近づき、この同志クレスポが火をつけるのに成功した。燃え盛る炎に照らされると、そこが椰子の実のうず高く積まれた倉庫であるのが見取れたが、当方の行動は兵士らを脅かすのに十分で、彼らは戦闘を中断した。そのうちの一人が逃走を図ってルイス・クレスポの小銃にまともにぶつかってきた。ルイスはその兵士の胸部を撃ちぬくなり彼の小銃を奪い取ると、兵舎内へ向かって連射し続けた。カミロ・シエンフエゴスは木陰に身を隠して、逃げまどう軍曹に銃弾を浴びせ続けた結果、弾丸を切らした。まるで無力な兵士たちは、われわれに情け容赦なく銃弾を浴びせられて深手を負った。カミロ・シエンフエゴスが、われわれのいた側から兵舎内に最初に突入したが、そこで降伏を告げる叫び声が聞こえてきた。

われわれは戦利品を至急回収した。スプリングフィールド銃八挺、トムソン型の機関銃一挺、およそ一千発の銃弾。われわれは五百発程度を撃ちつくした。それに加えて弾丸ベルト数本、燃料、ナイフ、衣類、いくらかの食糧を手にした。死傷者――敵側は戦死兵二名、負傷兵五名、当方が取った捕虜三名。密告者のオノリオを含め幾人かが逃散した。わが方――まったく無傷。

われわれは兵舎に火を放った後、負傷者にできるかぎりの医療処置を施してから――そのうち三名の傷は深く、彼らの世話は捕虜たちにまかせた――撤退した。彼らが死亡したことは最終的勝利の後に聞かされた。その時の兵士の一人は後にラウル・カストロ司令官の下でゲリラ部隊に参加して中尉まで昇進したが、革命戦争後、飛行機事故で死んだ。

負傷者に対するわれわれの態度とバティスタ軍のそれはまるでかけ離れていた。彼らはわれわれの隊の負傷者を殺害しただけでなく、あろうことか自軍の兵士たちを置き去りにした。時の経過と共にこの差異は敵軍に悪影響を招き寄せ、当方の勝利につながる一つの要因となった。フィデルは捕虜たちに手持ちの医薬品をあるだけすべてを与え、負傷者には手当てを命じた。この決定事項は、隊付きの医者として利用できる薬はすべて備蓄しておきたかった私にとって悩みの種となった。われわれは民間人の身柄を解放し、一月十七日午前四時三十分、パルマ・モチャへ向けて出発し、夜明けと共に現地到着を果し、シエラ・マエストラ山脈の最も近づきにくい地帯を探索してまわった。

われわれの眼に映ったのは哀れな光景であった。前日、一人の伍長と一人の牧夫頭《マヨラール》が地区の全家族に、空軍による空爆が全域に及ぶと予告したために、海岸をめざしての大移動——農民ほぼ総出の——が始まっていた。われわれがその地区にいることは誰も知らなかったので、それは明らかに牧夫頭《マヨラール》と地方番が農民から土地と所持品を奪おうとして仕組んだ奸計であった。しかし彼らのついた嘘とわれわれの襲撃が偶然重なり、現実のものとなった。農民らの間には恐怖感が染み渡り、われわれとしても彼らに逃避行を中止させることができなかった。

今回の戦闘は叛乱軍にとって最初の勝ち戦となった。われわれの隊が隊員数を上回る数量の武器にありつけたのは今回と次回の戦闘だけであった。農民にはまだ闘争に参加する気構えができていなかった上、都市部にある複数の基地との連絡網は事実上存在しなかった。

アロヨ・デル・インフィエルノの戦い

アロヨ・デル・インフィエルノ《地獄川》はパルマ・モチャ川に注ぐ細くて浅い川である。われわれはパルマ・モチャから離れてこの川に沿って進み、流れに接する丘の斜面を登って小さな円形の空き地に出たが、そこに作男用の小屋を二軒発見した。われわれはここに野営地を設けたが、当然ながら小屋は触らないでそのままにした。

フィデルは、敵の軍隊がわれわれのおおよその居場所に狙いをつけて追ってくるであろうと推測していた。彼はそれを前提に敵兵を幾人か捕獲する目的で待ち伏せ戦をしかけることに決めて、隊員を配置した。

フィデルはわれわれの隊の防御線に絶えず警戒の目を光らせ、点検と確認の作業を繰り返しおこなった。等高線は山頂へ向かって五メートル前後ごとに不規則な曲線を描いていた。一月十九日の朝、隊を点呼中であったわれわれは由々しい結果を招きかねなかった不測の出来事に遭遇した。私はラ・プラタ戦の戦利品としてバティスタ軍の軍曹から鉄かぶとを奪って大威張りで着装していた。ところがその私が、開けた林地を徒歩で隊の点検に出向いた際、当方の前衛隊の歩哨が、やや遠くからわれわれのやってくる物音を耳にし、敵軍の鉄かぶとを被った者が先頭に立って一団を率いているのを目に入れた。運が良かったことに、彼らはその時武器の手入れ中で、カミロ・シエンフエゴスの銃だけが操作可能の状態にあった。彼はわれわれに向かって発砲したが、すぐさま自分の誤解に気付いた。一発目を外した後に機関銃が作動しなくなったので、それ以上は発砲できなかった。この事故は、戦闘がいざ開始されるまで極度の緊張を強いられているわれわれの情況を表していた。そのような時には、最も神経の図太い猛者《もさ》でも自分の膝がガクガク震えているのに気付くし、全員が戦場で自分に華々しい瞬間が舞いおりるのを切望している。それでいてわれわれには誰一人として戦いたいと思っている者などいやしなかった。全員が必要に迫られて戦っていたのだ。

　一月二十二日未明、われわれはパルマ・モチャ川の方向で銃声が散発的に数度響いたのを聞いたので、防御線の陣容をさらにいっそう厳重に立て直し、警戒を一段と深め、差し迫った敵軍の到来に備えることを強いられた。

　敵兵が近くまで迫っていることを確信したわれわれは、朝も昼も糧食を口にしなかった。しばらく前にグアヒロ〔田舎の出身者〕のクレスポと私は、雌鶏の巣を見つけて隊員たちに卵を配給したが、習慣通りそのうちの一個だけは雌鶏が今後も産卵し続けるようにと巣に残してきた。その二十二日、クレスポと私は未明に銃声が鳴ったのを念頭に入れて、取っておいた最後の一個を食べることにしてそうした。われわれが一軒の小屋内に人影を見たのは正午であった。われわれは最初、同志の誰かが命令に背いて小屋に近づいたのだと思ったが、実はそうでなかった。独裁者の軍隊の一兵士が偵察にやってきたのだ。その後さらに六名の兵士が出現した。幾人かが現場から立ち去り、三名だけがわれわれの視界に留まった。警備兵が周囲を見まわした後に草を数本むしってカモフラージュのために耳の後ろに挿し、おとなしく日陰に座っているのを、われわれは観察していた。望遠照準器を通してはっきりと見える彼の表情に恐怖の色はなかった。フィデルの発砲は彼を動転させた。彼は、

「ああ、母さん！」

というようなことをかろうじて叫び終えると倒れてこと切れた。銃撃戦が拡がり、不運な兵士の仲間の二人も斃れた。私は、私のいる側に近い小屋内に兵士が一人銃撃を逃れて身を潜めようとしているのに突然気付いた。私のいる高い位置からは小屋の屋根がその兵士の胴体を隠していたので、二本の足しか見えなかった。私は彼をめがけて発砲したが狙いを外した。二発目が胸部に命中して兵士は倒れ、手離した小銃は銃剣が床に突き刺さったままになった。私はグアヒロのクレスポに掩護されて家の中に入り、兵士の遺体を点検した。彼の所持していた弾薬、小銃、その他若干の所持品を奪った。兵士は胸を全面的にやられていたが、おそらく銃弾が心臓を直撃して即死だったと思う。彼には早くも死後硬直の最初の兆候が出ていた。多分行軍の最後の日で心身が疲弊していたからであった。

戦闘はきわめて敏速に結着がついた。われわれの戦略が成功裏に実行された後、全隊で退却した。

目録を作成すると、撃った弾丸はおよそ九百発で、満杯の薬莢《やっきょう》から七十発を回収したことが判明した。われわれが手に入れた一挺のガランド銃はエフィヘニオ・アメイヘイラス司令官に進呈され、彼は革命戦争を通じてそれをおおむね愛用していた。われわれは敵兵四名

の戦死を確認したが、それから一カ月後に捕まえた密告者から実際には五名が死亡したことを知った。圧倒的勝利ではなかったが、さりとてピュロス王の勝利〔紀元前三〇六?――二七二。古代ギリシャ王のピュロスがローマ軍を破った折に多大な損害を蒙ったことを指す〕ほど引き合わない勝利でもなかった。われわれの部隊は新たな状況下で敵とぶつかり、試金石を当てたのであった。

これによってわれわれの意気は大いに上昇気運に乗り、おかげでわれわれは敵の大部隊の追跡から逃れて最も近づきがたい区域をめざして終日登攀《とうはん》し続けることもできた。われわれは山の向う側に到達した。道程からするとわれわれは同じく撤退中のバティスタ軍と平行して歩いており、両者共同じ山頂を越えた。われわれの隊と敵隊は二日間、お互いに気付かないままほぼ並列状態で行軍していたのだ。一度はラ・プラタ川のような細い流れに沿った、道路から二度ばかり折れ曲がったところの、敵が避難中の小屋とあまり離れていない小屋で寝た。敵の巡察隊を指揮する中尉はサンチェス・モスケラだったが、彼は略奪行為を頻繁に繰り返すことでシエラ・マエストラ山中に悪名を轟《とどろ》かせていた。戦闘開始の数時間前に耳にした銃声は、われわれの隠れ場所に案内するよう迫られて拒絶したハイチ系農民を撃ち殺したものであったのは、この際記述しておかねばなるまい。もしも彼らがこの人殺しをしなかったら、われわれは注意を喚起させられることもなく、また彼らもわれわれの待ち伏せに遭遇しなかったであろう。

今回もまた、われわれの装備品は過重であった。多くの者が小銃を二挺背負っていた。このような有様では歩行も容易ならなかったが、アレグリア・デ・ピオの大惨事の直後とは目に見えて士気が一変していた。数日前にわれわれは、われわれの隊より小規模だとはいえ兵営に立て籠もって身を守る敵の部隊を撃ち破ったのであった。そして今われわれは、兵数からしてわれわれの隊を上回る、行軍中の縦隊に敗北の煮え湯を飲ませたばかりであった。この種の戦闘ではまず、敵の前衛隊の歩哨を斃すのが肝要であることを、このたび全隊員が身をもって確認できた。前衛隊の歩哨をやられたら軍隊は麻痺状態に陥るからだ。

空爆

サンチェス・モスケラ部隊を破って勝利した後、われわれはラ・プラタの川岸沿いに歩行し、しばらくしてマグダレナ川を渡り、すでに馴染みになっていたカラカス地方に帰着した。しかし状況は、当初われわれが経験した、つまり潜伏中のわれわれを村人たちが援助してくれた頃のものとは違っていた。今やカシージャス部隊は通過するたびに、地方全域に恐怖の種をばらまいていった。農民らは霧散し、無人の小屋とわずか数頭の家畜が後に残されていた。それらをわれわれは犠牲にして食べた。家屋内に留まるのは賢明でないことを経験から学んだわれわれは、かなり離れた小屋で夜を過ごしてから来た道を登って森中へ戻ると、カラカス峰のほぼてっぺんに湧く小さな泉のかたわらに野営地を設けた。

マヌエル・ファハルドが私の許へやってきて、戦争に負ける可能性はあるのか質問したのはこの地においてであった。私がした回答は、勝利に酔いしれていたのはさておいて、いつもと変わりなかった。この戦争は、間違いなく勝利する。彼は尋ねた訳を、ガレゴ〔中南米で侮蔑的にスペイン人を指す語〕のモランから、戦争に勝つのは不可能で、われわれは見込みのない状況にあると告げられたのでと弁明した。ガレゴはファハルドに脱走を勧めたそう。私がこのことをフィデルに告げると、彼は私に、すでに直接モランから彼が隊の士気について密かに調査している旨を耳打ちされていると教えた。これは最良の方法でない点で、われわれは意見の一致をみた。フィデルは、紀律の高揚をいっそう強く求めると同時に、紀律が無視された場合に発生しかねない危険について説明する手短な演説をおこなった。なお彼は厳刑によって処罰される三つの罪を発表した。命令の不服従、脱走、敗北主義。

当時のわれわれの境遇は特に満足すべきものでなかった。縦隊は戦闘行為によってしか鍛えられ得ない士気に欠けており、政治意識の結束が不在であった。ある日、一人の同志がわれわれのもとを去ると、翌日にはもう一人がいなくなるという按配で、多くの者が、より危険を伴うとしても不便で粗末な田舎生活から逃れることのできる、都市部での割り当て任務を依願した。それでもわれわれの組織活動は方針に則して進行していた。ガレゴのモランはごく近隣の農民と密接にかかわりあいながら食糧を調達し、疲れを知らない活躍ぶりを披露した。

［一九五七年］一月三十日の朝、われわれはこれまで通り気力を漲《みなぎ》らせていた。裏切り者のエウティミオ・ゲラが以前から病気の母親を見舞う許可を願い出ており、フィデルはそれを認めて旅費まで手渡していた。エウティミオによれば旅は数週間を要した。われわれはその時点で一連の出来事の意味を把握していなかったが、今にして思えばこの男の以前からの挙動が万事を物語っていた。帰隊したエウティミオは、パルマ・モチャまでもう一歩という地点で、政府軍がわれわれを追っているのに気付いたと告げた。彼は戻ってわれわれに警戒警報を鳴らそうとしたが、アロヨ・デル・インフィエルノ戦の現場となった農民のデルフィン

［トーレ］の地所内の小屋には兵士たちの遺体が転がっているだけであった由。エウティミオは、われわれの跡を追ってシエラ・マエストラを越え、ようやくこうして再会できたのだと話した。しかし実際には捕まって捕虜にされていたのであった。金銭および軍隊の任官と引き換えにフィデルを暗殺するよう説伏され、それ以降彼はずっとスパイとして敵軍に仕えていた。

この計画の一端としてエウティミオは前日に野営地から立ち去っていた。寒い夜の明けた一月三十日、われわれが起床の準備をしているところに飛行機の飛び交う轟音が聞こえた。われわれは森中にいたので飛来地点を特定できなかった。われわれの野営用の炊事場は二〇〇メートル下方の小さな泉のほとりにあり、そこには前衛隊の歩哨が配置されていた。突然戦闘機が突っ込んでくる大音響がしたかと思うと、機銃掃射音がガタガタと鳴り、その直後に爆弾の炸裂音が響いた。きわめて限られた経験しかなかったわれわれの耳には四方八方で銃撃音がこだましているように聞こえた。五〇口径の銃弾が地面を直撃して炸裂した。われわれが耳にしたのは空中から機関銃を一斉射撃する発砲音であったが、弾丸が間近で破裂するので、あたかも敵勢が森中から発砲しているかのような印象を与えた。このため、われわれは地上軍に攻撃されたのだと思った。

私は、前衛隊の歩哨の集結を待って空爆の際に散らばった補給物資を回収するよう指示された。われわれは隊の残りの者たちとクエバ・デル・ウーモで落ち合う段取りになった。私は同志のスペイン市民戦争の古参兵チャオと共に、所在不明になった幾人かの隊員をかなりの間待ったが誰一人現れなかった。われわれは揃って背負った荷物の重さに打ち負かされそうになりながら、縦隊の判別しにくい足跡を追って、空き地に出たところで休憩した。しばらくすると物音がして人の気配を感じたので、我々が通ってきた縦隊の道跡へ目を転じると本隊に復帰しようとしていた、同じ前衛隊所属のギジェルモ・ガルシア（今日の指揮官）とセルヒオ・アクーニャの姿を発見した。しばらく熟考した末にギジェルモ・ガルシアと私が、飛来音の途絶えたこともあって野営地の様子を偵察しに戻った。われわれを待ち受けていたのは荒涼たる光景であった。革命戦争中は幸運にも二度となかったほどの不気味な精確さをもって野営地の炊事場が狙い撃ちされ、全壊していた。竈は機関銃の砲火によってこっぱみじんになり、われわれの隊が前衛歩哨地を後にしたわずか数分後に、正にそのど真ん中で爆弾が炸裂していた。ガレゴのモランともう一人の同志が野営地から偵察に出かけていたが、モランが単独で戻ってくると、遠方に軍用機を五機目撃したが近場に地上軍はいない模様だと伝えた。

われわれ五人は重荷を背負うと、知り合いの農民小屋が焼け落ちて寒々とした場景の間を縫って歩行し続けた。その間に出会ったのはわれわれの顔を見てニャオーと悲しげに鳴いた猫一匹と、われわれの足音を聞いてブウブウと鼻を鳴らして出てきた豚一頭であった。われわれはクエバ・デル・ウーモという地名を耳にしたことはあったが、その位置を正確に知らなかった。そこで同志に出くわすのを期待する一方で、味方に代わって敵に遭遇するのを怖れて不安のうちに夜を過ごした。

一月三十一日、われわれは耕作された田畑を見下ろす山頂に陣地を設けた。そこからだとクエバ・デル・ウーモなる地点を見極められると考えたのだ。われわれは周辺を偵察してまわったが収穫は何もなかった。五人のうちの一人のセルヒオが、野球帽をかぶった二人組を見かけたように思ったそうだが、報告するのが遅れたのでわれわれはその二人に追いつけなかった。われわれはギジェルモと共にアヒ川岸近くの谷底を探検に出かけてギジェルモの友人から食べ物を分けて貰ったが、そこでも村人たちは恐怖に駆られていた。ギジェルモの友人がわれわれに告げたところでは、シロ・フリアスの店の商品はすべて警備兵らが強奪して燃やしてしまったとのこと。ラバが接収され、ラバ使いは殺されたそう。シロ・フリアスの店は焼き払われ女房は捕虜にされた。朝方通過していった兵士たちはカシージャス少佐の手下の者たちで、家の近くのどこかで睡眠をとった由。

二月一日、われわれはほぼ野天というにふさわしい小さな野営地に留まって前日の行軍からの疲れを癒した。午前十一時、山の反対側で砲撃音が発せられたのを聞くとまもなく、われわれは近くで、誰かが必死になって救援を求めているような絶叫を耳にした。このすべてでセルヒオ・アクーニャの神経はぷちんと切れたようであった。そして彼は黙りこくったまま弾丸ベルトと小銃を置き去りにすると哨所から逃亡した。私の野戦日記にはその日、彼が麦藁帽子一個、コンデンスミルク一缶、ソーセージ三本を持ち去ったとの記述がある。当時のわれわれはミルク缶とソーセージに強く執着していた。数時間後に物音がしたので、われわれは脱走者が裏切ったかもしれないと思って防御のために身構えた。しかしそこに現れたのは、われわれの隊のほぼ全員からなる大縦隊を連れたクレセンシオと、ロベルト・ペサントの率いるマンサニージョからの新隊員らであった。行方不明者は脱走者のセルヒオ・アクーニャと同志たちカリスト・モラレス、カリスト・ガルシア、マヌエル・アクーニャ、それに十字砲火のあった最初の日に行方不明になった新規補充戦闘員［エバンヘリスタ・メンドーサ］たちであった。

われわれはふたたびアヒ川の峡谷に下降したが、途上マンサニージョで差し入れられた補給物資が、各隊員に救急品一式と着替えと共に分配された。われわれは、マンサニージョの娘さんたちがわれわれのために［銘々の］頭文字を刺繍してくれた衣類を受け取って大いに感激した。その翌日の二月二日、グランマ号上陸から二カ月後に、われわれは不動の一団としてふたたび打ち揃った。マンサニージョから新たに十名が合流してくれたことでこれまでになく力強さを感じて意気軒昂であった。われわれは空から奇襲をかけられた原因について討議を重ねた結果、日中に煮炊きをしたことで竈から煙が上がり、軍機をわれわれの野営地に誘導したとして全員の意見が一致した。数カ月にわたって、いやおそらく革命戦争の間中、あの奇襲の記憶は全隊員にとって気持の上で重石となった。それ以降最後の最後まで、日中に戸外で火を熾《おこ》すことは好ましくない結果を招く恐れがあるとしておこなわれなかった。

実は裏切り者の密告者エウティミオ・ゲラが敵の偵察機に同乗してわれわれの所在地をカシージャスに指し示していたとは、当時のわれわれにとっては信じ難いことで、誰も想像すらしていなかったと思う。彼はわれわれの許を去って殺人者カシージャスと落ち合うために、母親の病気を言い訳に使ったのであった。

その後しばらく、エウティミオはわれわれの解放戦争の進展において敵意に満ちた重要な役回りを演じることになる。

アルトス・デ・エスピノサの奇襲戦

前述した空爆による奇襲戦の後、われわれはカラカス峰を去って馴染みのある地域に引き返すことにした。そうすればマンサニージョとも直接連絡が取れるし、外部からの支援も多く期待できるし、国内各地の情勢もより把握できるからだ。

われわれは来た道を後戻りし、アヒ川を渡り、われわれ全員が良く知る土地を通過してメンドーサ老人の家に到達するまで歩き続けた。われわれは、長年人間が足を踏み入れたことのなかった山の尾根伝いに山刀《マチエテ》を振るって小道を切り拓かなくてはならなく、進行は遅々たるものであった。われわれはほとんど何も食べずに山中で幾夜も過ごした。グアヒロのクレスポが豚のソーセージが四本入った缶詰――以前から取り置いていた――を捧げつつ、これを友たちのためにと言いながら現れた時のことを、私はこれまでの人生で最高の大晩餐会であったかのように今でも思い出す。グアヒロ、フィデル、私、誰かもう一人がその粗末な食事を豪華なご馳走のように賞味した。われわれが歩行し続けてカラカス峰の右側にある目的の家に辿り着くと、メンドーサ老人が何か食物をこしらえてくれた。危険を感じていたにもかかわらず彼は農民の律儀さをもって、われわれがその地を通過するたびにもてなしてくれた。これは彼が、クレセンシオ・ペレスとその他のわれわれの隊に所属する農民仲間の急場をしのいでやろうと示してくれた友愛の業であった。

行軍は私にとって苦業であった——私はマラリアの発作に苛まれていた。クレスポと忘れ得ぬもう一人の同志フリオ・セノン・アコスタが私に手を差しのべて、苦しい行程を完遂させてくれた。

その地区でわれわれの隊は決して農民の小屋に寝泊りしなかった。しかし私と、なにかといえばすぐ病気になる彼《か》の有名なガレゴのモランは、他の隊員らが近隣で歩哨に立って食事時にだけ小屋に足を運んでくるというのに、体調のせいで屋根の下で眠らせてもらった。

われわれは隊の規模を縮小せざるを得なかった。あまりにも士気が低下した一群の隊員らがいたし、重傷者が一、二名いた。後者の一人はラミロ・バルデス（今日の内務大臣）、もう一人はクレセンシオの息子の一人で後に大尉となって戦死したイグナシオ・ペレスであった。ラミリト［ラミロ・バルデス］はモンカダ戦［一九五三年］〔一九五三年七月二十六日早朝、カストロら一六五名の青年がバティスタ政権の打倒を目的にキューバ東部のサンティアゴ市内のモンカダ兵営を襲撃、これがキューバ革命の発端となった〕ですでに銃弾を受けていた同じ膝に重傷を負ったので、われわれとしては彼を後に残していくより選択肢がなかった。他にも若干名が脱退したが、これは隊にとって好都合であった。私が記憶している一人は山とゲリラだけの人里離れた場所で神経発作を起こして、自分はふんだんな食物と防空壕がある野営地を約束されてここまでやって来たのに、今や爆撃機に追いかけられ、それどころか頭上には屋根もなく、食糧や飲み水すらないと突然絶叫し始めるのであった。新米のゲリラたちがゲリラ活動の生活にいだく感想はおおむねこのようなものであった。居残って最初の試練を生き抜いた者たちは不潔に慣れ、飲料水、食物、雨露をしのぐ宿舎、安全確保の手段が欠如する状況を当然とし、頼れるのは一挺のライフル銃であり、小さなゲリラの核の結束と抵抗に守られて生きることに慣れていく。

シロ・フリアスが新規補充戦闘員数人を伴い、今なら笑えるが、当時はわれわれを困惑させた情報を携えて到着した。ディアス・タマヨが転向して、今にも革命軍と「取引」しそうである。そしてファウスティーノは幾千幾万もの大金をかき集めていた。端的にいえば、政府を転覆させようとの気運は全国を席捲しており、政府は大混乱に陥っているといったものである。われわれは悲しいニュースもいくつか耳にしたが、それは重要な教訓も伝えてくれた。数日前に脱走したセルヒオ・アクーニャが親戚の許に帰宅した。彼は従兄弟たちに向かって自分がゲリラとして立てた手柄を自慢し始めた。ペドロ・エレラ某がこれを漏れ聞いて地方警備員に告発した。例の悪名高いロセージョ伍長がやってくるとセルヒオを拷問し、銃弾を四発撃ちこみ、その後どうやら絞り首にしたらしい（刺客が誰であったかは実際に確認されていない）この出来事を通じて隊員らは一致団結することの価値と、共同体に身を置きながら運命を単独で逃れようとすることの無益を学んだ。しかしこれによってわれわれには野営地を移転する必要が生じた。なぜならこの若い男〔セルヒオ〕はわれわれがフロレンティーノの家にいるのを知っており、殺害される前に多分そのことを喋ったに相違なかった。

当時奇妙な事件があったが、それも後日われわれが証拠をつき合わせて初めて真相が判明した。エウティミオ・ゲラがセルヒオ・アクーニャの死を夢に見たとわれわれに告げ、その夢の中で彼を殺したのはロセージョ伍長であったと付け加えた。これが導火線となって、未来の出来事について正夢は実際にありえるかどうか、長い哲学的議論が交わされた。文化的あるいは政治風の主題を選んで解説するのを日課の一部としていた私はその場を借りて、未来を予告する夢はありえないことを皆の前で説明しようとした。今回の夢はとてつもない偶然の一致として解明できようし、とにかくわれわれ全員はセルヒオ・アクーニャの命運をこのように予測してもいた。ウニベルソ・サンチェスが謎解きをした。彼にいわせればエウティミオは「嘘言家」で、前日、ミルク五十缶と軍用品のランプを調達するために野営地を出たおり、誰かにセルヒオの一件について耳打ちされた相違ない。

虫の知らせの是非について最も強硬に主張したのは、前述の識字能力のない四十五歳になる農民のフリオ・セノン・アコスタであった。彼はシエラ・マエストラにおける私の初めての生徒であった。彼は読み書きを学ぶために勤勉な努力を重ねていた。私も行軍の歩を停めるたびにアルファベット文字を数字ずつ教えた。当時私たちは母音を勉強していた。フリオ・セノンは過去についてぐずぐずとこだわらずに将来を展望し、読み書きができるようになりたいという強い決意をもって学習に励んでいた。彼は、今日ある多くの農民たち、革命戦争時代の同志たち、あるいは彼の評判を知っている者たちにとって、多分に有用な模範例となるであろう。フリオ・セノン・アコスタは当時のわれわれにとって偉大なる同志の一人であった。彼は疲れを知らない仕事師で、地域の詳細に通じており、問題をかかえた戦闘員や都市部から出て来たばかりで厄介な場所から脱出するために必要な予備品をまだ持たない者に、いつも快く手を差しのべた。遠方の泉から水を運ぶのも、また素早く狙い撃ちするのも、雨の日に乾燥した小枝を探して急いで火を熾すのも彼の役回りであった。彼は実際にわれわれの隊の何でも屋であった。

　エウティミオは、彼の裏切りが判明する最後の日々のある夜半に、自分用の毛布がないと不平を鳴らし、フィデルに一枚貸して欲しいと頼んだ。その二月は山中の高所にいて寒かった。フィデルは、貸したら二人揃って凍えることになると返事をした上で、一枚の毛布にフィデルの上着を二枚重ねて、その下に二人で潜りこめば暖がとれると提案した。そしてエウティミオ・ゲラはフィデルを撃つためにカシージャスがよこした四五径のピストルを抱えてフィデルに寄り添い、一晩を過ごしたのであった。彼は山頂から退去する際に使うために二つの手榴弾も所持していた。彼はフィデルの身近に常時付き添っていたウニベルソ・サンチエスと私に、フィデルの警備を担当する隊員たちのことを話題にした。

「私にはあの護衛たちの様子がとても気掛かりです。用心が肝腎ですよ」

　フィデルの身辺には三名を付けてある、とわれわれは説明した。われわれ二名、グランマ号からの古強者、さらにフィデルの信頼する複数の隊員が個人的に彼を護衛するために交代で寝ずの番に立っていた。こうしてエウティミオは鼻先で息を潜め、革命の指導者を暗殺する機会を狙って、そのかたわらで一夜を過ごしたのであった。しかし彼は実行できなかった。その夜、キューバ革命の成否のおおむねが、一人の男の紆余曲折する思考、揺れ動く勇気と不安、その裏切り者の権力と富への渇望の葛藤に委ねられていた。われわれにとって幸運にはエウティミオの自制心が打ち勝ち、その日は何事もなく朝が明けた。

われわれはフロレンティーノの家を出て、狭い峡谷内の水枯れした川床に野営した。シロ・フリアスが、比較的近隣の実家から雌鶏数羽と食物を運んできてくれたおかげで、翌朝は熱いスープと食事が、雨宿りする場所もほとんどなくびしょ濡れになって過ごした夜の埋め合わせをしてくれた。エウティミオがそこいらを歩いていたとの一報も入った。エウティミオは隊の全員に信頼されていたので自在に往来していた。彼はその前にフロレンティーノの家にいるわれわれをみつけたのだが、病気の母親を見舞うために出立した後にカラカスでの出来事を目撃したので、その他起きたことを確認するためにわれわれを追いかけてきたのだと説明した。母親の病状は回復したとも言った。彼は途方もなく大胆不敵な賭けをしていた。われわれは、エル・ロモン、ロマ・デル・ブロ、カラカスの連峰に非常に近いアルトス・デ・エスピノサ〔エスピノサ高地〕と呼ばれる地点にいて、四六時中敵機の空からの猛爆撃を受けていた。易者のような顔つきでエウティミオが告げた。

「言っておくけど彼らは今日、ロマ・デル・ブロを空爆しますぜ」

敵機は実際にロマ・デル・ブロへ飛んできて機銃掃射をおこなった。エウティミオは跳びあがって喜び、自分の勘の良い予測が的中したことを自画自賛した。

一九五七年二月九日、シロ・フリアスとルイス・クレスポが日課になっている食料を求めて偵察行に出かけた後、あたりは静寂に包まれていた。午前十時、新規補充戦闘員の「エミリオ］ラブラダという名の農民の少年が、近くで何者かを拘束した。彼はクレセンシオの親類で、カシージャス軍の兵士らが駐屯している［レオン］セレスティーノの店の従業員であるのが判明した。彼はわれわれに、家には百四十兵がいると喋った。われわれの位置から眺めると、遠方のはげた丘の上に彼らの所在を確認できた。さらにその捕虜の話では、エウティミオが自分との会話の中で、翌日はわれわれのいる地区が空爆されると教えたそう。カシージャス軍は先へ移動したが、向かった方角については精確に言えないとも述べたとのこと。フィデルは疑惑を抱いた。ついにわれわれはエウティミオの奇怪な挙動に注目するに到って推測が行き交った。

午後一時三十分、フィデルは地区を離れることを決意し、われわれは峰へ登り、そこで斥候らが帰隊するのを待った。シロ・フリアスとルイス・クレスポが直ちに戻った。異変はなく、万事が平常通りであるように見受けられた。われわれがこのことを話している最中にシロ・レドンドが、人影の動くのを見たような気がしたからと沈黙を呼びかけ、自身の小銃の撃鉄を外した。銃声が一発、二発聞こえた。突如として攻撃を告げる銃声と砲声がわれわれの少し前までいた野営地に集中する形で空中いっぱいに広がっていった。新野営地はたちまち無人になった。後に私はあのフリオ・セノン・アコスタが、あの丘で永遠の眠りについたことを知らされた。無学の農民、読み書きのできない農民であっても彼は、革命には勝利した後も膨大な任務が課されているのを理解しており、自分自身もそれに備えるためにアルファベットを学んでいたのだが、使命を全うすることができなかった。われわれ全員はただ走りに走った。私は、医薬品、予備食、書物、毛布の詰まった、自尊心と喜びそのものである背嚢を置き去りにした。それでも私はラ・プラタ戦でバティスタ軍から奪った戦利品である一枚の毛布を摑んで走って逃げることができた。

私はすぐ隊の者たちに合流できた。アルメイダ、フリト［フリオ］・ディアス、ウニベルソ・サンチェス、カミロ・シエンフエゴス、ギジェルモ・ガルシア、シロ・フリアス、モトラ、ペサント、エミリオ・ラブラダ、それにヤヨ［レエス］。（この一団にはもう一人いたが、今はそれが誰であったのか思い出せない）。われわれは砲撃を避けるためにくねくねと回り道をして逃げたが、他の同志たちの命運については知る術もなかった。われわれを追って銃声が散発的に鳴り響いた。飛ぶようにして逃走しなければならないために足跡を消せず、われわれを追跡するのは容易《たやす》かった。私の時計によると午後五時十五分、われわれは森の端の岩だらけの地点に達した。しばらく考えた末に日暮れまではここに留まるのが良いと判断した。日中に空き地を横断したら目撃されてしまう。敵が足跡を辿ってわれわれを追ってきた場合、ここは自衛にうってつけの場所だ。しかし敵軍は姿を現さなかった。それでわれわれは、その地域について漠然とした知識しかないシロ・フリアスの不確かな道案内で先へ進むことができた。行軍を楽にするためと足跡を少なくするために、二手の偵察隊に分かれて進軍する提案がなされた。しかしアルメイダと私は、隊の結束を保持したいと望んでこの案に反対した。われわれはリモネスと呼ばれる場所にいることを確認した。幾人かの隊員はそのまま先へ行くことを望んだので、アルメイダ――隊長として一団を引率していた――はしばらく躊躇《ちゅうちょ》していたが、やはりフィデルが合流地点としてあらかじめ指定していたエル・ロモンをめざすよう、われわれに命令した。幾人かの隊員はエウティミオがエル・ロモンで落ち合うことを承知している以上、軍隊がわれわれを待ち伏せしているに相違ないとして反対した。エウティミオが裏切り者であることにもはやわれわれはいささかの疑いも持っていなかったが、それでもアルメイダはフィデルの命令に服従する決断を下した。

三日間離れ離れになった後の二月十二日に、われわれはエル・ロモン近在のデレチャ・デ・ラ・カリダード《恵みの右手》でフィデルとの再会を果した。そこでわれわれの前で、エウティミオ・ゲラが裏切り者であったことが確認され、全容を聞かされた。始まりはラ・プラタ戦でカシージャスに捕縛されたエウティミオが、生命と引き換えにいくばくかの金銭を与えられてフィデルの暗殺を命じられたのであった。カラカスでのわれわれの隊の陣容について情報を漏らしたのも彼であったし、われわれの行程（われわれは土壇場で予定を変更した）にあったロマ・デル・ブロの空爆を指示したのも彼であった。峡谷の小さな窪みに身を潜めていたわれわれへの攻撃を手配したのも彼であったが、フィデルが適切な退去を命じたおかげで、犠牲者が一名出ただけで全員が命拾いした。さらにわれわれは、フリオ・アコスタの他に少なくとも一名の敵兵の戦死を確認した。負傷兵も数名いた。私は自分の銃で誰も傷つけなかったし、斃さなかったことを告白しなければならない。その理由は、私は「戦略的撤退」を猛スピードで実行するのに精一杯だったので。われわれは今一度結成を固めた——われわれ十二人組（行方不明になったラブラダを除いて）と一団の他の者たち。ラウル、アメイヘイラス、シロ・レドンド、マヌエル・ファハルド、［ホアン・フランシスコ］エチェベリア、ガレゴのモラン、そしてフィデル。全員で十八名であった。この一団が一九五七年二月十二日当日の「再編制革命軍」である。幾人かの同志が四散し、経験未熟な新規補充戦闘員数人もわれわれを見棄てた。アルマンド・ロドリゲスという名のグランマ号以来の古参兵がトムソン型の軽機関銃をもって脱走した。最後の頃、彼は遠方から銃声が迫ってくるのを聞いただけで顔をあまりにも恐怖と苦悩で強張らせたので、後日われわれはその表情を「幽霊に憑依された顔」と称した。この、アルトス・デ・エスピノサ戦の前にわれわれの元同志が脅えるあまりに見せたと同じ、動物の顔つきを隊員が浮かべるたびに、われわれはたちまち不運な結末を予見した。あの「憑依した顔つき」とゲリラ生活は相容れなかった。そのような顔つきの者は、われわれの時代の新たなゲリラ用語では「三番手にまわされた」。ロドリゲスの持っていた機関銃はその後、かなり離れた農民用の小屋で発見された。特別健脚であったに相違ない。

裏切り者の末路

小規模な軍隊が再編制された後、われわれはエル・ロモン地区を離れて新たな土地へ移動することに決めた。道中、われわれは地域の農民と接触を図りながらわれわれの生存のために必要な基礎を築いた。同時にわれわれはシエラ・マエストラを後にして、都市部の組織化に携わる者たちと会うために徒歩で平原をめざした。

われわれはラ・モンテリア村を通過したところでエピファニオ・ディアスという名の男が所有する農場内の、川に近い柑橘類の植わる小さな果樹林に野営した。彼の息子たちも革命で戦っていた。

これまで「七月二十六日運動」の二派間の交流は、われわれが非合法の流浪生活をしていたためにいっさい不可能であったので、われわれは心して「七月二十六日運動」内での緊密な連携を求めた。実際的な話をすれば、われわれは異なる戦術と戦略をもつ別個の二集団であった。その後の数カ月間で運動の結束に暗雲をもたらすことになる執拗な対立は、その時まだ表面化こそしていなかったが、双方の考え方に差異があることはすでに知られていた。

その農場で、われわれは都市部の主だった活動家たちと顔合わせをした。その中には今やキューバ人なら誰も知らない者がいない三人の女性がいた。現在キューバ女性連盟会長であり、ラウル〔カストロ〕の同志であり〔妻の〕ビルマ・エスピン、カサ・デ・ラス・アメリカス〔出版、その他キューバの文化活動のための組織〕の会長でアルマンド・アルトの同志であり妻のアイデー・サンタマリーア、そして全闘争を通じてわれわれの親愛なる同志であり続けたセリア・サンチェス。彼女はこの出会いの後、われわれの身近に居続けたいとして、革命戦争の存続期間中ゲリラ隊に参加した。われわれがもう一人訪問したのは、長年来の知己であり、グランマ号の同志で、町中ですでに幾つか仕事をし終えた後に都市部の担当部署に戻って任務を継続するに先立ち、ここまで足を運んでくれたファウスティーノ・ペレスであった（その後まもなく彼は投獄された）。

われわれはアルマンド・アルトとも会ったが、さらに私にとっては最初で最後のものとなった、あのサンティアゴ〔サンティアゴ・デ・クーバ〕からやってきた偉大な指導者フランク・パイスとの出会いもあった。

フランク・パイスは初対面の時から尊敬を集める種類の人間の一人であった。現在遺されている写真とほぼ変わらないように見受けたが、その眼差しは稀に見る深さを湛えていた。

私としても一度会っただけの、すでに他界した同志についてここで語るのは難しい。彼の歴史は今や人民のものである。私が彼について唯一言えるのは、彼が大義にとりつかれた人間で、その実現を信じており、明らかに格の高い人間であることをその両の瞳が語っていたということだ。今日彼は「忘れえぬフランク・パイス」と呼称されている。そしてそれは彼と一度しか会っていない私にとっても本当である。フランクも短命を余儀なくさせられなければ大勢の同志の一人として、社会主義革命に共通する任務に全身全霊を捧げていたに相違ない。彼を喪ったことの損失は、人民が自らの自由を勝ち取るために払った大きな代償の一つである。

フランクはわれわれの汚れた小銃を手入れし、弾丸の数量を確かめ、紛失しないようにきちんと梱包することで、われわれに、秩序と紀律について物静かに教示してくれた。その日から私はこれまで以上に銃を丁寧に扱うことを自分の心に誓ったものだ（そしてそうした、といっても私は細心という点では手本にならないが）。

その同じ果樹林は他の出来事の舞台にもなった。われわれは初めてジャーナリストの、それも外国人ジャーナリスト――彼《か》の著名な「ハーバート」マシューズ――の訪問取材を受けた。彼が会見場に持ちこんだ小型の箱型カメラで撮影した写真はその後広範囲に流布し、バティスタ政権の閣僚が発表したおよそ馬鹿げた声明の中で熱く論議され取り沙汰される対象となった。その時通訳を務めたハビエル・パソスはその後ゲリラに加わり、しばらく留まった。

マシューズのする質問は、フィデルによれば――というのは、私は会見に同席しなかったので――明快で、曖昧《あいまい》なものは一つとしてなく、彼自身が革命に共感しているようであった。マシューズは反帝国主義者なのかと訊かれると肯定的に返答した、とはフィデルの弁。またマシューズは、バティスタ軍に「アメリカ合衆国から」武器が運び入れられていることに遺憾の意を示し、それらの武器は大陸を守るためではなく、むしろ人民を迫害するために利用されていると言明したそうだ。

マシューズの訪問は当然ながらきわめて短期間のものであった。彼が発つと直ちにわれわれは行軍の準備を整えた。しかしわれわれは、その地区にエウティミオがいる以上警戒を倍増するように忠告された。即刻エウティミオを捜しだして捕虜にするようアルメイダに命令が下った。フリト・ディアス、シロ・フリアス、カミロ・シエンフエゴス、エフィヘニオ・アメイヘイラスも捜索隊に加わった。シロ・フリアスによってエウティミオは難なく捕まり、一同の前に連行されてきた。われわれは彼が、四五口径のピストル、手榴弾三つ、それにカシージャスの発行した通行証を携帯しているのを発見した。こうして歴然とした証拠を握られてひとたび逮捕されたとなると、彼も自分の運命を悟らざるを得なかった。彼はフィデルの前に跪くと、われわれの手にかかって死にたいとだけ願い出た。死罪に値するのは承知していると言った。年老いたかのように見えた。鬢《びん》には、以前は気付かなかった白いものが増えていた。

異様に緊迫した空気が流れた。フィデルが彼の背信を激しく非難する言葉を投げつけると、エウティミオは自責に駆られて射殺されることだけを願望した。エウティミオの近しい友人であったシロ・フリアスが諸々を語り始めた時のことを、われわれは誰一人決して忘れないであろう。シロは、自分がエウティミオのためにしたことのすべてを彼に思い出させるために繰り返し述べた。自分たち兄弟がエウティミオ家のためにした数々の小さな親切、それなのにエウティミオがいかようまで自分たちを裏切ったか、まずそのためにシロの兄弟——エウティミオが軍隊に密告したため数日前に処刑された——が死んだ。さらに彼は隊を殲滅さ

せようとした。エウティミオは、何か所望することがあるかと訊かれると、

「あります」

と答えた。革命にというよりもわれわれにという方が妥当だが、自分の子供たちの世話を頼んだ。

革命はこの約束を守った。エウティミオ・ゲラという名は、今日この本の中で明らかにされたが、それはすでに忘れ去られた名前であり、おそらく彼の子供たちですら記憶していまい。彼らは別の姓名を名乗り、わが国の数多ある学校の一つで学んでいる。彼らは国内の全児童と同じ待遇を受けてより良い人生のために勉学に励んでいる。しかしいつかは彼らも、自分たちの父親が裏切り行為をしたために革命の正義の前に引き出されたことを知らされなければならない。また彼らとしても、栄誉と富を渇望する一人の農民が賄賂に目がくらんで重罪を犯しかけたが、過ちに気付いて反省したことを知るのは義に適っている。彼は、慈悲にすがろうとは決してしなかった。自分がそれを受けるに値しないことを自覚していた。なお彼の子供たちは、自分たちの父親が最期の一刻に彼らを想い、面倒を見てやって欲しいとわれわれの指導者に頼んだことも知るべきである。

いきなり大嵐になり、天空が闇に覆われた。豪雨が滝のようになだれ落ち、稲妻が空を縞状にして駆け巡り、雷がゴロゴロと鳴り響き、稲妻の閃光の走った直後に雷が幾度となくバリバリと音を立てて炸裂した。そしてエウティミオ・ゲラは生涯を終えた。彼のかたわらにいた同志たちの耳元にもその時放たれた銃声は届かなかった。

翌日、彼を埋葬した際の小さな逸話が思い出される。マヌエル・ファハルドが墓の上に十字架を立てたがったが、私はそのような処刑の証拠はわれわれが野営地を設けさせてもらっている地所の持ち主に甚大な危険を及ぼすからとして許さなかった。そこで彼は、かたわらの立ち木の幹に小さな十字架を彫りこんだ。そしてこれが裏切り者の墓を示す目印となった。

ガレゴのモランがわれわれの許を去ったのもその前後であった。その頃には彼もわれわれにあまり頼られていないことに気付いていた。われわれ全員が彼はいずれ脱走するものと決めていた（彼は以前にも一度、エウティミオを追いかけて森の中で道に迷ったという口実で、二、三日雲隠れしていたことがあった）。われわれが行軍を再開する準備をしている最中に、一発銃声が響いたので駆けつけると、モランが足に銃弾を受けて倒れていた。彼のかたわらにいた者たちは後日に仲間うちで、この一件について過熱した議論を幾度となく交わした。ある者たちはあの発砲を事故だったと言い、他の者たちはモランがわれわれに同行しないですむように自分で自分を撃ったのだと噂した。

その後のモランの人生――彼の背信、そしてグアンタナモの地で革命家らの手にかかって迎えた死――は、あの時彼が、故意に銃を自分に向けて発砲したのがほぼ真相であったことを物語っている。

われわれが出立した後、フランク・パイスは翌月すなわち三月の初めに一団の者たちを派遣することに同意してくれた。一団は、エル・ヒバロ近くのエピファニオ・ディアスの家でわれわれに合流することになった。

辛苦の日々

エピファニオ・ディアスの家を出た後の数日間は、私自身にとって革命戦争で最も辛く苦しいものとなった。私が以下の覚書を残したのは、革命闘争の最初の部分が全戦闘員にとってどのような日々であったか、読者に見当をつけてもらいたいと思うからである。もし本書のこの部分で、私がこれまでになく自分の個人的事情に触れているとしたら、それはその実態が後日になって複数の逸話に関連してくるからである。物語の一貫性を失わずしてその二つの事を分離するのは不可能である。

エピファニオの家を発った後、われわれ革命隊は最初からの十七名に加えて三名の新しい同志たち、ヒル、ソトロンゴ、ラウル・ディアスによって編制されていた。三名の同志はグランマ号に乗ってやってきた者たちであった。彼らはマンサニージョ近辺にしばらく潜伏していたが、われわれの存在を伝え聞いて合流することを決断した。彼らとわれわれの話は共通していた。彼らも農民の家に次々と庇護を求めて、地方警備員の目を逃れてきた。彼らはマンサニージョに到達すると、その地に身を潜めた。今や彼らは自分たちの命運を縦隊全体と一体にしたのであった。すでに説明した通り、当時は隊を拡張することが実に至難であった。新人が加わったとしても、去る者もまた幾人かいた。闘争に求められる身体的条件はきわれわれは常に包囲攻撃の的にされていた。わめて厳しかったが、精神的条件はさらにそれ以上で、われわれは常に包囲攻撃の的にされているような気持ちで日々過ごしていた。

われわれは、家畜が草を食《は》み終えた痕跡だけを残していった地帯に点在する灌木《かんぼく》の茂みに身を隠しながら、方角も定めずに、ゆっくりと歩行し続けた。ある晩、フィデルの小型ラジオに耳を傾けていたわれわれは、クレセンシオ・ペレスに同行したグランマ号時代からの同志が逮捕されたとの報道を初めて聞いた。われわれはすでにこのことをエウティミオが自白したので知ってはいたが、これまでニュースでは公表されていなかった。これで少なくとも彼の生存を知った。バティスタ軍の取調べから生還することは不可能に近かった。

その時も四方八方から切れ目なく機関銃を撃つ音が響いていた。警備兵がいつもの彼らのやり方で立ち木に向かって銃を撃ちまくっていた。しかし彼らは大量の銃弾こそ浪費したが、この地域に実際に足を踏み入れてくることはまずなかった。

私は自分の野戦日記に二月二十二日［一九五七年］、由々しい喘息発作に進展するかもしれない最初の症状が出たと記している。ところが喘息の薬が手許になかった。次回の再合流日は三月五日に決められていたので、われわれはそれまで数日間の待機を余儀なくされた。われわれは、フランク・パイスが武装した一団を送りこんでくれる予定日の三月五日に合わせるというだけで、かなり速度を落として歩行していた。われわれは少人数からなるわれらが前線隊を、増員に先立ってまず強化しなければならないと決めており、そのためにサンテイアゴで入手する武器はすべてシエラ・マエストラへ運び上げられる手筈になっていた。

ある未明、われわれはほとんど植生の見当たらない細い小川の岸辺に出た。われわれはその、ラス・メルセデス近くの、確かマハグアという名（今や私の記憶の中で固有名詞の類はやや覚束ない）の谷間で落ち着かない一日を過ごした。夜になって、われわれは馴染みのエミリアーノの家に辿り着いた。彼もまた、われわれの姿を見るたびに恐怖でおろおろしながらも果敢に、命がけで革命の発展のために貢献した大勢の農民たちの一人であった。時節はシエラ・マエストラ地方の雨季で、われわれは毎晩雨に降られ通しであった。一帯には敵軍がはびこっており、われわれは危険を承知で農家に入っていった。

　私は喘息が悪化して身動きもままならなかった。われわれは納屋側の小さなコーヒー畑の中で睡眠を取らなくてはならなく、そこで隊を編制し直した。私がここで話題にしているこの日、つまり二月二十七日か二十八日に国内の検閲令が解除になり、ラジオは過去数カ月間に起きたすべての出来事についてニュースをずっと流していた。彼らは、テロ行為およびマシューズ記者の、フィデルとの会見記を話題に取り上げた。その時、［バティスタ政権の］国防大臣が、マシューズの会見はでっちあげだと断定する彼《か》の有名なる声明を出して、彼に写真の公表を要求した。

　エミリアーノの息子のエルメスは炊事を手伝ってくれ、われわれの道案内をしてくれる農民の一人であった。しかし二月二十八日の朝に限って、彼はいつものように姿を現さなかった。フィデルは、先の状況が読めないことを理由に、われわれにここから即刻撤収して道路を見下ろせる地点に陣立てするように命じた。午後四時頃、ルイス・クレスポとウニベルソ・サンチェスが見張りに立っていると、ウニベルソが、山頂を占拠するつもりでラス・ベガス方面から道路沿いに進軍してくる大勢の兵隊を目撃した。われわれは敵軍が通行を遮断する前に大至急丘に駆け登って向こう側へ渡ってしまわなければならなかった。しかし敵軍を発見したのが早かったので移動はそれほど難業でなかった。われわれの立ち去った方角から迫撃砲や機関銃の連射音が響き始め、バティスタ軍がわれわれの存在を突き止めたことを証拠立てていた。誰もが丘の上に容易に到達して反対側へ越えられた。だが私には猛烈な努力が必要であった。丘の上に達するには達したが、喘息の発作がひどくて一歩進むのがやっとの有様であった。これ以上先へ行くのは無理なので置き去りにして欲しいと懇願する私の手足となってクレスポがどれだけ助力してくれたことか、私はよく憶えている。彼のグアヒ《か》ロは、仲間うちだけで使うあの独特なセリフ回しで私を叱りつけた。

「アルゼンチン人の大馬鹿野郎め……！　歩かなっきゃ小銃のしりっぺたで殴ってやるぞ」

彼は自分の大荷物に加えて私の荷物と、さらにその上実は私の身体までもおぶって、背中を土砂降りに叩きつけられながら丘越えを決行したのであった。

そうこうするうちに達した農民のほったて小屋で、そこがプルガトリオという地名の土地であるのを知らされた。フィデルは、叛乱分子を捜索中のバティスタ軍所属の［アルマンド］ゴンサレス少佐を名乗って通した。小屋の持ち主は慇懃無礼な態度で自分の家を提供して、われわれの世話をしてくれた。そしてそこにはもう一人、近隣の小屋からやってきたという彼の友人がいたが、この者が桁《けた》はずれのおべっか使いであった。私はあまりにも体調が悪くて、ゴンサレス少佐を演じるフィデルと農民との間で交わされる滑稽な会話を十分楽しめなかったが、その中で農民はフィデルに助言を与えてから、あの青二才のフィデル・カストロが山中で戦っている理由が分からないと声を大にして不思議がった。

私にとってこれ以上の行軍はもう無理なので事を決断する必要があった。思慮深くない隣人が立ち去った後、フィデルは家の持ち主に自分の正体を明かした。主は直ちにフィデルを抱擁すると、自分はオルトドクソ党〔真正党〕の支持者で、［エドワルド］チバスを信奉しており、われわれのために役に立てると告げた。その彼にマンサニージョへ赴いて必要な連絡を取ってもらうか、あるいは少なくとも医薬品を調達してきてもらうことを決める一方で、私は、彼の妻に気付かれずに、それどころかそこに潜んでいることすら疑われずに、家の近辺に残留することになった。

最近入隊した戦闘員で、疑り深い性格だが身体強健な者が私の付き添い役を任じられた。フィデルは気前の良いところを見せると、隊の宝物であるジョンソン型の連発銃を護身用にと私に手渡してくれた。われわれは全員が同じ方向をめざして発つふりをして、数歩先へ行ったところで私の連れ（われわれは彼を「エル・マエストロ」〔先生〕と呼んでいた）と私は森中へ消え、隠れ家へ向かった。マシューーズ記者が電話取材を受けて、有名な写真を公表すると発表したことがその日の大ニュースであった。ディアス・タマヨは、ゲリラを包囲する軍の前線は誰にも突破できないので会見はありえない話だとして唾棄《だき》した。アルマンド・アルトは運動のナンバー2であるという理由で投獄された。

件《くだん》の農民は与えられた任務を果して、私のために大量のアドレナリンを持ち帰った。その後の十日間は、シエラ・マエストラ山中における闘争期間で最も苦しい困難に満ちた日々の連続であった。私は、戦々恐々とする同志に付き添われて、木の幹伝いに、あるいは銃の尻で体を支えて歩行したが、連れは銃声が聞こえるだけで身震いし、私が喘息の発作を起こして危険な場所で咳きこむたびに神経を尖らせいらついた。いつもなら一日強あれば到達するエピファニオの家へ戻るのに十日間を要した。再合流日は三月五日に決められていたが、日程的にとても無理であった。軍隊の包囲前線のせいで、また迅速な歩行が不可能であったために、暖かく迎えてくれるエピファニオ・ディアスの家にわれわれが辿り着いたのは、ようやく三月十一日になってのことであった。

家の住人たちが、その後の出来事について教えてくれた。十八名からなるフィデル隊員は軍隊の攻撃を予想した時点で、お互いの行き違いのためにアルトス・デ・メリニョという高地で二手に分かれた。十二名がフィデルと共に、六名がシロ・フリアスと共に進んだ。その後シロ・フリアス隊は待ち伏せに引っかかったが全員が無事に逃れ、その付近で再度集結した。そのうちの一人ヤヨだけが小銃を持たずに戻ってくると、マンサニージョへ赴く途上エピファニオ・ディアスの家に立ち寄ったのでわれわれは彼からすべてを聞けた。フランクが応援に出してくれる隊は準備を整えていたが、フランク自身はサンティアゴの獄中だった。われわれはその隊長で、大尉の位をもつホルヘ・ソトゥスに会った。彼の方も、新隊結成のニュースが伝播して道路の警戒が厳重になったのが原因で三月五日の約束の日時には間に合わなかった。われわれはおよそ五十名を数える新規補充戦闘員の、直近に迫った到着に合わせて必要な準備を整えた。

増援部隊

われわれが新たに加わる革命の別隊を待機中であった三月十三日〔一九五七年〕、バティスタの暗殺未遂事件をラジオが報じた。その時の襲撃で落命した憂国の士数名の氏名が読み挙げられた。まず学生の指導者、ホセ・アントニオ・エチェベリア、メネラオ・モラを含めその他の者たち。未遂事件に関与していなかった者も亡き者にされた。その翌日にわれわれは、バティスタに対して常に断固として立ち向かっていたオルトドクス党の武闘派党員、ペラヨ・クエルボ・ナバロが暗殺され、その遺体が、エル・ラギトという名のカントリークラブのある特権階級の住宅用敷地内に放置されたのを知った。ここでペラヨ・クエルボ・ナバロを暗殺した者たちと暗殺された当人の息子たちが、キューバを、「共産主義の恥辱」から「解放」するために共にプラヤ・ヒロンの攻撃〔一九六一年〕を試みて失敗したという興味深いパラドックスは触れておくだけの価値があるかと思われる。

検閲というベールに覆われていたにもかかわらず、この不首尾に終わったバティスタ暗殺の企て――キューバ人民の記憶にしっかりと残されている――は検閲を通り抜けた。私はその時の学生指導者を直接知らなかったが、その友人たちとは、「七月二十六日運動」と革命幹部会が統一行動に合意した際にメキシコで出会っていた。当時の同志たちが誰であったかといえば、現在の駐ソビエト連邦大使フルクトゥーソ・ロドリゲスであり、ジョー・ウエストブルックであったが、その全員が襲撃事件に参加した。周知のように、彼らはもう少しで独裁者のいた三階まで到達するところだった。ところが成功間際までいった乗っ取りは、大統領宮に張り巡らされた罠を免れられ得なかった者たち全員が虐殺される修羅場に取って代わった。

われわれの増援部隊は三月十五日に到着する予定であった。われわれは定められた合流地点、峡谷内の川の曲り目で待ちくたびれていた。そこは潜んでいるのには格好の隠れ場所であったが、待ち人は現れなかった。後日、彼らは途上で幾つか厄介事に巻きこまれたのだと釈明した。三月十六日未明にようやく到着した彼らはひどく疲労困憊した様子で、夜明けまで休息できる木陰へ足を数歩運ぶのさえやっとであった。彼らはその地区で米栽培者の所有するトラック数台に分乗して現れたが、彼は今回の搬送に自分が関与したことに脅えるあまりコスタリカへ亡命した。しかしこの米栽培者はその後、キューバへ武器を空輸する輸送機に同乗して帰国して、英雄に祭り上げられた。彼の名前はウベルト・マトスである。

五十兵からなる増援部隊中、武装している者は三十名足らずであった。彼らはマゼン型とジョンソン型の機関銃を各一挺合わせて二挺を持参した。シエラ・マエストラ山中に数カ月間こもっているうちに経験を積んでいたわれわれは、新隊員らの有り様に、グランマ号でやってきた者たちが露呈した欠点のすべてを見出した。紀律の欠如、より大きな試練に対する適応不能、決断力の欠如、ここでの生活に対する順応不適性。五十名を率いるのは大尉のホルヘ・ソトゥスで、隊は各十名五個の分隊に分けられ、各分隊の指揮官は中尉であった。これらの位階は平原での活動組織を通じて任じられたが、今一度承認される必要があった。小隊長は次の者たちであった。その後まもなくピノ・デル・アグア戦で確か戦死したと記憶するドミンゲスという名の同志。都市部の市民軍のオルグで、独裁者がしかけてきた最後の攻防戦の終盤で勇敢な死を遂げたレネ・ラモス・ラトゥール。ようやくわれわれに合流を果したのに「フランク・パイス」隊の東部第二戦線にあって戦死し、死後ラウル・カストロによって指揮官に昇進したグランマ号時代からの古い仲間のペドリン・ソト。サンティアゴ出身の学生で指揮官の位に上がったが革命後自殺した同志ペナ。ほぼ二年にわたった戦闘の日々を唯一人生き残ったエルモ中尉。

新隊が抱える最大の問題は彼らが行軍を苦手としたことであった。隊長のホルヘ・ソトゥスは中でも最も苦手な一人で、常に立ち遅れて隊伍についてこられず、隊員らにとって悪い手本となった。私が隊の統轄を命じられていたが、このことでソトゥスと話し合いを持とうとすると、彼は、自分にはフィデルに隊員らを引き渡す責務があり指揮官は自分である以上誰にも隊員を託す訳にはいかない、の一点張りであった。その頃の私には、まだ自分が外国人であることに複雑な思いがあり、極端な措置を取りたくなかった。しかしソトゥスについては隊全員が当惑しているのが感じられた。短い行軍を幾度か重ねた後――といっても隊員らの貧弱な経験のせいで大変長時間を要した――われわれはフィデルを待ち受ける予定地、ラ・デレチャに到達した。その地でわれわれは事前にフィデルと分かれた少人数からなる一

団と再会した。マヌエル・ファハルド、ギジェルモ・ガルシア、フベンティーノ、ペサント、ソトマヨール三兄弟、

二つの集団に大きな差異があるのは歴然としていた。われわれの方は紀律正しく統制が取れており、こぢんまりとしているがまとまっており、戦闘経験があった。訓練されていない新規補充戦闘員らは当初は誰もが罹る軍隊生活不慣れ病に四苦八苦していた。彼らは一日一食の食生活に慣れておらず、糧食が美味でないと口にしようとしなかった。背嚢は無用物で膨れており、たとえば担いで重いとタオルよりもコンデンスミルクの缶を投げ捨てた（間抜けなゲリラの犯すへま）。われわれはこれを好機到来として、彼らが途上で置き去りにした缶詰類をすべて拾い上げた。ラ・デレチャに落ち着くと、ホルヘ・ソトゥス――隊員らへの思いやりに欠けたワンマン――と隊員らの間で摩擦が絶えなく、そのため隊内に緊張が高まった。われわれはついに特別に事前策を講じなければならなくなり、不慮の事態が勃発しないようにと、隠れ家の入口に機関銃分隊を立て、戦場での通称名がダニエルであったレネ・ラモスにその指揮を任せた。

しばらくしてからホルヘ・ソトゥスは特使としてマイアミへ派遣された。現地で彼はフェリーペ・パソスに面会したことで革命に対して裏切り行為を働いた。〔パソスは〕権力に対する果てしない野心に目がくらんで自分の責務を忘れてしまい、アメリカ合衆国国務省が背後で重要な役割を演じたでたらめな謀略にからんで、自らを臨時大統領に仕立て上げたのだ。

時が経過すると共にソトゥス大尉は自らの名誉を回復したいとの希望をほのめかすように

なり、ラウル・カストロが彼にその機会――革命は誰にもそれを拒まなかった――を与えた。それなのに彼は革命政府に対して陰謀を企むようになり、その結果禁固二十年の有罪判決を受けたが、共謀に加担した監守のおかげで連れ立って蛆虫ども［キューバ人右翼の亡命者］の理想的な避難所であるアメリカ合衆国へ逃亡した。

当時のわれわれはできる限り彼を支援しようと努力し、彼と新入りの同志たちとの喧嘩を仲裁し、紀律の必要性を説いた。ギジェルモ・ガルシアがカラカス地方へフィデルを探しに赴き、その間、私は足の怪我がおおむね治癒したラミロ・バルデスを連れ戻すために短期の行軍に出た。三月二十四日の夜半にフィデルが、その頃彼の身辺をしっかりと固めていた十二名の同志らと共に到着したが、その光景は実に印象的であった。手に入る素材ならなんでも利用して作った、やりかたかまわず縛って結んだ袋を背負うバルブド［髭面の男たち］たちと、清潔な制服を着用して顔にきちんと剃刀《かみそり》を当て、こぎれいな背嚢を持つ新入りの戦闘員の違いは明白であった。私が直面する諸問題をフィデルに説明し、将来の作戦計画を決定するために少人数の会議が開かれた。小委員会は、フィデル、ラウル、アルメイダ、ホルヘ・ソトゥス、シロ・フリアス、ギジェルモ・ガルシア、カミロ・シエンフエゴス、マヌエル・ファハルド、それに私によって構成された。フィデルは、私が権限を付与されていたにもかかわらず、それを行使しないで新参のソトゥスに任せていた態度を非難し、ソトゥスに対して敵意は持ちあわせないが、自分の意見では彼の態度は許容されるべきでなかったと開陳した。隊全体をいったん統合した上で、それを三グループに分け、それぞれをラウル・カストロ、フアン・アルメイダ、ホルヘ・ソトゥスら大尉たちが指揮する形で、新たに小隊が編成された。カミロ・シエンフエゴスが前衛守備隊を率い、エフィヘニオ・アメイヘイラスが後衛守備隊を指揮すると決められた。私は参謀幕僚隊に所属する医務担当員で、ウニベルソ・サンチェスが参謀隊指揮官の任務についた。

われわれの隊は増兵を得て新たな優秀性を確保した。われわれはさらに二挺の機関銃を手に入れたが、古物の上に手入れが悪く、使い物になるかどうか危ぶまれた。それでもわれわれは今や結構な兵力を有しており、早々に展開すべき軍事行動について討論を重ねた。私の感覚では、新兵を実戦の場に引っ張りだして鍛錬するには最初に出くわす敵の陣地を攻撃すべきであった。しかしフィデルと他の委員らは、新入りの隊員らが森林や山岳地帯での過酷な暮らしと荒野を縦断する長距離の歩行に慣れるまで、しばらく行軍を続けた方が良いと考えた。したがってわれわれは東方面へ移動してできるだけ歩行し続け、こうしてゲリラ戦争の初歩的訓練を終了した後、敵兵の集団に待ち伏せ戦を仕掛ける好機を見つけることにした。

部隊は意気込んで行軍の準備を整え、任務を遂行するために出立した。そして、最初に血の洗礼があったのはエル・ウベロの戦場においてであった。

隊員の鍛錬

一九五七年の三月と四月は叛乱部隊にとって再建と修業の二カ月となった。ラ・デレチャで増援部隊を迎え入れてからわれわれの隊は八十名の戦闘員を擁し、編制は次の通りであった。カミロの率いる四名編成の前衛守備隊。次の小隊はラウル・カストロの指揮下にあり、支えるのは各自が班を率いる三名の中尉、フリト・ディアス、ラミロ・バルデス、ナノ・ディアス（同じディアスを名乗る二人の同志は共にエル・ウベロの戦いで英雄的な戦死を遂げたが、親戚ではなかった。一人はサンティアゴ生れの者であった。現在、その町にはナノ本人と、サンティアゴ・デ・クーバで斃れた彼の兄弟に栄誉を授けて命名されたディアス兄弟精糖所が存在する。もう一人の同志ディアスは元グランマ号遠征隊員でモンカダ兵営襲撃戦にも参加したアルテミサ出身の者だが、彼はエル・ウベロ戦で最後の使命を果した）。ホルヘ・ソトゥス大尉に同行したのは次の者たちであった。シロ・フリアス（後に「フランク・パイス」隊の東部第二戦線にて戦死）、ギジェルモ・ガルシア（現在西部方面軍の指揮官）、レネ・ラモス・ラトゥール（シエラ・マエストラ戦で指揮官となった後に死亡）。全員が中尉であった。次はフィデルを最高司令官に仰ぐ参謀隊というか戦闘司令所員で、シロ・レドンド、マヌエル・ファハルド（現在陸軍の指揮官）、クレスポ（指揮官）、ウニベルソ・サンチェス、そして医師の私であった。

通常縦隊に随伴するのは当時大尉であったアルメイダの率いる小隊で、その配下にエルモ、ギジェルモ・ドミンゲス（ピノ・デル・アグア戦にて戦死）と［エルメス］ペーニャらがいて、全員が中尉だった。最後に中尉のエフィヘニオ・アメイヘイラスと三名の隊員が後衛守備隊として縦隊のしんがりについた。

われわれの隊の規模に鑑みて、各班が自炊して、食糧、医療品、弾薬の配分を手がけた。ほぼ全班において、また無論全小隊においても、古参者が新隊員に煮炊きの技芸や手に入る食材から最高の美味を引き出す秘訣、背嚢を荷造りする妙案、シエラ・マエストラ山中での行進の方式を教えた。

ラ・デレチャ、エル・ロモン、エル・ウベロ間の行程は車によって数時間で完走できるが、われわれにとってそれは隊員を戦闘およびその後の生活のために訓練するという重要な使命を遂しつつ、数カ月をかけてゆっくりと慎重な歩行軍を実施することを意味した。このようにしてわれわれはアルトス・デ・エスピノサをふたたび越えて進んだが、古参の隊員たちはその地でしばらく前に斃れたフリオ・セノンの墓に達すると、その周囲に儀仗兵の並列で立ちつくして栄誉を讃えた。その地で私は、当時の自分が全速力で決行した「戦略上の退却」の名残である野いばらに絡んだ毛布の切れ端を見つけた。私はそれを背嚢に仕舞うと、このような形で自分の備品を失くすようなことは二度としまいと自分に固く誓った。

医薬品の運び役として新規補充戦闘員のパウリーノ［フォンセカ］が私に付いた。おかげで私の任務はやや楽になり、毎日の長い行軍を終えた後に隊員たちの健康管理に目を配ることもできるようになった。われわれはゲラの裏切り行為のせいで敵機とあの不愉快極まる遭遇をした現場であるカラカス峰をふたたび越えた。われわれは、ラ・プラタ戦後に隊員の一人がより身軽になって退却しようとして置き去りにした小銃を見つけた。今われわれの手許に小銃の余分はなかった。それどころか数が足りなかった。われわれの隊は新たな段階に達していた。質的にも変化していた。敵はわれわれと衝突するのを怖れて全地帯に足を踏み入れようとしなかった。彼らとの小競り合いに巻き込まれるのはごめん蒙りたいというのはわれわれの本心でもあったが。

当時の政治的状況は日和見主義の風潮をかすかに含んでいた。パルド・ジャダ、コンテ・アグエロ〔二人ともオリエンテ・ラジオ放送局のアナウンサー〕その他の、似たり寄ったりの冷血なやつらの聞き慣れた声が扇動的に協調と和平を呼びかける一方で、政府に批判——気弱に——をぶつけた。政府は和平を口にしていた。新首相のリベロ・アグエロは、必要ならば自分がシエラ・マエストラへ出向いて国のために和平を取りつけてくるとほのめかした。しかしその数日後にバティスタは、フィデルとも叛乱分子らとも話し合う必要はないと豪語した。フィデル・カストロも誰もシエラ・マエストラにはいやしないし、「無頼漢の一味」と話し合っても意味はないと宣言した。

こうしてバティスタ側は戦闘の継続に乗り気であることをわれわれ側に示した訳なのだが、それは当方にとっても願ったりで、一も二もなく賛同した。軍隊の新作戦本部長が任命された。軍隊の食糧資金を着服していることが周知の［ペドロ］バレラ大佐である。彼はその後、武官として駐在していたベネズエラの首都のカラカスから、バティスタ軍が崩壊してゆくさまを静かに黙って見ることになった。

当時われわれのかたわらには人柄の良い者たちが数人いて、彼らはわれわれの運動の宣伝広告を、ほぼ商業的規模をもってアメリカ合衆国で展開するのに一役買ってくれた。そのうちのある二人は、不都合も若干もたらした。三人のヤンキーの「ムチャーチョ」〔少年〕が、われわれの闘争に参加したいとグアンタナモ海軍基地の両親の許から家出してきた。そのうちの二名は今までシエラ・マエストラ山中で放たれる銃声を耳にしたことすらなく、気候と不便な生活に音《ね》を上げ、ジャーナリストのボブ・テーバに連れられて下山した。三人目の少年はエル・ウベロ戦に参加した後に罹病して、だが一回は実戦を体験して、やはり立ち去った。少年たちは政治面で革命に対する心構えができていなく、単にわれわれに同行して自分たちの冒険心を満たしていたに過ぎなかった。われわれは立ち去って行く彼らを愛情をこめて見送る一方で安堵感もあった。特に私にはその気持ちが強かった。医師である私の両肩には、隊生活の苦労を辛抱できない彼らの介護がしばしばのしかかってきたからだ。

同じ頃、政府はシエラ・マエストラ山脈地帯が無人であるのを証明するために、数人のジャーナリストを軍用機に同乗させて飛来した。それは誰をも納得させられない不可思議な作戦であったが、なにはともあれバティスタ政権が、コンテ・アグエロのように革命家のふりをして国民相手に連日虚言を吐きまくる男たちの加勢をもとに世論を欺く手練手管を示していた。

こうした試練に満ちた日々に、荒い麻布地で作ったハンモックがついに私の手許に届いた。怠惰を取り締まる厳格なゲリラ法の規定により、荒い麻布地のハンモックを手にできる隊員は、自分の袋地を利用して自分専用のハンモックをすでに縫い上げた者に限られており、これまでの私には無縁の貴重品であった。誰にも袋地でハンモックを縫製することが許されており、作り上げた者は次に配給される麻布地製のハンモックを貰う権利を取得した。だが私にはリント布〔包帯用のメリヤス布〕アレルギー――繊毛《けば》が私に悪かったので――があるために袋地製のハンモックで寝ることができず、地べたに転がって寝るより仕方なかった。袋地製の余分のハンモックも持っていなかったので、麻布地製のものを受領する権利も持たなかった。こうした日常のこまごました事々が、ゲリラが個々に直面する私的ドラマの短編であった。しかしフィデルは私の個人的事情に気付いて、規則を破り、私にハンモックを手渡してくれた。これは、パルマ・モチャに達する直前の、山すその小さな丘上の、ラ・プラタ川岸での出来事であり、われわれが初めて連れ歩いていた馬を殺して食べた日の翌日のことであった。

馬肉は贅沢な馳走どころでなかった。それは、人間の適応能力に対する一種の激烈な形での試練を意味した。われわれの隊の農民たちは憤慨する余り自分たちの配給分に手を付けることを拒否した。さらに幾人かの者は、平時に畜肉処理をしていたという理由で最初の動物を殺して食肉にする役目に選任されたマヌエル・ファハルドをまるで殺人者呼ばわりした。

最初の馬の持ち主はラ・プラタの対岸出身のポパという名の農民であった。今やポパも［一九六一年キューバでの］識字運動を経て読み書きができるようになっている筈で、もしベルデ・オリボ誌のページを開くなら、あの夜半、人相の悪い三人の叛乱軍の者が彼の住む小屋の扉を殴りつけるよう叩いて開かせ、不当にも彼を密告者と誤解して、大きな馬具のせいで背中に傷のある年老いた飼い馬を奪っていったことを記憶に蘇らせるであろう。数時間後、この動物はわれわれの前にささやかな食事として供され、その馬肉は、幾人かの者にとっては素晴らしい馳走に、農民たちの偏見に満ちた胃腸にとっては一つの試練を与えることになった。彼らは男の旧友同然であった馬の肉を噛みしだきながら、自分たちが人食い人種のような行為をしていると思いこんでいた。

有名な訪問会見

一九五七年四月中旬、われわれは山岳地帯で訓練中の部隊と共にトルキノ山近くのパルマ・モチャへ戻った。その時期、山岳地帯での戦闘で最も実力を発揮したのは農民出身の隊員たちであった。

ギジェルモ・ガルシアとシロ・フリアスは農民からなる偵察隊を率いてシエラ・マエストラ各地を巡回しては新情報を収集し、偵察し、食糧を調達してきた。一言するなら彼らはわれわれ縦隊の、機動自在な前衛守備隊であった。われわれは、かつての戦場であったアロヨ・デル・インフィエルノにふたたび足を踏み入れたが、そこでは農民たちがわれわれを出迎えて、あの攻戦での悲劇を詳細に語ってくれた。誰がわれわれの野営地に軍隊を手引きしたか、その者の氏名も明言した。その者はすでに死んだ。農民らはゴシップの話術に実に長けており、その地域の世事についてたっぷりと情報を与えてくれた。

当時ラジオを所持していなかったフィデルが地元の農民に依頼して一台借り受けてきたので、その後われわれは戦闘員の背嚢に背負われた大きなラジオを通してハバナからの報道を直かに聞くことができた。いわゆる［市民の］保証事項が回復されたので〔検閲解除のこと〕、流れてくる口舌にもある種の真実と歯切れの良さが立ち返っていた。

バティスタ軍の偽伍長に見事に成りすましたギジェルモ・ガルシアと軍兵士に変装した同志二名が、われわれを軍隊に売り渡した密告者の捜索に出向いた。翌日、一行はその男を「大佐の命令の下に」連行してきた。騙されてやってきたそいつは、ぼろをまとった軍隊の姿を見るなり自分を待ち受けている運命を悟った。彼はあれこれ皮肉を交えながら、軍隊と自分の関係について全貌をわれわれに白状した。彼の言によると自分が「あのいんちき野郎のカシージャス」に、ゲリラの様子はすでに偵察済みなので是非とも軍隊をゲリラの居場所に案内して彼らの逮捕に協力したいと申し出たとのこと。しかしカシージャスらは耳を貸さなかったという。

その頃のある日、その丘のとある所で密告者は処刑され、遺骸はシエラ・マエストラ山脈の尾根に埋められた。セリアから、例の三名の小さなグリンゴ〔英米人の蔑称。ここではアメリカ人の家出少年を指している〕に面会することを口実にフィデルの訪問取材を希望する二人の北アメリカ人ジャーナリストを連れて来訪するとの伝言が届いた。彼女は「運動」のシンパから集めたいくばくかの義捐金も届けてよこした。

ラロ・サルディーニャスが、かつて商人だった頃から精通するエストラダ・パルマ地域を通って北アメリカ人の一行を案内してくることに決まった。われわれは、連絡役として役立ってくれると同時に、全地域で規模の拡大しつつある連絡センターとして利用できる常置基地を保ってくれる農民たちとの接触に、時間と精力を注いでいる最中であった。われわれは隊の必需物資センターとして使える農家を探すと、そこに、必要時には物資を引き出せる倉庫を設置させてもらった。こうした幾つかのアジトは、伝言やニュースを携えてシエラ・マエストラの山の背に沿って往来する早足伝令のための休息地としての役割も果した。

彼ら伝令は最長の距離をきわめて短時間で踏破する驚嘆すべき能力を持っており、われわれはいつも彼ら流儀の「歩行半時間」とか「すぐその先」といった表現に担がれたものだ。農民たちの時間の概念や一時間の長さは、都市居住者のそれと合致しなかったが、彼らの言い分には常に寸分の狂いもなかった。

ラロ・サルディーニャスに指令が出されてから三日後、われわれは六名の人間がサント・ドミンゴ地域を通過してこちらへ向かっているとの新情報を得た。女性二名、グリンゴ二名——ジャーナリストたち——それに誰だか分からない者たち二名。われわれの情報とは別に、地方警備員が密告者を通じてこちらへ向かっている一行の存在を知って彼らが滞在中の農家を包囲したとの急報も入った。

情報は驚くべき早さでシエラ・マエストラを駆け抜けるが、誤伝の場合もある。カミロが、北アメリカ人とセリア・サンチェスをなにがあっても救出するよう命じられて、小隊を率いて出立した。われわれはセリアが一団を伴って来訪するのを知っていた。彼女たち一行はともかく無事に到着した。虚偽の警報はどうやら一人の密告者によって引き起こされた敵軍の出動のせいであった。当時は後進的な農民の間にこのような密告者がたまにいた。

四月二十三日、ジャーナリストのボブ・テーバとカメラマンがわれわれの野営地に姿を現した。彼らと一緒に、同志たちセリア・サンチェス、アイデー・サンタマリーア、平原での

「運動」から派遣された者たちもやってきた。マルコスあるいは「ニカラグア」――「カルロス」イグレシアス司令官――は現在ラス・ビラスの州知事だが、当時はサンティアゴで武装作戦を担当していた。かつて「運動」の調整役で現在は国立銀行総裁のマルセロ・フェルナンデス。英語を話せる彼が通訳を務めた。

日程表に則して毎日が過ぎていった。われわれは当方の力量を誇示することで、北アメリカ人らの遠慮会釈ない質問をかわそうと試みた。われわれはこのジャーナリストたちについてなにひとつ知識がなかった。それでも彼らは三人の少年をインタビューし、少年たちも、共通点に乏しく順応するのが困難であったにもかかわらずわれわれとの原始的な生活の中で培った清新な心的態度を証しするようにして、非常に上手く質問に受け答えした。

その頃、われわれの革命戦争において最も愛すべき、また最も好かれた人物の一人である「バケリト」［ロベリト・ロドリゲス］が入隊した。ある日、別の同志と連れ立ってやってきたバケリトは、われわれを見つけると、あなたがたの所在を一カ月以上探しまわっていたのですと言いながら、自分はカマグエイのモロンの出身だと自己紹介した。そのような場合の恒例行事としてわれわれは彼を査問した上で政治に関する初歩的なオリエンテーションを与えたが、これは私の担当である場合が多かった。バケリトの頭はこと政治問題に関する限り空っぽで、ゲリラの経験のすべてを素晴らしい冒険と見ている陽気で健康的な青年以上の何者にも見えなかった。裸足《はだし》で到着した彼に、セリアが自分の皮製の、メキシコで履くような替えの靴を貸してやった。小柄な彼の足に合ったのが唯一彼女の靴であった。新品の靴を履いて大きな麦藁帽子を被った彼はメキシコ人の牛飼いすなわちバケロのように見えたので、バケリトという愛称が付いたという訳である。

これは誰もが知っていることだが、バケリトは革命闘争を最後まで見届けることができなかった。彼は第八縦隊の「決死隊」長として、サンタ・クララ陥落の前日に死亡した。われわれ全員は残らず記憶している。彼がわれわれとの生活の中で見せたこの上もなく喜びに満ちた様子、いっさい翳のなかった陽気な振る舞い、そして危機に直面した時の、あの不可思議なロマンチックな態度。そしてバケリトは驚くべき大嘘つきであった。彼はふだんの会話であまりにも真実を語らなかったので、嘘をついてもまずばれなかった。入隊したばかりで使い走りをしていた当時からその後の戦闘員時代にかけて、さらに「決死隊」長になってからも、バケリトには現実と夢想を明確に区別する境界線が存在しなく、彼の回転の早い頭脳が発案した通りの行為を戦場で実行に移すことができた。彼の極端なまでの剛勇は、われわれの叙事詩然とした戦争が終盤にさしかかる頃にはすでに伝説の域に達していたが、本人は革命の終わりを見るまで生きのびなかった。

ある日私は、彼がわれわれの仲間に加わって以来時に開いていた夜の読書会で、バケリトにふと問いかけてみたくなった。彼はこれまでの自分の人生について語りだし、われわれ一同は鉛筆を手にこっそりと彼の年齢を数え始めた。彼が、機知をちりばめた沢山の逸話を披露して話をし終えた後に、われわれは彼に向き直って年齢を訊いた。当時バケリトは二十を少し越えたばかりであったが、これまで彼がやってきたこと、就いた様々な職業のすべてからすると、この世に誕生する五年前から一人前の男として働き始めたのでなければ計算が合わなかった。

同志のニカラグアが、サンティアゴ・デ・クーバにはさらに大量の武器――大統領宮を襲撃した際の残余分――が保管されているとの新情報をもたらした。機関銃が十挺、ジョンソン型機関銃が十一挺、カービン短銃六挺があると教えた。その他数挺あったが、ミランダ精糖所のある地区に戦線を別途に敷く計画が立案段階にあった。フィデルはこの構想に異を唱え、使える武器のすべてを、当方を増強するために運び上げるように指示して、第二戦線にはわずかな数量しか許諾しなかった。われわれは近在で略奪行為を働く敵隊を警戒して、距離を置くようにして行軍した。しかしまずはトルキノの頂上を極めることだ。最高峰の登頂はわれわれにとって神秘的ともいえる意味があった。そしてわれわれはすでに頂上近くまで到達していた。

縦隊全員がトルキノ山頂へ登攀し、そこでボブ・テーバとの会見を終了した。彼は、われわれがそれほど怖れられていなかったその頃、アメリカ合衆国で後日テレビ放映された映画を撮影中であった。(一つの実例――われわれに仲間入りした一農民は、フィデルを暗殺すれば褒美に三百ペソと仔牛を身ごもっている雌牛をくれてやるとカシージャスにそそのかされたそうだ。われらの最高司令官の値踏みを誤ったのは北アメリカ人に限らなかった)。

高度計によるとトルキノ山頂は海抜一八五〇メートルであった。私はこの数字を付随的なもの――高度計が検証済みでないため――として記入するが、この高度計も平均海面では精確に作動してくれた。とはいえこの数字は公式記録とは実際上異なっている。

背後に迫った敵軍をやっつけるために、ギジェルモが狙撃兵の一団と共に出された。喘息のせいで体力の低下していた私は、縦隊の最後尾を徒歩で進軍せざるを得なかった。私はそれまで担いでいたトムソン型の軽機関銃からも解放された。それをふたたび担ぐまでの三日間ほどは、私にとってシエラ・マエストラ山中で最も辛く情けない日々であった。敵軍との遭遇が連日予想されたにもかかわらず私は丸腰だった。

一九五七年五月、北アメリカ人の二人の少年たちは、記事を執筆し終えたジャーナリストのボブ・テーバと連れ立って縦隊を離れると、グアンタナモ海軍基地に無事帰還した。われわれはシエラ・マエストラ山の尾根と丘陵伝いにゆっくりと行軍を続けた。われわれは連絡を取りあいつつ、新しい地域を踏査して、シエラ・マエストラ全域に燃え盛る革命の炬火とわれわれバルブドス《ひげ武者》の伝説を広めつつあった。新思想があまねく伝播した。農民たちは、それほど恐怖心を抱かずにわれわれの許に挨拶に訪れ、われわれも彼らを恐れないようになった。隊としての力量も相当に増強され、バティスタ軍のどんな奇襲にも対抗できる自信がつき、農民には身近な友愛を感じるようになった。

行軍中

五月［一九五七年］に入って最初の十五日間は目標をめざしてひたすら行軍する毎日であった。月初め、われわれはトルキノ山頂に近い尾根沿いの丘の上にいた。われわれは後々革命において多くの勝ち戦の舞台となった土地を横断中であった。サンタ・アナとエル・オンブリトを通過した。それからピコ・ベルデにおいてエスクデロの家を探し当て、その後はロマ・デル・ブロに達するまで行軍し続けた。われわれは東の方角へ軸足を移しながら、サンティアゴから搬送されてオロ・デ・ギーサ近郊のロマ・デル・ブロ地域に隠匿されている筈の武器を探しまわっていた。旅が二週間ほど続いたある夜半、私は些細な任務を遂行中に進むべき小道を取り違えて二日間ほど本隊とはぐれてしまい、ようやくエル・オンブリトで皆と再会したことがあった。そのおり私は、われわれが一人になっても生き抜くために必要なすべての物を各自が背中に背負っている事実を身をもって知った。それとは、塩と油――この上ない貴重品――缶詰食とミルク缶、寝床を作り火を熾し調理するのに要する必需品すべて、そして私がそれまで大変頼りにした道具すなわち磁石である。

道に迷ったことに気付いた私はその翌朝、磁石を取り出すとその針に導かれて一日半歩いた結果、さらによりいっそう自分が迷子になっているのを発見した。私は農民小屋に近づき、そこにいた者たちが私を叛乱軍の野営地に案内してくれた。後にわれわれは、あのような荒地にあって磁石が提供してくれるのはごく一般的かつ初歩的な方向指示に限られ、明確な道程を示してはくれないことを学んだ。後に同じ地域で軍事行動を展開した際に判明したのだが、道案内に頼るか、もしくは自らその地域に精通する以外ない。

縦隊に再合流すると全員が温かく歓迎してくれ、私はいたく感激した。私が到着した時、彼らは三名の密告者を人民裁判にかけて判決を下したところであった。そのうちの一人のナポレスは死罪を宣告された。カミロが裁判長を務めた。

その期間、私はまだ医師として働いており、小さな村や土地に医療相談所を開設した。出せる薬がほとんど手持ちにない上、シエラ・マエストラで見られる症例はほぼ一例に限られていたので単調だった。実年齢以上に老化が進んで歯の抜けてしまった女たち、腹部が異常に膨張した小児、寄生虫、くる病、一般的なビタミン不足――以上がシエラ・マエストラの汚点であった。現在も同じような状況だが、程度は減少している。シエラ・マエストラでこのような母親たちが産んだ子供たちは、今日故郷を離れてカミロ・シエンフエゴス学園都市で学んでおり、健康に恵まれて成長しており、開拓期で学区の栄養不良になった住民たちを思うとまったく別人のような少年たちである。

私がその地域の女性たちを診察して相談に乗っているのを脇で見ていた一人の少女のことが思い出される。女性たちは、体調の悪い原因を見つけてもらうために、ほぼ宗教的ともいえる態度で入室した。少女は、診療所の役割を果す小屋内で診察がおこなわれるのをしばらく熱心に観察していた後に、自分の母親の番が巡ってくると、陽気な無駄口を叩いたものだ。

「お母さん、この先生は皆に同じことを言ってるわ！」

　そしてそれはまったくその通りであった。私の医学的知識はあまり役立なかった。彼女ら全員が同じ症状を見せ、自分たちは意識していなかったが、各自が同じ悲痛な話を繰り返した。毎日川から自分の家までバケツ何杯もの水を運ぶのを日課とする数人の子持ちの年若い母親が、体調がおかしくなるほどの疲労感を訴え、そして医者がそれを、単に粗末な食生活をして過剰な労働に耐えているからだと診断したからといってどうなるものでもない。一生同じバケツを担いで同じ場所を往来して水運びを続けてきた女は、ここにきて初めて疲れを自覚したのであって、彼女にすればその心身の疲弊感は今さら説明のつかないものであった。シエラ・マエストラ山の住民は、野生の花のようにほったらかしにされ、世話されることなく生育し、報いられることなく働き続け、急速に年老いる。彼らの生活を決定的に変革する必要があるのは骨身に沁みる。土地改革構想が必然的であるのは目に見えており、住民との融合はここにきてもはや理屈ではなく、この地におけるわれわれの存在の基本的部分となったのであった。

　ゲリラ隊と農民階層が単一の集合体として融合し始めた。しかし長い道のりのどの時点でそうなったのか、あるいはどの瞬間に言葉が実体化したのか、いつわれわれが大衆としての農民集団に組み入れられたのか、誰にも説明できなかった。自分のことでいえば私は、前にも述べたようにシエラ・マエストラ山中で農民を相手に診察を重ねるごとに、その、当初は自然発生的で叙情的ですらあった決意が、別のより平静沈着な、これまでとは異なる力に転換していった。苦労の絶えない一方で忠義心のあるシエラ・マエストラの住民は、われわれの革命イデオロギーの鍛錬者として自分たちが演じた役割を意識すらしていなかった。

ギジェルモ・ガルシアが大尉に昇進して縦隊に合流し、全農民の指揮を託されたのもその地においてであった。ギジェルモはその正確な日付を記憶していないかもしれないが、私の野戦日記では一九五七年五月六日と書きとめられている。

翌日、アイデー・サンタマリーアが、フィデルから連絡すべき相手先について仔細な指示を受けた上で帰途についた。しかしその翌日、われわれはニカラグアすなわちイグレシアス司令官が身柄を拘束されたとの情報を耳にした。彼はわれわれの許に武器を運んでくる任務にあった。われわれは狼狽した。こうなっては武器を受け取る方法が思い当たらなかった。それでも当初の方角へ徒歩で行軍することに決定した。

われわれはシエラ・マエストラ山脈最端の、うち棄てられた製材所のある小さな山峡、ピノ・デル・アグアに程近い地点に達した。そこには人気のない小屋が二軒残されていた。われわれの偵察隊の一人が幹線道路の近くで政府軍の伍長を捕縛した。この伍長はマチャド［一九三〇年代の独裁者ヘラルド］時代からの大悪漢で、それを理由に幾人かの隊員が処刑を提案した。しかしフィデルがそれをはねつけた。われわれは彼の警護を、当時はまだ小銃も持っていなかった新規補充戦闘員に託し、逃亡を企んだら生命はないとだけ警告した。

武器が約束の場所に無事到着したかどうかを確かめて、もし届いていれば運んでくるだけのために、隊の大半の者が行軍し続けた。長時間の歩行であったが、満杯の背嚢は捕虜を留め置いている野営地に預けてきたので、比較的身軽であった。ところが行軍は無駄に終わった。軍備品は届いておらず、当然ながらわれわれはそのことをニカラグアの逮捕に結びつけた。われわれは商店で食糧を仕入れ、武器とはまったく異なる種類の、しかし大歓迎される荷物を担いで帰途についた。

われわれはシエラ・マエストラ山脈の尾根伝いに移動して、灌木と砂地だらけの空き地を用心深く横断し、足取りも重く、来た道をゆっくりと戻っていた。その時、われわれの前方で突然銃声が響いた。隊員の一人が一刻も早く野営地へ到達しようと先を急いでいたので気掛かりであった。その者はわれわれの隊の中尉で、サンティアゴからの増援隊に参加して当地に赴任したギジェルモ・ドミンゲスであった。われわれはあらゆる緊急事態を想定して斥候を放った。かなりの時間が経過してから、斥候らがフィアジョという名の同志を連れて戻ってきた。彼は、われわれが留守の間にゲリラの仲間に入って当時はクレセンシオ隊に所属する新規補充戦闘員であった。われわれの野営地からやってきた彼は、路上に死体が転がっているのを見たと告げ、敵の守備隊との交戦があった模様だとも報告した。敵隊はピノ・デル・アグアの方角へ撤退したが、その近くにはより規模の大きい分隊が駐屯していた。われわれは警戒感を深めて前進して死体の間近に到達したが、それが誰だか私には判別できた。

それはギジェルモ・ドミンゲスであった。彼は腰から上を裸にされ、左ひじに弾丸孔が開いており、胸部の心臓部分には銃剣による刺傷があった。頭部は、おそらく彼自身の散弾銃の銃弾によって文字通り完全に打ち砕かれていた。不運な同志の引き裂かれた肉片の間に、数発残る散弾が証拠だった。

様々な事実を検討した結果、われわれはことの顚末を再構築できた。敵の守備隊は、多分捕虜になった戦友すなわち先の伍長の行方を追って偵察行を続けている間に、われわれの先をドミンゲスが進み行く——彼は前日同じ道を歩いたことで油断していたかもしれない——物音を聞いて、生け捕りにしたと思われる。他方で、クレセンシオ隊の数人がわれわれと落ち合うために別方向からやってきた。（すべてこれはシエラ・マエストラ山脈の高みで起きたことである）。敵の守備隊に奇襲をかける形でクレセンシオ隊が迎撃したので、敵勢はわれわれの同志のドミンゲスを殺害してから退却したのだ。

ピノ・デル・アグアは、製材所のあるシエラ・マエストラ山の中央部に位置しており、敵の守備隊が辿った進路は木材運搬用の古い交差道路であった。われわれもこの道を一〇〇メートル進んで通過してきた細道に出なくてはならなかった。われわれの同志は初歩的な警戒を怠ったために守備隊と鉢合わせする不運に見舞われた。彼の過酷な最期はわれわれにとって将来起こりうる出来事の教訓となった。

武器が届く

われわれは捕虜にした伍長が乗っていた素晴らしい駿馬を、ピノ・デル・アグア製材所の近くで殺した。この動物も、当地のここまで入り組んだ地勢では役立たずで、われわれには食料が不足していた。

滑稽な逸話。捕虜になった男は借り物の馬を友人に返却して欲しいとせっついたあげく、われわれが連れ戻せるように持ち主の住所を渡したが、そのことを話している間中、彼はまさにその馬の肉で作ったシチューを食べていた。なにしろシエラ・マエストラでのわれわれの常食からすると、馬肉であろうとなんであろうと、新鮮な肉を食べることを潔しとせずなどと言っていられなかった。

その日、われわれはラジオでグランマ号時代からの同志の有罪判決を聞いた。さらに判事の一人が判決に反対票を投じたことも知った。それは［マヌエル］ウルティア判事のことで、彼は後日、その高潔な振る舞いのおかげで暫定的に共和国大統領の地位を与えられた。判事の投じた一票は尊敬に値する――当時は明らかにそう見えた――意思表示の行為に過ぎなかったが、この一件は後々より深刻な成り行きを招くことになった。それは、革命の経緯を理解できない、自身の時代錯誤的な知性にそぐわない革命の重大な特性を自らの体内に取りこむことのできない、悪しき大統領の任命につながった。彼の性格と、自身の態度を明確にすることに吝《やぶさ》かでないそのやりくちは、数多くの紛争をもたらした。こうした事態は解放後初めての〔一九五九年〕七月二十六日の祝賀会が連日繰り広げられる中で最高潮に達し、彼は人民の圧倒的な拒絶反応に直面して大統領の座を自ら降りたのであった。

　そんなある日、サンティアゴから、武器について詳細な情報を持つアンドレスという差出人の名前で連絡が届いた。物《ぶつ》は安全なところにあり、数日内に移送される。引渡し地点はバブン兄弟が沿岸で操業する製材所と定められた。武器の運送は、革命に便乗してひと儲けを企む民間人たちが共謀して引き受けることになった（その後、結果的に身内で仲間割れがあり、バブンの息子三人がプラヤ・ヒロンで蛆虫《グサノ》どもと捕縛されるという不名誉なおまけまでついた）。

　その頃、ありとあらゆる種類の人間が新しい政府から褒美を獲得する目的で小さな親切を施し、また自分たちの損得のために革命を利用しようと走ったのは好奇心をそそられる図であった。バブン兄弟は森林を商業的に開拓し、その土地から農民を駆逐する自由裁量権を手に入れて、自分たちの農園の拡大を図ろうとした。当時、バブン一族と同じ手合いの北アメリカ人のジャーナリストがわれわれに仲間入りした。彼はハンガリーの生まれで、氏名はアンドリュー・セント・ジョージといった。

　当初彼は、北アメリカ人ジャーナリストとしての側面――より悪くない方――だけを披露した。しかしそれに加えて彼は連邦捜査局員《FBI》でもあった。隊員の中でフランス語を話すのは私一人だったので（当時は誰も英語を話せなかった）、選ばれて彼の監視役を命じられた。正直に言って私には彼が、われわれとの二度目の会見で事が判明するまで、危険人物のように見受けられなかった。その場で彼は、自分は局員であることをオープンにした。われわれはペラデロ川の源流をめざしてピノ・デル・アグア周辺を移動していた。一帯は険しい岩だらけの土地で、全員が過重の背嚢を背負っていた。ペラデロ川の支流――インディオ川――が流れており、われわれはその岸辺に二日間ばかり逗留して食糧を仕入れ、受け取った武器の仕分けをした。われわれは通過した幾つかの農村に、一種の、法の適用外の革命政体を作り、それぞれの土地のシンパに、敵軍の動静を含めて起きたことすべてをわれわれに報告する担当役を任じてきた。それでもわれわれは必ず林の中で寝起きした。たまに夜半、思いがけなく群居する家並みに出たときに限って、幾人かの者は屋根の下で眠った。大半の者は木々に見守られて眠りにつくのを常として、日中は樹木の屋根が加護してくれる下でわれわれ全員が警備を怠らなかった。

一年中でその期間の最悪の敵はマカグイタバエというウマバエの一種であったが、その名の由来は、このハエが産卵も孵化もマカグイタ椰子の葉上でおこなうからであった。年間のある時期、マカグイタバエは森中に繁殖する。体中に刺された跡ができていつまでも消えなかった。かきむしると体の表面が不潔なのでたちまち化膿し、ときに腫れ上がった。われわれの両足、両手首、首周り、覆われていない身体の部分にはどこにも「あのハエ」の存在が証拠を残していた。

五月十八日、ついにわれわれは武器とその仮目録に関する情報を入手した。このニュースは一瞬のうちに野営地中を駆け巡り、全隊を興奮のるつぼに陥れた。全隊員がより良質の武器を熱望していた。誰もが、新たな武器を直接受け取るか、あるいは新武器を取得した者からセコハンを譲ってもらうかして、これまでのよりましなものをなんとか手に入れたいと心密かに期待していた。われわれはまた、ボブ・テーバのシエラ・マエストラで撮ったフィルムがアメリカ合衆国で公開され、大成功を収めたとも聞かされた。このニュースは全隊員を活気づけて愉快な気分にさせたが、ただ一人アンドリュー・セント・ジョージだけは違った。彼はFBI局員であることに加え、料簡の狭いジャーナリストとしての自尊心の持主で、得意の絶頂にあった自らの座を横取りされたような気がやや

しくていた。彼は悪いニュースを耳にした翌日、船でバブンの地所を立ち去ってサンティアゴ・デ・クーバへ戻っていった。

その同じ日、われわれは約束された武器のありかを知ったが、一方で隊員が一名脱走したことも告げられた。隊全員が武器の到着を耳にしていたので、暗雲のたちこめる状況となった。脱走者の行方を捜索して偵察隊が放たれたが、彼らは数日後に帰隊すると、件《くだん》の男がサンティアゴ行きの船に潜りこんだと伝えた。われわれは（その男が）当局に通報するものと考えたが、後になって、その男の脱走理由が単に隊生活の苦難に心身共に耐えられないというだけであったのを知った。いずれにせよわれわれは警戒の度合いを引き上げざるを得なかった。隊員たちとの身体上の、イデオロギー上の、道徳上の修練の欠如との戦いはわれわれにとって日常茶飯事であった。その結果失望させられることもしばしばであった。彼らは幾

度となく些細な理由を挙げて脱隊の許可を求め、拒否すると今回のような結末になるのであった。脱走した場合は捕まれば即刻死罪が待ち受けていることを覚悟しなければならない。

　武器が到着した晩、われわれは世界中で一番素晴らしい光景を眺めることができた。人を殺《あや》めるための道具類が全隊員の前に垂涎の的となって陳列された。三脚台付きの機関銃三挺、マゼン型機関銃三挺、M－1カービン銃九挺、ジョンソン型機関銃十挺、弾薬六千発。M－1カービン銃には一挺につき弾薬が四十五発しか付いていなかったが、武器としてはずばぬけて優秀なもので、シエラ・マエストラで過ごした歳月と武勲に応じて隊員に分け与えられた。M－1カービン銃の一挺目は現在のラミロ・バルデス司令官に、そして二挺目が前衛守備隊を指揮するカミロに与えられた。機関銃は一挺がホルヘ・ソトゥス大尉に、もう一挺がアルメイダに、そして三挺目は私が責任者を務める参謀隊が受領した。三脚台付き機関銃は以下の通りに配分された。一挺はラウルに、もう一挺はギジェルモ・ガルシアに、そして三挺目はクレセンシオ・ペレスに。このような経過を経て、それまでは隊付きの医師として時折戦闘を見知っていたに過ぎなかった私も、常勤の戦闘員としての道を歩み始めた。私は新たな段階に足を踏み入れたのであった。

　私は機関銃を最初に手にした瞬間を永遠に憶えているであろう。旧式で貧弱なしろものだったが、私にとっては貴重な褒美であった。その操縦を手助けするために四名の隊員が私に遣わされた。彼らはその後、それぞれ経路のまったく異なる道を辿った。そのうちの二人はプポとマノロ・ベアトンの兄弟であった。彼らはクリスティーノ・ナランホ司令官を暗殺した後、武器を摑んでオリエンテ山中に立てこもったが、そこで農民に捕まり、革命によって処刑された。もう一人は、機関銃用の過重な備品の入った大荷物をいつもたいてい背負わされていた十五歳になる少年だった。彼の名はホエル・イグレシアスだが、現在は革命軍青年部長で革命軍の指揮官である。四人目は、現在は革命軍の大尉だが、当時われわれが愛情をこめて「カンティンフラス」〔道化役者〕と呼んでいた〔アレハンドロ〕オニャーテ。

武器が到着したからといって、ゲリラ隊としてより多大な戦闘力と政治力の結集をめざす叙事詩風の任務が終わった訳ではなかった。それから数日後の五月二十三日、フィデルは新規に除隊命令を出したが、そこには丸々一個の中隊が含まれていたので、総隊員数は百二十七名に減少した。その大半が武装し、そのうち八十名が完全武装していた。

指揮官もろとも追放された中隊の中で唯一人慰留されたクルシト〔ホセ・デ・ラ・クルス〕は、後々われわれの最も敬愛する戦闘員となった。クルシトは生まれながらにして詩人で、都市部からやってきた詩人のカリスト・モラレスとの韻を踏み比べる詩作のやりとりに延々と打ち興じた。グランマ号に乗船してきたモラレスが自ら「平原の鶯」を名乗ったのに対して、クルシトは、「昔馴染のシエラのヒメコンドルよ」とカリストをもろにからかうリフレーンを付けて農民風のデシマ〔八音節の十行詩〕を返歌するのであった。

この素晴らしい同志は、グランマ号が出航した瞬間に始まり革命の全歴史を長編のデシマに編みこんだが、それを作詞するのは行軍の各休憩地点で、パイプをくゆらせながらに決まっていた。シエラ・マエストラで紙類はほとんど手に入らなかったので、彼は作詞したデシマをすべて諳んじていた。ピノ・デル・アグア戦で一発の弾丸が彼の生命を奪い去ってしまうと詩作は一編も残らなかった。

製材所のある地域でわれわれはエンリケ・ロペスから計り知れなく貴重な支援を得た。彼はフィデルとラウル〔カストロ〕の幼な友達で当時バブンに雇用されており、兵站《へいたん》連絡員としてわれわれの役に立ってくれた。彼は、われわれがなんの危険もなくその全域を移動できるように手配をしてくれた。その地域には軍用トラック道路が縦横無尽に走っていた。われわれは様々な機会を捉えて軍用トラックを幾台か強奪してやろうと待ち伏せをしかけたが、いつも上手く行かなかった。あるいはこうした失敗の積み重ねが、刻々と近づいていた作戦行動を成功に導いてくれたのかもしれない。革命戦争の歴史上、この作戦こそが、他のすべてに勝って心理的な衝撃をあたえることになる。この作戦行動とはエル・ウベロの戦いのことだ。

五月二十五日、われわれはカリスト・サンチェスの率いる遠征隊がコリンティア号に乗船して到着し、マヤリに上陸したとの情報を得た。その数日後、われわれはこの遠征が無惨にも大失敗に終わったことを知らされるはめになった。〔カルロス〕プリオ〔ソカラス〕は、隊員たちに同行する気遣いすらせずじまいで彼らを死に追いやった。彼らが上陸したと聞いてわれわれは、この男たちがどこか安全な場所へ到達して隊を再編制して作戦行動を再開できるよう、敵の矛先をそらすのが火急の策だと見た。われわれはその集団の構成内容やその真の目的すら知らなかったが、連帯意識だけがわれわれをそう仕向けたのであった。

そこでわれわれは、本書の著者である私とフィデルが中心となって興味深い討議を重ねた。私は、われわれはトラックを捕まえる好機を無駄にするべきでなく、彼らがそれほど警戒せずに行き交っている道路上で奇襲をかけることを第一に考えるべきだと思った。しかしフィデルの頭の中にはすでにエル・ウベロ作戦の構想があったのだ。彼は、もしもわれわれにエル・ウベロの駐屯地を占拠できたら、その方がより肝腎で、より決定的な勝利をもたらすと考えていた。もしもこの作戦を成功に導くことができたら、それは法外な心理的衝撃を与えるであろうし、その事実が国全土にあまねく知れ渡る。トラックを捕獲したぐらいではこうはなるまい。若干名の死傷者が出た交通事故として報道されかねないし、たとえ人々が真相を嗅ぎつけたとしてもわれわれのシエラ・マエストラにおける存在価値と実体が公けに知られることはない。適正な諸条件に恵まれてトラックを捕獲する案が全面的に却下されたのではない。しかしそれがわれわれの活動の焦点となってはならないということだ。

あの討論を交わして以来数年を経た今日になって思えば、当時の私にはこの一件が納得できなかったのだが、今ではフィデルの判断が正しかったと認めざるを得ない。たかだかトラック隊一隊への単発的な攻撃は、われわれにとっていかにも生産性に欠ける作戦行動になりかねなかった。あの当時のわれわれは、戦闘への切望を先行させるあまり遠い見通しがきかないまま、ただひたすら過激な挙動に出たくてうずうずしていた。ともかく次にわれわれはエル・ウベロ戦の最終準備に着手した。

エル・ウベロの戦い

攻撃地点をいったん決定すると、われわれは緻密な作戦計画を立案する必要があった。われわれには、実在する兵員数、哨所の数、歩哨が使用する連絡方法、現場へ向かう経路、市民人口およびその分布状況等々を確認するという重要な課題が残されていた。同志の［ギルベルト］カルデロがこのすべての点で見事なまでにわれわれのために役立ってくれた。現在革命軍の指揮官を務める彼は、当時もそして現在も製材所の所長の婿殿の筈である。

軍隊はこの地区におけるわれわれの存在を多少なりとも把握しているものとわれわれは推量していた。なぜならわれわれはすでに密告者を二名捕縛済みであったが、彼らは揃って軍隊発行の身分証明書類を携帯しており、われわれの所在地と定期的な集合場所を確認するためにカシージャスによって送りこまれたことを白状した。彼らが慈悲を乞う光景には実に嫌悪感を催したが、また同時に心が痛んだ。当時のせっぱつまった時代において戦場の掟《おきて》を看過することはできなく、翌日、密告者は二人とも処刑された。

同日の五月二十七日［一九五七年］、参謀隊と士官全員の顔合わせがあった。フィデルが、次の四十八時間以内の戦闘開始を宣言し、われわれには指揮下の隊員を装備させて出陣のために待機させるよう命令した。その時点でわれわれはまだ作戦の詳細を伝えられていなかった。

エル・ウベロ区域への入口、出口そして接近通路に精通するカルデロが道案内を務める。われわれは夜半に出軍を開始した。行軍は一六キロ強と長距離に及んだが、その全行程が、バブン会社が製材所へつなげて特別に敷設した下り坂の道路を進むものであった。しかしその全行程を徒歩で踏破するには八時間を要した。特別に警戒が必要で、そうなると歩行速度が落ちた。危険区域に接近すれば特にそうせざるを得なかった。最終的に出された突撃命令はいたって簡単な内容であった。われわれは哨所を占拠して、木造の兵舎に弾丸を撃ちこんで蜂の巣状態にすればよかった。

兵舎は、周辺に丸太を数本転がせている以外に、これといって特別に警備がなされていないのをわれわれは知っていた。警護が厳重であるのは幾つかある哨所で、これらは一カ所につき三、四名の兵士を詰めさせ、兵舎の外側を囲うようにして戦略上の好適点に配置されていた。この全域を見下ろす山上から参謀隊が戦闘の指揮を執る。当隊はマキの繁みを伝って建物の数メートル近くまで接近する。われわれは中心から離れた建物を射撃しないようやかましく指示されていた。そこには製材所の所長の妻を含めて女子供が避難していた。彼女は今回の攻撃についてあらかじめ知らされていたが、後々疑惑を持たれる事態を回避したいと、当日もその場に留まる方を選んだ。突撃の陣容を立てるために移動しながら、われわれが最大に気遣ったのは一般市民の安否であった。

エル・ウベロ兵舎は海端に面していたので、包囲戦を敷くには三方から攻め込めばよかった。

哨所の一つがペラデロへ通じる沿岸道路を押さえていた。ホルヘ・ソトゥスとギジェルモ・ガルシアの率いる小隊がそこを攻めるために送りこまれた。アルメイダは、より北寄りの、山側の哨所の破壊を指令された。フィデルが兵舎を見下ろす山頂に陣取り、ラウルは自身の指揮する小隊と共に前方から進撃する。私は機関銃を携え、助手たちと共に中間地点に陣立てした。カミロとアルメイへイラスは私とラウルのいる間を通って前線から突撃する。しかし闇夜であったために彼らは見当違いをしてしまい、いざ戦闘が開始されると私の右で戦っているべきなのが左にいた。クレセンシオ・ペレスの小隊はエル・ウベロからチビリコへ向かう道路沿いに進軍して、送りこまれてくる増援隊はすべてそこでくいとめる。

われわれは、わが方が陣立てた奇襲作戦からして、戦闘は早目に結着すると予想していた。数分が経過したにもかかわらずわれわれは、当初予定した理想的な隊形に隊員たちを配置できずにいた。道案内から情報が届いた。カルデロ、そしてもう一人は地元出身のエリヒオ・メンドーサという名前の男だった。作戦計画では、夜明け前に全員がそれぞれの部署に付いたところで奇襲をかける段取りになっていたが、その期限が刻一刻と近づいていた。ホルヘ・ソトゥスがわれわれに、自分は指定された配置に付いていないが、再移動するには出遅れてしまったと告げてよこした。フィデルが望遠照準器付きライフル銃を掲げて火蓋を切ったのに対して数秒内に反撃音が響いたので、われわれも兵舎の位置を特定することができた。われわれはやや小高いところに陣取っていたので兵舎を完全に見下ろせた。だがかなり距離が離れていたのでより好適な地点を求めて前進した。

　全員が前進した。アルメイダは、彼のいる位置に近い小さな兵舎の入口を防御する哨所の方向へ動いた。私の左側にはカミロが、フランス外人部隊の縁なし帽子のように首筋に布切れの下がったベレー帽をかぶって居るのが見えたが［七月二十六日］運動のバッジが付いていた。交戦が拡大する中をわれわれは警戒しつつさらに歩を進めた。

　われわれの小規模の中隊に、自分の原隊とはぐれた者たちが合流した。ピロン出身の同志で通称「ボンバ」――マリオ・レアル――とアクーニャが加わったので、すでに小型戦闘部隊の体を成した。抵抗もすさまじい戦さとなり、敵勢が間断なく的確に撃ちこんでくるので、平たい空き地に達したわれわれは最大限に警戒して突進しなければならなかった。敵の前哨地から五、六〇メートル足らずの位置にいた私が前方の塹壕から走り出た兵士二名に向かって発砲したところ、彼らは中央から離れて建つ、われわれが聖域とする、女子供の避難する建物内に逃げこんだ。われわれはさらに前進したが、もはやそこには草木のまばらに生えた幅の狭い一片の地面がわれわれと敵を隔てているだけで、敵弾が危うくも耳元を掠めるようにしてびゅんびゅんと飛んできた。戦闘の大音響が耳をつんざく中で、私はかたわらで誰かが呻き声を立て、そして叫喚するのを聞いた。負傷した敵兵がいると思った私は、降参しろと大声で呼びかけながらそっちの方向へ匍匐《ほふく》していった。しかしそれは頭部を負傷した同志レアルだった。大至急診ると、弾丸の貫通した傷口が頭頂部分に見つかった。レアルは意識が朦朧として半身――左右どちらかは記憶していない――の手足が麻痺しかけていた。唯一私の手持ちにあった包帯の代用品は一片の紙切れだったが、私はそれで彼の傷口を覆った。それから直ぐまたホエル・イグレシアスが彼の様子を見にいった。その間われわれは攻撃を続けた。次はアクーニャが負傷した。われわれはそれ以上前進するのを中止して、前方の適所に位置する塹壕を狙って発砲を繰り返したが、彼らも互角に反撃してきた。われわれは獅子奮迅の執念でなんとか倉庫を占拠しようとした——それが唯一抵抗を終わらせる手段に思えた——その時兵舎が白旗を掲げた。

すべてはこうして数分で語り尽くせるが、実際には最初の発砲があってからわれわれが兵舎を占拠するまで、戦闘は約二時間四十五分かかった。私の左側では前衛隊の数人——私の記憶ではビクトル・モラ他三名——が、最後の抵抗者を捕虜にした。われわれの前方にある塹壕から一人の兵士が銃を頭上に掲げて出てきたのだ。降伏を申し出る叫び声が四方八方で聞こえた。われわれは兵舎へ向かって歩を速めながらガタガタと鳴る機関銃の掃射音を聞いたが、後にそれがナノ・ディアス中尉を葬り去った今回の戦いで最後の一発であったのを知らされた。

われわれは倉庫に達すると、私の弾丸を逃れた兵士二名に合わせて哨所付きの医師とその助手も捕虜にした。医師は物静かな白髪交じりの男性だったが、彼のその後については何も知らない。彼が革命に参加したかどうかも知らない。この男性については奇妙ことがあった。私の医学知識はそれほどのものでなかったし、負傷者があまりにも大勢いたので、その時の私は治療に集中することが自分の使命だと思わなかった。私が負傷者をその軍医の許へ運んでいくと、彼は私に、年齢とインターンを終えた月日について質問した。私が数年前のことだと応答すると、彼はあっさりと言い放った。

「おいおい、お兄さんよ。私は卒業したばかりで臨床経験もほとんどないから、君が万事を担当したまえ」

経験不足に加えて当然ではあるが捕虜になった恐怖心から、その医師は修得していた医術をいっさい忘失してしまったのだ。そこで私は小銃を白衣にふたたび取り換えざるを得なかったが、実際には手を洗っただけであった。

われわれは、これまで体験した中で最も血なまぐさい激戦を終えた後、私の個人的見地からの解説を超えた全体図を描き出すために皆と話し合った。戦闘はおおむね次のように展開した。フィデルが散弾銃を発砲して突撃の合図をした時点で、全員が決められた目標へ向かって進撃した。軍隊は激しく応戦したが、その過半は戦闘を指揮するわれわれの指導者のいる山上陣地を標的にしていた。戦いが開始して数分後、フリト・ディアスが頭を撃ち抜かれてフィデルのかたわらで絶命した。さらに数分が経過したが敵軍の激烈な抵抗戦は続く一方だった。われわれは作戦上の目標対象に向かって突き進めなかった。中央で最重要な要所に張り付いていたのがアルメイダであった。アルメイダはなんとしても哨所を粉砕して、真っ向から兵舎を攻撃している自分の隊とラウルの隊のために道を開けるように指令されていた。

兵士たちは後日、道案内をつとめていたエリヒオ・メンドーサが小銃を抱えて戦闘に身を投じたときの様子を語った。迷信をかつぐ彼には守ってくれる「聖人」が付いているそうで、周囲から警戒を呼びかけられても、自分には守護聖人が付いているから心配は無用だと傲慢に応答していたという。その数分後に彼は斃れたが、一発の弾丸が命中して文字通り身体を打ち砕かれていた。

塹壕で防御された敵軍はわれわれの仲間の数人を斃して、われわれを寄せつけなかった。中央帯を突き抜けて前進するのは困難を極めた。ペラデロへ通じる道路沿いの陣地にいたホルヘ・ソトゥスが、通称「エル・ポリシア《警官》」「フランシスコ・ソト」の加勢を得て敵軍の側面攻撃を試みたが、後者は敵弾にすぐさま斃れ、ソトゥスは海に飛びこんで九死に一生を得た。その時から彼は戦闘を放棄した。彼の傘下にいた小隊は前進を阻まれて後退させられた。私の記憶ではベガという名の農民も戦死した。マナルスの大怪我は肺に達した。キケ・エスカロナは、前進を決行している最中に腕、臀部、手の三カ所を負傷した。敵軍の哨所は木製の尖り杭によって厳重に防御され、自動小銃および軽機関銃がふんだんに備えられ、少人数からなるわれわれの隊は圧倒されるばかりであった。

アルメイダが、正面の敵兵数をなんとか減らそうと、最後の突破命令を出した。シレロス、マセオ、エルメス・レイバ、ペナが、それにアルメイダ自身も肩と左足に負傷し、同志のモルは戦死した。それでもこの突撃が哨所の撃破につながり、兵営への戦路が開けた。他方ではギジェルモ・ガルシアの自信に満ちた機関銃の掃射が敵軍の警備兵三名を撃ちとめた。走り出てきた四人目はその場で射殺された。ラウルが、自分の率いる小隊を二手に分けると兵営をめざして素早く前進した。ガルシアとアルメイダ両大尉の戦闘行為が今回の勝敗その功績に触れるべきであるのは、参謀隊員の立場を降りて実戦に参加したルイス・クレスポである。

敵軍の抵抗はぼろぼろに崩壊しかけていた。白いハンカチが振られたのでわれわれは兵舎を占拠した。その瞬間に誰かが、おそらくわれわれの隊の者が発砲し、それが呼び水となって兵舎から一斉射撃があり、それがナノ・ディアスの頭に命中したかと思われる。最後の最後まで、ナノの機関銃は敵軍に大勢の負傷者をもたらした。クレセンシオの機関銃が故障したために、彼の小隊はほとんど参戦できなかった。そこで彼はチビリコから伸びる道路の警護に立って、逃亡に走る敵軍兵士数名を捕まえた。戦闘は二時間四十五分間続き、大銃撃戦が展開されたにもかかわらず、一般市民に怪我人は出なかった。

戦果を検討した結果、わが方は隊員六名の戦死を確認した。モル、ナノ・ディアス、ベガ、エル・ポリシア、フリト・ディアス、それにエリヒオ・メンドーサ。レアルおよびシレロスが深手を負った。怪我の程度はそれぞれだが、マセオが肩、エルメス・レイバが胸部の外傷、アルメイダが左腕と左足、キケ・エスカロナが右腕と右手、マナルスが肺、ペナが膝、マヌエル・アクーニャが右腕に負傷した。十五名の同志が戦闘不能の身になった。敵軍は負傷兵十九、戦死兵十四、捕虜十四、それに脱走兵六からの合計五十三兵を出したが、その全員を率いていたのは自分が負傷した後に白旗を掲げた一少尉であった。

わが方が八十、敵方が五十三合計百三十三名のうち三十八名――四分の一以上――が二時間半を若干越えたところで戦闘不能になったことを思うと、交戦の凄まじさも想像できるであろう。それは防御体制がきわめて甘かった敵軍に、丸腰同然で戦を挑んだ男たちによる襲撃事件であった。両側共に勇魂を証したことは認められるべきである。この勝利はわれわれが成年に達したことも示していた。この交戦を境にわれわれの士気は爆発的に高まり、決定的勝利をめざすわれわれの意志はいっそう強固になり、希望も大きく膨らんだ。そしてそれからは数カ月にわたって辛苦の日々が続いたとはいえ、われわれはすでに勝利の秘訣を手にしているも同然であった。エル・ウベロ戦が敵軍の主要陣地から遠く離れて存在する小規模の兵営の運命を決定し、まもなくそのすべてが撤去された。

戦闘の開始直後に放たれた銃弾が電話線に命中してサンティアゴとの通信が寸断された。軽飛行機がわずか二機だけ戦場の上空に飛来したが、空軍が偵察機をよこしたのは何時間も後で、その時われわれはすでに山中に達していた。われわれは戦死兵十四名の他に、警備兵が兵営内で飼っていた五羽のオウムのうち三羽が殺されたと聞いた。この小鳥のことを思い描くだけで、木造の建物にふりかかった銃火がどんなものだったかも想像できよう。

医師としての仕事に復帰したことは、私にとって感情を大きく揺さぶられる結果となった。最初に私が診たのは瀕死の重傷を負った同志のシレロスであった。一発の弾丸が彼の右腕を切り裂き、肺を貫通して脊柱に留まっているらしく、両足が麻痺していた。彼は危篤状態だった。私は彼に鎮痛剤を与え、呼吸が楽になるように胸部をしっかりと固定してやる以外なかった。われわれは彼の命を救うために唯一可能な案を実行した。われわれは十四名の捕虜を連れて出発し、負傷したゲリラ二名を現場に残留させた。レアルとシレロスを、彼らに手当を施すという敵軍の医師の誓約を信じて敵の許に残してきたのだ。わたしが、通例の慰めの言葉を口にして、このことをシレロスに告げると、彼は、すべてが終わったことの確信をどんな言葉にもまして表現する悲しげな微笑を浮かべて頷いた。われわれも覚悟していた。その瞬間、私は彼の額に別れの接吻をしたい誘惑に駆られた。しかし誰よりも私からのそのような行為は、わが同志に死の宣告を意味する。彼がすでに承知している命運をことさら是認して彼の最期をなおさらより辛いものにしてはいけない、と私は自分の本分に立ち返った。私は、敵軍の手に託す二人の戦士に向かうと、自身の計り知れない心痛を隠して、できるだけ優しくさようならと言った。彼らは同志たちと共にあって死にたいと主張した。しかしわれわれとて彼らの生命のためにも最後まで闘い抜く義務があった。こうして彼らは、われわれが全力を挙げて応急処置を施した十九名のバティスタ軍兵士らと兄弟のように身を寄せあって残留した。われわれの同志二名はそれ相当の看護を受けたが、シレロスはサンティアゴに到達できなかった。負傷に耐えて生き残り、戦争の終結までピノス島に投獄されていたレアルには、われわれの革命戦争の、この重要なエピソードの、打ち消しがたい痕跡を今日でも、身にとどめている。

バブン所有のトラック一台に、われわれはあらゆる種類の軍備品を、とりわけ医療品類を詰めこめるだけ詰めこんだ。われわれは現場を最後に発って山中の隠れ場所へ向かったが、そこでまだ間に合う負傷者には治療を施し、死亡した者に別れを告げて、道の曲り角に埋葬した。執拗な追っ手に攻められるのが時間の問題であるのは明白であったので、歩行可能な者は早急に遠方へ逃れ、負傷者は私の看護下に残留することに決まった。エンリケ・ロペスが輸送手段、隠れ家、負傷者を運ぶための助手数名、負傷者にきちんと手当をするための医薬品の入手先を世話してくれることになった。

われわれは早暁まで、戦闘の一部始終について各自が意見を述べあってまんじりともしなかった。皆がその個人的経験や目撃した事実を語るのを聞き終えるまでは、時折うとうとした以外はほぼ全員が眠りにつこうとしなかった。統計上の好奇心から、私は戦闘中に死んだと推定される敵軍兵についてメモを取っていた。今回は敵兵の遺体数が敵兵の実数を上回っていた。各自の手柄話には夢想という名の飾り物がぶら下がっていた。今回とその他の似たような逸話を通じて、事実はすべからく複数の人間によって確認される必要があるのをわれわれは学ばされた。より慎重を期すために、われわれは一人でも敵軍の死傷者を認める場合、たとえば斃れた兵士から奪った装備品など証拠となる実物も要求した。真実の優先こそが常に叛乱軍の報告事項における中心テーマであり、われわれは隊員たちに、真実を尊重することの重要性、また真実をすべての一時的な利点よりも優先するよう鼓吹した。

朝、われわれは悲しげに別れを告げて立ち去っていく勝利した隊を見送った。私の助手を務めるホエル・イグレシアスとオニャーテ、それにシネシオ・トレスという名の道案内、そして負傷した伯父に付きそうために居残ったビロ・アクーニャ——現在革命軍の指揮官——が私と共にいた。

負傷者の看護

エル・ウベロ戦のあった翌日の未明から、軍用機が頭上を旋回し始めた。出立する縦隊との別れの挨拶を終えると、われわれは森に入った足跡を消す作業に専念した。われわれはトラックの通用路からおよそ百メートル足らずの地点で、隠れ家までの逃避行を手助けしてくれる筈のエンリケ・ロペスを待ち受けた。

アルメイダとペナは歩行できなかった。キケ・エスカローナも然り。私は肺をやられているマナルスにも歩かないように勧めた。マヌエル・アクーニャ、エルメス・レイバ、マセオらは全員が自力で歩けた。彼らを擁護し、看病し、移送するためにビロ・アクーニャ、道案内のシネシオ・トレス、ホエル・イグレシアス、アレハンドロ・オニャーテと私がいた。午前中も半ばをゆうに過ぎた頃に連絡役が走りこんでくると、エンリケ・ロペスはわれわれを助力できない、なぜなら娘が病気になったのでサンティアゴへ出向かなくてはならないので、と報せた。その時彼は、われわれを救援するために数人の志願者を送りこんでくれるとも言ったが、この約束は今日に至るまで守られていない。

状況は困窮を極めた。キケ・エスカローナは傷口が化膿し、マナルスの怪我の程度を私は診立てられなかった。われわれは敵兵に見つからないように近隣の道の状況を偵察した上で、負傷者を三、四キロ離れた農民小屋へ運ぶことに決めた。小屋の持ち主が何羽もの鶏をそのまま残していなくなっていた。

最初の日、製材所から作業員が二名やってきて、負傷者をハンモックで運ぶ大変な重労働に手を貸してくれた。翌日未明、われわれはたらふく食べ、かつ大量の鶏肉の配給食を腹に収めてから早急にそこを離れた。われわれは攻撃後もほぼ同地区に丸一日留まっていた訳だが、そこはいつなんどき敵兵が出没するかもしれない道路の側であった。われわれが隠れていたのは、バブン社が森林に分け入るために建設した何本かの道路の一本の、行き止り地点であった。動ける隊員たちは少なかったが、われわれは全員でインディオ川へ向かって下り、目的地まで短距離だが非常に骨の折れる歩行を開始した。そこから細道を登って、イスラエルという名前の農民が妻や義兄弟と一緒に暮らす掘っ立て小屋に達した。負傷した同志らを、こうした荒地を通過しながら運ぶ使役には疲労困憊させられたが、なんとかやり遂げた。農民夫婦は負傷者が安眠できるようにと専用のダブルベッドを空けてくれた。

われわれは一歩進むたびに負傷者の重みが堪《こた》えるようになったので、状態の悪い武器数挺とありとあらゆる種類の軍備品——戦利品——を最初の野営地《ボイオ》の近くに隠匿してきた。なおわれわれが立ち寄った証拠は複数の農民のほったて小屋に常に残った。そして時間があったので最初の野営地へ戻って痕跡の消滅を図ることにした。われわれの身の安全はそこにかかっていたからであった。同時に道案内のシネシオが、ペラデロ地域に伝《つて》を求めて出ていった。しばらくするとアクーニャとホエル・イグレシアスが私に、斜面の向こうで聞き慣れない声がすると告げた。最も至難な状況にあって抗戦せざるをえない瞬間に見舞われたものとわれわれは覚悟を決めた。われわれには負傷者という託された重荷を死に物狂いで守り抜くべき責務があった。それで小屋からできるだけ離れた地点に対戦の場所を定めようと先へ進んだ。細道に残された見慣れない裸足《はだし》の跡は、侵入者がわれわれと同じ道を辿ってきたことを示していた。油断なく接近すると、数人の人間が怖れる風もなく会話を交わしているのが聞こえてきた。私はトムソン型の機関銃を装塡し、ビロとホエルの掩護を当てにして前進すると、話し声の相手に不意討ちを試みた。彼らはエル・ウベロ戦でフィデルが解放した捕虜たちで、森からの脱出路を捜索しているに過ぎなかった。幾人かは裸足であった。気絶する寸前の年老いた伍長は、喘息にあえぐぜいぜい声で、われわれとわれわれの森に関する豊富な知識を褒めたたえた。彼らは道案内を連れておらず、フィデルの署名した通行証だけを携帯していた。われわれは自分たちの突然の出現が彼らに与えた効果を利用して、今後は何があっても決して森中に入ってはならないぞときつく警告した。

都会人間である彼らは山岳地帯の難儀に不慣れで、うまく対処する方法を知らなかった。われわれは、鶏肉を食した農民小屋の立つ空き地へ彼らを案内した上で海岸への道程を教えた。われわれは最後にもう一度、彼らに、森から奥の地域はわれわれの領域であり、部外者はすべてわが巡察隊——風体からしてわれわれは単なる巡察隊にしか見えなかった——を通じて地域に駐屯する本隊に通報されると警告した。それでも、われわれにとってはできるだけ早急に移動するのが分別ある行為のように思えた。

その晩、われわれは粗末な小屋で親切なもてなしに与ってから、明け方に森の中へ移動したが、その前にまず、負傷者たちのために雌鶏を数羽調達してもらえまいかと家の主に頼んだ。われわれは一日じゅう主夫婦の帰りを待ったが、彼らはついに戻らなかった。しばらくしてからわれわれは、夫婦があの小さな家で捕らえられ、さらにはその翌日、敵兵らが彼らの案内で、その前日にわれわれが野営した場所を通ったのを知った。

われわれは寝ずの番を続けたので、誰からも不意討ちをかけられる心配はない筈であったが、こうした状況下での戦いの成り行きを見越すのは難しくなかった。夜の帳《とばり》が降りる頃、シネシオが志願者を三名引き連れて到着した。フェリシアノという名の老人と、後に叛乱軍に参加した二名。一人はエル・ヒグエ戦で中尉として死んだ［テオドロ］バンデラス、もう一人は大勢のゲリラ戦闘員を輩出した一族の最年長者で現在大尉の位にあるイスラエル・パルド。この同志たちが、われわれを手助けして負傷者を危険区域の反対側にある小屋へ至急運び入れてくれた。その間、シネシオと私はあたりがほぼ夕闇に包まれるまで、農民夫婦が食事を運んできてくれるのを待ち続けた。その頃彼らはすでに囚われの身であったため、無論現れる筈はなかった。われわれは彼らが裏切ったのではないかと疑惑を抱いて、その翌日の早朝に滞在先を後にすることに決めた。われわれは小屋のかたわらで引き抜いた根菜類で粗末な食事を摂った。

グランマ号で上陸してちょうど六カ月目に当たったその翌日、われわれは早朝から行軍を開始した。この集団移動は消耗させられるもので、山岳地帯での長距離の行軍に慣れた者たちにとっては信じがたいほどの短距離しか消化できなかった。われわれはいちどきに同志一名を運ぶのがやっとで、それも彼らをハンモックに入れて丈夫な枝に吊り下げて担ぐので、運ぶ者は両肩を文字通りめちゃめちゃに痛めつけられた。運搬役は十分から十五分ごとに交替せざるを得なかったため、負傷者一名を運ぶには六名から八名の人手を要した。私はアルメイダに付き添ったが、彼は自分の体を半ば引きずりながらついてきた。われわれはのろのろと、一本の木からもう一本の木へと伝うようにして移動したが、そのうちイスラエルが森の抜け道を見つけたおかげで、運搬する役目の者たちがアルメイダを連れに戻ってきてくれた。

その後猛烈な土砂降りにあって、パルドの家に到達するのが困難に見えたが、夕暮れ近くなってようやく辿り着いた。四キロという短距離を行くのに十二時間を要したが、それは換言すれば一キロ進むのに三時間かかったという訳であった。

われわれの少人数の集団にシネシオ・トレスがいてくれたことは幸運につながった。彼は道順に詳しく地元民に知り合いがいたので、すべての面でわれわれの助けになった。二日後にマナルスを傷の手当のためにサンティアゴへ送る手配を調えてくれたのも彼であった。われわれは傷口が化膿しているキケ・エスカローナも送りこむ準備をした。当時は矛盾する情報が交錯していた。セリア・サンチェスが投獄されたと聞いたかと思うと、いや処刑されたとの情報が伝えられた。軍の巡察隊が別の同志エルメス・カルデロを捕縛したとの噂も飛び交っていた。われわれはこの一連の総毛立つようなニュースを信じて良いのか悪いのか判断がつかなかった。たとえばセリアは、われわれが唯一人知る、信頼できる連絡役であった。彼女の逮捕はわれわれが完全に孤立することを意味した。幸運にも彼女に関する噂は真実でなかった。そしてエルメス・カルデロの方は捕縛されたにもかかわらず、独裁政権下での地下牢の日々を奇跡的に生き長らえた。

ペラデロの川岸に、広大な未耕の所有地《ラティフンディオ》を預かる監督官が居住していたが、彼はダビッド「ゴメス」という名前で、われわれに多大に協力してくれた。あるときダビッドは雌牛をわれわれのために殺してくれ、われわれはただ出向いて頂戴してくるだけでよかった。動物は川岸で殺されて食肉にされた。われわれは夜間に食肉を搬送する必要があった。その作業のために私はイスラエル・パルドを前衛に付けて第一隊を出し、次はバンデラスに率いらせて第二隊を派遣した。バンデラスは紀律に従わなくて命令通りにしなかった。彼は動物の屍骸の運搬をすべて他の者たちに任せたので運び出すのに一晩中かかってしまった。アルメイダが負傷しているとあって、私の指揮下に小隊が編制されつつあった。私は自分の責任を自覚してバンデラスに、態度を変えなければもはや彼は戦闘員ではなく、単なる一シンパに格下げされると通告した。その後彼はすっかり変わった。紀律の面からすると彼は決して闘士の手本ではなかったが、進取の気性に富んだ視野の広い部類の人間で、素朴であると同時に利巧で、革命が与えた衝撃によって現実に目覚めた。彼はそれまで人里離れた山中に所有するわずかな土地を耕作する身で、森林と農業に心底から強い愛着を抱いていた。彼は粗末な小屋に、それぞれに名前をつけた仔豚二頭と小犬一匹と一緒に住んでいた。ある日、彼はサンテイアゴで前妻と暮す息子たち二人の写真を見せてくれた。彼は、いつか革命が勝利した暁には、こんな山の頂から半ばぶら下がっているような、人の住処とはいえない切れ端同然の土地を離れてどこかへ行き、そこで思いっきり農作物を育てるつもりだと心中を打ち明けてくれた。

　私は彼に協同組合について話したが、彼には私の言っていることの趣旨が理解できないようであった。彼は自分だけで、自分の努力だけに頼って土地を耕作することを希望した。私は彼に、仲間と共に働く方が良く、機械を利用すれば生産性も上がるのだと言って徐々に説得した。バンデラスは、今日健在であれば間違いなく農業生産の分野において前衛的な闘士になっていただろう。シエラ・マエストラ山中で彼は読み書きを独習して将来に備えていた。彼は、歴史の一ページを記すために自分の努力を捧げる価値を知る賢明な農民の一人であった。

　私は広大な未耕の所有地《ラティフンディオ》の監督官のダビッドと長時間会話を交したが、彼は私に、われわれが入用とする主要な品々をすべて書き付けた一覧表を求めた。サンティアゴへ所用で赴いた際、物品を持ち帰ってくれるというのだ。彼は雇用主に対して忠実で、農民を蔑視し、人種差別主義者である監督官の典型であった。しかし軍隊がわれわれとの関係を知って彼を収監し、残酷な拷問を繰り返した後に帰宅させた際、その頭に最初に浮かんだのは、彼はもう死んだものと思うわれわれに、自分が喋らなかった事実をいかにして納得させるかということであった。ダビッドが今現在キューバにいるのか、あるいは革命によって所有地を没収された旧雇い主たちの後を追って行ったのか、私は知らない。彼は変革の必要性を理解する人間であり、変革が火急の要件であることも分かっていたが、自分と自分の住む世界まで巻きこまれるとは想像すらしていなかった。革命は大勢の平凡な人民の誠意ある努力を礎にして築かれるものである。理解力に欠けていた大勢のダビッドたちから夜明けを見ないまま永遠の眠りについた大勢のバンデラスたちに至るまで、すべての人民を革命分子に変身させるために、各自が内包する善良と崇高の精神を育成する、それこそがわれわれに託された使命なのである。盲従的で報われない犠牲的行為もまた革命に貢献した。今日生命あって革命の成就を目の当たりにしている者たちは、その途上で斃れた者たちを永遠に記憶に留め、より落伍者の少ない未来を建設するために刻苦勉励する義務と責任を背負わされているのだ。

帰隊の旅路

一九五七年六月、われわれは丸々一カ月をかけてエル・ウベロ戦で負傷した同志を介抱し、いずれフィデルの率いる縦隊に復帰する少人数の隊を編制し直して過ごした。

外界との連絡は広大な所有地の監督官のダビッドを通じてなされたが、彼の助言、適切な情報、またわれわれの許に運んでくれた食料のおかげでわれわれの境遇は非常に安楽なものになった。この最初の頃は戦後の時代にベアトン兄弟の手にかかって殺されたあのパンチョ・タマヨの、計り知れなく有難い支援にまだ与っていなかった。この地域出身の老農民、パンチョ・タマヨはしばらくしてからわれわれに接触してきたのだが、それからは連絡役としてわれわれのためによく働いてくれた。

シネシオが、革命のモラルを失いつつある兆候を見せ始めた。彼は「運動」資金を飲み代にして酩酊し、そのあげく不謹慎な挙動に出た。命令を無視することもあったが、ある時はいつもの酒盛りの後で、明示されていた命令に違反して、未経験で非武装の新規補充戦闘員を十一名も引っ張ってきた。通常われわれは武装していない者の入隊をさりげなく阻んできたが、このやり方を無視しに掛かるのはシネシオだけでなかった。できてまだ日も浅いゲリラ隊にはあらゆる方法とすべての条件の下に新人の参加が相次ぎ、またわれわれの居場所を知る農民たちも、入隊を志望する新たな同志をしばしば案内してきた。四十名を下らない人間がわれわれの小規模の縦隊に来ては去っていったが、脱隊者——その際われわれに断る者もいたが、われわれの意志に反して離隊する輩もいた——も跡を絶たなかった。このため、実働隊員数が二十五名から三十名を上回ることはまずなかった。

持病の喘息が幾らか悪化した私は薬が不足しているために、負傷した隊員と同様におおよそ身動きがままならなかった。私は近代医薬が届くまで、乾燥させたクラリン〔スイートピーの花の一種〕を喫煙するという土着の療法によって症状を幾らか緩和した。この民間療法のおかげで私の健康は回復し、復帰するための準備も整ったが、一日また一日と出発は延期された。ようやくわれわれは、エル・ウベロ戦が終わった後に使用不能と判断して遺棄してきた武器をすべて回収してゲリラの武器庫に収めるために巡察隊を組織する段取りになった。

われわれの置かれている境遇からすると、照準器の吹っ飛んだ三〇口径の機関銃を含めてこうした古びた武器すべてが、さまざまな故障はともかくとして潜在的な宝の山で、隊員らは一晩をかけてその回収に精を出した。最終的にわれわれは出発日を六月二十四日に決定した。わが軍の編制は、回復途上にある負傷兵五名、付き添い五名、バヤモからやってきた新規補充戦闘員十名、近在からの新兵四名、自由徴募の他二名で合計二十六名であった。行軍はビロ・アクーニャを前衛隊長として編成された。その背後に、大腿を負傷して歩くだけで精一杯のアルメイダに代わって私の率いる参謀隊ともいえる一団が続いた。その他はマセオとペーニャが引率する小規模の小隊が二隊。

ペーニャは当時中尉であった。マセオとビロは戦闘員で、皆の中ではアルメイダが大尉として最高の位階にあった。われわれが六月二十四日まで出発を延期したのは些少な不都合が幾つか生じたからであった。まず、道案内の一人が新規補充戦闘員を一名連れてくると知らせてきたので、彼ら二人が到着するまで待期せざるを得なかった。次に聞いたのは、道案内が医薬品と食糧の新規補充物資を携えてくるとの情報であった。老タマヨは頻繁に往来を繰り返し、そのつど新情報に加えて、缶詰や衣服の補充物資を運んできた。ある時点でわれわれは補給物資を備蓄するための洞窟を探さざるを得なかった。というのは、サンティアゴとの連絡がようやく取れてダビッドがわれわれの許に重要な船荷を搬入してくれたのだが、われわれは回復期にある負傷兵と未熟な新規補充戦闘員を連れて行軍するので手一杯で運搬するのは所詮無理であった。

　六月二十六日、私は歯科医としての初舞台を踏んだが、シエラ・マエストラでの私の肩書きはより控え目な「抜歯師」であった。私の手がけた第一番目の被害者は現在軍の大尉となっているイスラエル・パルドだが、彼はまあまあ耐えてくれた。二番目はホエル・イグレシアスであったが、彼の犬歯を抜歯するにはダイナマイト一本が必要だったかもしれない。私の力では彼の歯を引っこ抜けなかったので、戦争が終わるまで彼の犬歯は健在であった。私の技術が貧弱であったのに加えて、麻酔薬が手持ちになかったため、私はしばしば「心理的麻酔法」を採用した。患者たちが口腔内でおこなわれている仕事についてあまり不平を並べると、辛辣な罵り言葉を二、三回連発してやった。

行軍すると聞かされただけで意思薄弱な数人の者がわれわれの許を立ち去ったが、新たな者たちが取って代わった。タマヨが新しい顔ぶれの四人組を連れてきた。その中に小銃を持参したフェリックス・メンドーサがいた。彼の説明によれば、もう一人の同志といるところを軍隊に不意討ちされ、相棒が逮捕されている最中に自分は岩の出っ張りを飛び越えて疾走し、無傷で敵軍から逃れてきたとのことであった。われわれはその後、その「軍隊」とはラロ・サルディーニャスの率いる巡察隊で、その同志は敵軍に捕まったのではなくフィデル隊の許に案内されたのであるのを知った。現在革命軍の指揮官を務めるエブリオ・サボリットもその頃われわれの仲間になった一人である。

フェリックス・メンドーサと彼の一団が入隊したことでわれわれは総勢三十六名になったが、その翌日に三名が脱退し、次にまた参加者があったので三十五名を数えた。しかしいざ行軍が始まると隊員数はまたしても減少した。われわれはペラデロの斜面を登って先へ進んだが一日の行程は非常にわずかだった。

全島に暴力が繰り広げられている様子を、ラジオがわれわれに解説してくれた。七月一日、われわれは、サンティアゴで続いている戦闘で殺害された別の同志たちの訃報に併せてフランクの兄弟ホスエ・パイスの死亡をニュースで聞いた。短距離の行軍であったにもかかわらずわれわれの隊は士気を挫かれ、幾人かの新規補充戦闘員が「都市部で、より有用な任務を遂行」したいと、脱隊する許可を求めてきた。ラ・ボテラの丘を下る途上、われわれはシエラ・マエストラ山の一角の、険しい岩壁にへばりつくようにして建つ貧しい住処でわれわれをもてなしてくれたベニート・モラの家を通過した。

　モラの家に差しかかる直前に私は少人数の隊員を召集すると、危険が迫っていること、これからは敵軍が身近にいるため多分幾日間も何も口に入れずにほとんど休憩なしに行軍を続けなくてはならないと伝えた。付いてくる自信のない者はこの時点でその旨を申し出るよう勧告した。幾人かは率直に恐怖心をさらけ出して去っていった。チチョ［フェルナンデス］という名の別の者は、死の瞬間が訪れるまでわれわれに付き従うと、自分たち少人数からなる仲間の集団にかけて誓った。彼があまりにも確信をこめて、またこれまで例を見ないほど決然たる態度で誓約の言葉を述べたので、われわれはこの同じ集団が、ベニート・モラの家を通過して夜をやり過ごすために小川のほとりに野営した時点で、ゲリラ隊を脱隊したいと連絡してきたのにはびっくり仰天した。われわれは承諾を与え、チチョとその仲間の大仰な決意がその地点までしか持たなかったことで、冗談交じりにその現場を「死の小川」と名付けた。そのちょろちょろと流れる小川の命名の由来は、われわれがシエラ・マエストラを後にするまでついてまわった。

　われわれは二十八名になったが、翌日の出立を前にして二名の補充戦闘員が新たに加わった。二人は自由のために戦おうとシエラ・マエストラへやってきた元兵士たちであった。彼らの名はヒルベルト・カポテとニコラスであった。連れてきたのは地元連絡員のアリスティデス・ゲラであったが、この者は後々われわれの縦隊にとってかけがえのない財産となる人物で、通称「チャオ・キング《飯の王様》」であった。戦争の全期間を通じてチャオ・キングはわれわれのために無数の用務に携わってくれた。そして多くの場合、それはたとえばラバ隊をバヤモからわれわれの作戦展開地へ移動させるなど、敵軍と戦う以上に危険を孕《はら》んでいた。

われわれは短距離の行軍中も、新規補充戦闘員が武器の扱いに慣れるように意識して仕向けた。二名の元兵士に、小銃の操作方法、弾薬の装塡と抜き取り、射撃訓練などを教練してもらった。運が悪いことには訓練が始まって直ぐに、教官の一人が発砲してしまった。われわれはやむなく彼を職務から外して疑惑の目を注いだ。だが彼のその時の仰天した表情は、芝居だとしたら相当の演技力だと思わせるほど真に迫っていた。二名の元兵士は行軍を辛抱できずにふたたびアリスティデスに連れられて立ち去ったが、ヒルベルト・カポテの方は後日われわれの許に戻ってきた。しかし彼はピノ・デル・アグアの戦いで中尉として英雄的な戦死を遂げた。

われわれは野営していた場所を離れた。そこはラ・メサ所在のポロ・トレスの家で、後々われわれの作戦基地の一つとなった。今回われわれを先導してくれるのはトゥト・アルメイダという名の農民であった。われわれに課された任務は、まずラ・ネバダに達し、そこからトルキノ山の北面を横断してフィデルのいる野営地に合流することであった。その方角をめざして歩行中、遠くでわれわれの姿を見て逃げ去ろうとする二人の農民を目撃した。走って追跡すると、彼女たちはモヤの姓を名乗る二人のアフリカ系キューバ人の娘たちであることが判明した。彼女らはキリスト再降臨派の信者であり、信仰の教えからすると暴力にはいっさい反対である筈なのに、当時もまた戦争中もわれわれに全面的な支援を惜しまなかった。

われわれは素晴らしい食べぶりを見せて体力を幾らか取り戻したが、（ネバダへ出るために）マル・ベルデを通過中、その全域を軍隊が網羅しているのを発見した。短時間の熟慮の末に、われわれのちっぽけな参謀隊と道案内は、隊をいったん後退させた上でより歩行しづらいが現況ではより危険でない、真っ向からトルキノ越えに挑む行程を進むことに決めた。

小型トランジスターラジオを通して気掛かりなニュースが聞こえてきた。それはエストラダ・パルマ地域で激戦があってラウルが負傷したと伝えた。（今になってみると、われわれがこのことをラジオで聞いたのか、「ラジオ・ベンバ」［葡萄蔓］〔農民の口伝えによる情報網〕を通じて知ったのか定かでない）。ニュースを信用してよいのやら判断が付かなかった。これまでの経験ではこのような報告事項は頭から否定するべきであるのを学習済みであった。それでもわれわれはできるだけ早くフィデルの許に到着しようと歩行を速めた。われわれは夜を徹して歩き続け、その行程の一部を、出身地［バスク地方］ゆえに「ビスカイノ」〔スペイン北岸のビスカヤ地方の人〕と呼称されている独身の農民の家で世話になった。彼はトルキノ山麓の狭い小屋にたった一人で暮しており、唯一の友は、小屋から離れた石の下の小さな穴に用心深く仕舞いこんである数冊のマルクス主義関連の書物であった。彼は、自分がその界隈では誰にも知識のない戦闘的マルクス主義の信奉者であることを誇らしげに打ち明けた。この「ビスカイノ」が、その先どの道を行けば良いのか教示してくれ、われわれはのろのろと行軍を続けた。

この間、シネシオは慣れ親しんだ土地からますます遠ざかっていたが、彼のような単純な者にとってこうした状況——やや深みにはまりかけている——は辛いという一言に尽きた。ある晴れた日の休息地点で、クエルボという名の新規補充戦闘員が温順な性格であるのを買われて手に入れたレミントン銃を抱えて歩哨に立っているところに、シネシオ・トレスがやはり小銃を担いで合流した。私はおよそ三十分後にそのことを聞くと、彼らを探しに出かけた。というのはシネシオをあまり信用していなかった上、小銃はなんといっても貴重品であった。ところが二人はすでに脱走していた。バンデラスとイスラエル・パルドは、逃亡した二人が重装備しているのに対して自分たちはピストルしか所持していないのを承知で後を追った。その時点で彼らは脱走者を発見できなかった。

武器が品薄で、革命の指導者に直かに接する場面のないまま、隊の士気を保持するのはまさに至難である。われわれは実際に手探りで進んでいた。われわれを包囲する敵軍は経験不足なわれわれの想像の世界の中で、また農民たちの寓話の中で、大きくぼんやりと不気味に膨張していった。平原からやってきた新規補充戦闘員の嫌気と、険しい小道を歩き慣れない彼らが訴える幾千もの苦情は、われわれのゲリラ魂を絶えず危機にさらした。「エル・メヒカーノ《メキシコ人》」という名の、大尉までいった者が数名を連れて脱走を試みた事件もあった。彼は革命を裏切ったあげく今はマイアミにいる。

私がこのことを知ったのは、ホエル・イグレシアスの従兄弟である同志エルメス・レイバが一味を告発したからであった。私はこの問題に対峙するために集会を呼びかけた。エル・メヒカーノは、自分はこれまで脱隊こそ考えたことはあるが、ご先祖様全員にかけて闘争を見棄てる意思はないと誓った。彼のセリフによれば、この隊にいる限りあまりにも実戦の場が少ないので、小さなゲリラ集団を自ら組織して密告者を襲撃して殺害するつもりだったそう。実際には金銭目当てに密告者の息の根を止めようとしたのだ。それは追剝ぎのすることだ。この後のエル・オンブリト戦で負傷したのはエルメス唯一人であったが、これは告発されたことを根にもつエル・メヒカーノが中心になって仕組んだ仕業ではないかとわれわれはいまだに疑っている。しかしこのことを立証できる者は誰もいない。

エル・メヒカーノは、自分は脱隊しないし、そのつもりもない、また他人をそう仕向けて扇動する気もない等々、男として革命家としての口約束を連発して縦隊に居座り続けた。短距離だが険難な行進の後、われわれはラス・クエバスに近いトルキノ山の西斜面に位置するパルマ・モチャ地域に到達した。農民らはわれわれを手厚く遇してくれ、われわれは私の「抜歯師」としての新たな職業——私はたいそう意気込んでこれに取り組んだ——を通じて彼らと直接交流するようになった。

われわれは馴染みのあるパルマ・モチャおよびアロヨ・デル・インフィエルノ地域へ向けて迅速な旅を続けられるように大いに食べて体力を貯え、六月十五日、ついに到着を果した。そこで地元農民のエミリオ・カレラから、近くにラロ・サルディーニャスが待ち伏せ戦を仕掛けていると教えられた。エミリオは、われわれと敵の巡察隊とが衝突した場合、自分の家が危険にさらされるのを懸念していた。

われわれ小規模の新米たちの縦隊は六月十六日、フィデルの縦隊所属の、ラロ・サルディーニャスの指揮下にある小隊に遭遇した。ラロ・サルディーニャスはわれわれに、自分が革命に参加する必要を感じた理由を教えた。商人である彼はいつもわれわれの許に町から必要物資を運んでくれていた。ところがある時奇襲に引っかかって人の生命を奪うはめになり、その結果実際問題としてゲリラにならざるを得なかった。ラロは、敵軍サンチェス・モスケラの縦隊に所属する前衛守備隊がやってくるのを監視するよう指令されていた。われわれは、執拗なサンチェス・モスケラの隊がふたたびパルマ・モチャ川流域に侵入を図ってフィデルの縦隊に包囲されかけたが、強行軍でトルキノ山を越えてフィデルの追跡を撒き、山の反対側に逃れたことを知らされた。

われわれは近隣にいる軍隊についてすでにある程度の情報を摑んでいた。わずか数日前、われわれは到達した農民小屋でその前日まで兵士らが潜んでいた塹壕を発見した。その様子は、彼らがわれわれに屈せず攻勢に出ようとする証拠にも見えて、その実は鎮圧軍の後退を暗示していることを見抜けなかった。それはモスケラ隊がシエラ・マエストラ山中において展開するさまざまな作戦の質的変化を表していたのだ。今やわれわれは、敵を包囲して全滅させるぞと脅して、撤退させるのに十分な力を付けていた。

敵はこの教訓をよく学んでおり、シエラ・マエストラ山中へは散発的な侵略を試みるに過ぎなかった。そして、最もしぶとく、攻撃的で、血に飢える敵軍士官の一人で、一九五七年には単に一中尉でしかなかったサンチェス・モスケラがその明くる年の六月、軍隊の総攻撃が最終的に敗北を喫した直後に大佐に任官された。彼の出世街道は一時的にせよ華々しく、彼自身に富をもたらすものであり、彼とその部隊はシエラ・マエストラの迷路に潜入するたびに農民に対して無慈悲な強奪を繰り返した。

形成期における背信

われわれにとって原隊との再会は喜びであった。二百名近くの隊員はより鍛錬され、より紀律正しく、そして新たな武器も幾つか携えていた。前述した質的変化は今やシエラ・マエストラ山中において明々白々であった。そこは実質上解放された地区で、防備対策はあまり必要でなかった。ハンモックに体を横たえて休息しながら一晩中談話する自由も幾らかあったし、シエラ・マエストラの住民が住む村々を訪問することも許されており、彼らともより良好な関係を築くことができた。古馴染みの同志たちから歓迎されるのはわれわれにとって至上の喜びであった。

フェリーペ・パソスとラウル・チバスはまさにその時代の寵児であったが、二人はまったく個性の異なる同士であった。ラウル・チバスは兄［エドゥワルド］――キューバのある時代の象徴であった――の名声を食い物にしているだけであったが、彼は兄にあった美徳を備えていなかった。自分の考えを明晰に述べることもできなかったし、聡明でもなく、また利巧という訳でもなかった。ただそのまったく平凡な人となりゆえに、オルトドクス党内で一風変わった象徴的な名士となりえたのだ。彼はシエラ・マエストラでも言葉少なく、一刻も早くその場を離れたがっていた。

フェリーペ・パソスは個性的な人物であった。彼は、［カルロス］プリオ・ソカラス政権下――重窃盗と着服沙汰によって特徴付けられる政権――で国立銀行総裁の任にあった期間、公的基金を横領しなかったことで、大物エコノミストとしての地位と誠実であるとの評判を勝ち取っていた。これらの年月を汚染されることなく居座れたのは素晴らしい取柄だと思う向きもあろう。国のかかえる深刻な問題に無関心のまま、官吏の身にあって自分の行政官としての立身出世を追及するのは一つの見所かもしれない。しかし当時存在した信じ難いほどの悪弊を日々非難することもしないで、誰が革命家たりえようか？　フェリーペ・パソスは自分の口を巧みに閉じたまま、バティスタによるクーデターの後に国立銀行総裁を体よく辞任し、さらには誠実、聡明、エコノミストとしての才幹という華まで自身に添えるのに成功したのであった。うぬぼれの強い彼はシエラ・マエストラへやってきてすべてを統括しようと考えた。このマキアヴェリの小型版は、自分こそが国家の将来を統御する運命を背負わされていると思いこんでいた。彼には当時からすでに「運動」を裏切る下心があったとも考えられる。それが形となって表れたのは後日であった。しかし彼の品行は決して清廉潔白でなかった。

パソスは、筆者がこれからその分析・解明を試みる共同宣言［シエラ宣言］に自らを立足せしめて、マイアミにおける「七月二十六日運動」の代表に自分自身を勝手に任命し、ひいては共和国の臨時大統領に指名されるつもりでいた。こうすればプリオ政権とて暫定政府の指導者に腹心を確保できた。

当時のフィデルと私は話をする時間がほとんどなかったが、それでもフィデルは、自分が件の文書を真底から戦闘的な論調にして、大義を宣言する基盤とするために奮闘努力した旨を私に語ってくれていた。人民による闘争の呼びかけには聞く耳をもたないこの二人の石器時代の遺物と対決するのは難業であった。

基本的に「宣言」は「対立するすべての政党、すべての市民組織およびすべての革命勢力をもって構成される一大市民革命戦線のとしてのスローガン」を掲げた。

その中で幾つかの提案がなされた。「闘争における共同戦線内の市民革命戦線の結成」。「暫定政府を主宰する人物」を指名する。戦線は他国家にキューバの国内問題への介入を呼びかけることも、またそれを受認することも却下する旨を明記する。また、「いかなる形の軍事評議会《フンタ》も共和国の暫定政府として否定される」。文書中では、政治から軍隊をすべからく離脱させ、軍隊の非政治的存在を保証する旨の決定が表明された。選挙が一年以内に実施される旨も織りこまれていた。

暫定政権が実行すべき計画《プログラム》は、民間人軍人を問わずあらゆる政治犯の釈放を宣言した。新聞およびラジオ報道の自由が完全に保障されると同時に、憲法によって人権および政治的権利を保障される。管轄地方の組織機構と協議をおこなった後に、全国市町村の暫定的な長を任命する。あらゆる形での政府内の汚職の駆逐とすべての国家的組織の有用性を高める趣旨で考案された諸々の政策の適用と実施。政府官庁の設立。すべての労働組合および産業全体の組合連合における選挙の自由を促進して労働組合政策の民主化を図る。社会と母国に対する市民の権利義務を強調した義務教育と識字運動の徹底的かつ即刻の実施。「未耕地の分配をめざす農地改革のための土台作りを行い、土地を賃借りするサトウキビ栽培者、国あるいは個人が所有する小規模の地所を耕作する刈分小作農《アパルセロ》、借地農《アレンダタリオ》、占有農《プレカリスタ》の全員が、旧地主に補償金を支払った後に土地所有者となるための改革を実施する」。わが国の通貨の安定を確保し、国家融資による生産的所業への投資をめざす健全な財政政策の採用。工業化の促進および雇用機会の増進。

以上に加えて特に強調された二点があった。

第一点……今時以降、共和国の暫定政府を統括する人物を指名する必要性。これは、キューバ人民が自由への呼びかけの下に一致団結できることを、また公平、高潔、能力、品格をもって自らの台座を体現するその指導者がわれわれの支持を得ていることを、全世界へ向けて発信するためである。キューバには共和国の議長を務めるだけの能力を備えた人材はありあまるほどいる。(当然ながら調印者の一人であったフェリーペ・パソスだけは少なくとも心の深奥では、人材は十分存在するどころか、唯一人しかなく、それは自分だと思っていた)

第二点……この人物は民間の、すなわちノンポリの全組織によって指名されねばならない、したがってその支持により、この暫定的な大統領はいかなる政党とも関わりあいを断たれ、まったく清廉で公平な選挙を保証される。

文書には次のようにも記述されていた。「話し合いのためにシエラ・マエストラを訪れる必要はない。われわれはハバナ、メキシコ、あるいは必要などこへでも代表を派遣する用意がある」。

フィデルは農地改革についてより明確に陳述する必要性を主張したが、二人の穴居人〔フェリーペ・パソスとラウル・チバスのこと〕の一枚岩的な共同戦線を崩すことは非常に困難であった。「未耕地の分配を目的とする農地改革のために基本的条件の基盤づくり」。これはそもそも「ディアリオ・デ・ラ・マリーナ」紙〔小事典参照。当時の右翼系の新聞〕において容認される種類の政策であった。そしてさらに悪しくも、「旧地主に補償金を支払った上で」と条件が付されていた。

確かに革命は当初の公約を幾つか実現させた。敵方〔パソスその他〕は、シエラの権威を認めることを否定して将来の革命政府に足枷を嵌めようと試みた時点で、声明書に表示された暗黙の約束事を反古《ほご》にしたのだと、われわれとしては力説せざるを得ない。

われわれは協定に満足していなかったが、それは必要なものであり、かつまたその時点では進歩的であった。なお、それは革命が進展する過程において制動装置に取って代わった瞬間からもはや持ちこたえられなくなったが、われわれは受諾する心構えでいた。しかし、裏切りによって、敵はわれわれに彼らとのしっくりといっていなかった連合を破棄せしめ、この人間共の本心の狙いを人民に見せつけるための後押しをしてくれた。

われわれはプログラムが最小限のもので、われわれの努力を制限することを知っていたが、シエラ・マエストラ山中からわれわれの意思を押しつけるのが不可能であることもまた承知していた。長い期間にわたってわれわれは、ありとあらゆる部類の「友人たち」を当てにしなければならなかった。彼らはわれわれの握っていた軍事力と、すでに人民らがフィデル・カストロに託していた深い信頼の心を、自分たちの奇怪な策略のために利用しようとした。なによりも彼らは北の方角にいる主人たちと緊密に手を組む他国からやってきた有産階級《ブルジョワジー》を通じて、キューバにおける帝国主義的な支配を維持したかった。

宣言書には肯定的な面もあった。それはシエラ・マエストラに言及して明白に述べられていた。「何人《なんぴと》もシエラ・マエストラにおける状況を云々する政府のプロパガンダに騙されてはならない。シエラ・マエストラはもはや自由を礎とした難攻不落の要塞であり、このことはわれわれ同志たちの心にしっかりと根付いている。今ここにいるわれわれは、人民の信念と信頼にいかにして応えるべきかを知ろうとしている」。この、「いかにして応えるべきかわれわれはいずれ知ることになる」という言葉は、カストロが実際にその鍵を握っていたことを意味する。後の二人は目撃者の立場からですら、シエラ・マエストラにおける闘争の発展を理解する能力に欠けていた。彼らは直ちに立ち去った。二人のうちの一人のチバスはバティスタ軍警察に不意討ちされ、手荒な扱いを受けた。その後二人は揃ってアメリカ合衆国へ去った。

それは周到に計画された不意の一撃であった。キューバの寡頭政治に関わる最も著名な代表らが一団となって、「自由を守るために」シエラ・マエストラに到着し、シエラ・マエストラの不毛地帯で虜囚となっているゲリラの長との共同声明書に署名し、この持ち札をマイアミで勝手に操る自由を手にして立ち去ったのであった。彼らは、政治クーデターの真の勝利は対抗する者の力量次第であることを斟酌しそこなった。今回武器は人民の手中にあった。ゲリラ軍を全面的に信頼しているわれわれの指導者が迅速な行動を取ったおかげで、裏切り者の成功は阻まれた。数カ月後、マイアミ協約の結末が表沙汰になると、フィデルによる激しい応酬は敵方をにっちもさっちも行かなくさせた。われわれは不和を生じせしめたことで、またシエラ・マエストラからわれわれの意思決定を強制しようとしたことで非難を浴びせられた。しかし戦術を変えて新たな罠を仕掛けなければならなくなったのは彼らの方であった。カラカス協約がそれだったのだ。

一九五七年七月十二日付けで発布された「シエラ宣言」が当時の新聞に掲載された。われわれはこの声明書を、道中での小休止としか捉えていなかった。われわれは基本的任務――圧政者の軍隊を戦場で敗北に追い込む――を続行しなければならなかった。その頃新たに縦隊が組織され、私がその責任者を任じられて大尉となった。他にも昇進者がいた。ラミロ・バルデスが大尉となり、彼の指揮する小隊が私の縦隊に加わった。シロ・レドンドも大尉に昇進して小隊を率いることになった。縦隊は小隊三隊によって組織された。ラロ・サルディーニャスの引率する第一小隊が前衛守備隊を結成したが、彼は縦隊の第二コマンドでもあった。ラミロ・バルデスとシロ・レドンドが他の二隊を率いた。「追い立てられた農民」と命名されたわれわれの縦隊は、種々様々な出で立ちで武装する七十五名近くの隊員をかかえていた。私は彼らがひどく誇らしかった。それから数夜か経った後、私の誇らしい思いはさらに募り、革命がいっそう身近に感じられ、私に軍人として与えられた褒美に応えたい気持ちがより高まった……。

われわれはフランク・パイスの潜伏名である「カルロス」宛に祝賀と謝意を伝える書状を送ったが、その頃彼は人生で最後の日々を生きていたのだ。文字を書くことのできるゲリラ士官全員が手紙の末尾に署名した。（シエラ・マエストラの農民の多くが、この文字を書くという技芸にあまり秀でていなかったものの、彼らはすでにゲリラ隊の主要な構成員であった）。署名は二段に分けてなされ、二段目に位階を書き付けている最中に私の順番がまわってくると、フィデルがさりげなく言った。

「指揮官と書いておけ」

このいとも形式ばらない、へたをすると聞き逃しかねない声がかりで私はゲリラ軍第二縦隊の指揮官を拝命した。われわれの隊はその後、第四縦隊として知られるようになる。

農民の家——場所は記憶していないが——で書かれたその手紙は、サンティアゴでわれわれのために補給物資を調達し、敵の圧力を軽減するために勇を鼓して戦っている都市部の兄弟に宛てた、われわれゲリラ戦闘員からの友愛をこめたメッセージでもあった

われわれは誰でも些細な虚栄心を胸のうちに秘めているものだが、その日の私は自分を世

界中で最も誇らしい者に感じた。私の昇進の象徴である小さな星をセリア・サンチェスから手渡されたが、そこには副賞も添えられていた。マンサニージョに注文した腕時計一個。新規に編制された縦隊を率いる私に与えられた最初の任務は、バティスタの手下の中でも最たる邪悪者であり、すでに当地域から退出していたサンチェス・モスケラに罠を仕掛けることであった。

われわれはこれから向かうエル・オンブリト地区を新たな任地として半ば独立した隊生活を営むに際して、何かそれにふさわしいことを手掛ける必要があった。そこでわれわれは大偉業をあれこれ企画した。

われわれは栄光の七月二十六日が間近に控えているとあって、威厳をもって祝賀する準備に着手しなければならなかった。フィデルは私の好きなようにするように、ただし分別心をもってと、すべてを任せてくれた。最後の打ち合わせ会で、われわれはゲリラ隊に参加したばかりの新人の医師に出会った。現在革命軍の参謀幕僚長の地位にあるそのセルヒオ・デル・バジェは、当時のシエラ・マエストラの状況が許す範囲で医療行為をおこなっていた。

われわれは、それまで平原で幾度となく後退を余儀なくさせられていたので、まだ健在であるところを見せつけてやる必要があった。展開される予定の戦線へミランダ精糖所から運びこまれる筈であった武器が警察に押収され、ファウスティーノ・ペレスを含む重要な指導者が数名逮捕された。フィデルはわれわれの部隊の分立案には反対であったが、リャノ・コンパニェーロス〔都市部の地下組織、リャノの同志たち〕らの要求を容れざるを得なかった。

今回フィデルの見立てが正しかったことが証明され、それ以降われわれはゲリラ軍隊の拡充をめざす第一歩として、シエラの増強に専念した。

ブエイシト攻略

われわれの新しい独立生活にはそれなりに新たな問題が付いてまわった。われわれは厳格な紀律を確立し、命令体系を統一して、新たな戦闘で勝利を確保していくためにはなんらかの形で参謀隊を確立しなければならなかったが、これは戦闘員が鍛錬不足であるために容易でなかった。

分隊を編制するやいなや、親愛なる同志がわれわれの許を去っていった——マセオ中尉。彼はある任務でサンティアゴへ赴いたのだが、その後われわれは二度と見《まみ》えなかった。なぜなら彼はその地で戦いに斃れたのであった。

われわれは幾人かの者を昇格させた。同志ウィリアム・ロドリゲスが中尉になり、ラウル・カストロ・メルカデルも然り。この人事を通じてわれわれは、自分たちの小規模なゲリラ部隊の形を整えようとした。ある朝、われわれは残念にもある隊員がライフル銃——当時のわれわれの嘆かわしい状況下では宝物であった二二口径の——を担いで脱走したのを知らされた。通称チノ・ワンというこの脱走者は前衛隊の歩哨であったが、シエラ・マエストラ山麓の故郷におそらく戻ったものと思われた。彼を追跡するために二人の隊員を出したが、それ以前の脱走者を捜索しに出かけたイスラエル・パルドとバンデラスが無駄足を踏んで帰隊した時点で、われわれは彼らを追うことを断念した。この地域に詳しく、またきわめて身体壮健なイスラエルは、私の身近にいて特命事項を実施する役目を担うことになった。

われわれは大変野心的な作戦を入念に練りはじめた。それはまずエストラダ・パルマに夜襲をかけ、次に近在の村落ヤラおよびベギタスに駐屯する小規模の兵営を攻略した後、同じ道程を経由して山へ戻るという内容であった。この方法を採用して奇襲を当てこめば、一度の攻撃で三カ所の兵営の強奪が可能になる。実弾を節約して発砲演習を数回おこなった結果、武器は旧式で非常に汚れたマゼン型の機関銃以外はすべてが順調に作動することが分かった。フィデル宛に手短な書付を送ってわれわれの計画の概略を説明した上で是非を問い合わせた。彼からの返事は届いていなかったが、七月二十七日にラジオで、公式発表ではラウル・カストロを指揮官とする二百名からのゲリラ隊がエストラダ・パルマを襲撃したことを知った。

当時唯一検閲を受けていない、したがって内容を削減されていない「ボェミア」誌が、ゲリラ隊がエストラダ・パルマで敵軍に蒙らせた被害――古びた兵営が全焼した――について解説する記事を掲載した。記事は、下山してきたフィデル・カストロ、セリア・サンチェスその他七人の革命家からなる輝かしいプレアデス団〔ギリシャ神話に登場するプレアデスの七人の娘たちを指し、通常七名からなる輝かしい一団のこと〕に触れていた。こうした場合にはありがちだが、ここでも真実と神話がない交ぜになっており、ジャーナリストたちはその境界を見極められなかった。突撃に参加した隊員は、実際には二百名をはるかに下まわり、率いたのはギジェルモ・ガルシア司令官（当時は大尉）であった。実戦は存在しなかった。なぜなら敵側のバレラ大佐が、理屈からいえば七月二十六日〔キューバにとってモンカダ兵営襲撃事件によって記念される国民蜂起の日〕に強襲があるものと恐れて、態勢の保全に自信を持てなかったからであろうか直前に撤兵していた。エストラダ・パルマ作戦は要するに手間を取らない遠征であった。その翌日、軍隊がわれわれゲリラを追跡したが、その時、私の記憶では組織としての弱点が災いして、サン・ロレンソの近くで眠りほうけていた隊員一名が逮捕された。われわれはこの情報を得ると七月二十六日以降の数日内に、間髪を入れず別の兵営を攻撃して叛乱にふさわしい状況作りを続行することにした。

シエラ・マエストラへ向かって行軍中、ラ・ヘリンガという場所の近在で、脱走者の捜索に出向いた隊員二人のうちの一人がわれわれに追いついてきた。彼はわれわれに、共に任務を命じられて同行した同志が、親友のチノ・ワンを裏切ることはできないと喋っていたと報せた。脱走を持ちかけた上で自分はゲリラ隊に復帰するつもりがないとほのめかしたそうだ。同志が停めようとしたが先へ行くので発砲して射殺したとのことであった。

私はこの陰鬱な事件が起きた地点に面する丘に全隊員を集合させた。私は隊員を前にして、彼らがこれから目撃する光景とその意味、なぜ脱走が死罪によって罰せられるのかその訳、なぜ革命の裏切り者が有罪を宣告されるのかその理由について説明した。われわれは一列縦隊となって完全に沈黙したまま、自分の任務を放棄しようとした男の遺体のかたわらを進んだ。隊員たちの多くはそれまで人間の死に遭遇した経験がなく、当時有り体であった政治的愚鈍ゆえに、おそらく革命に対する背信行為よりも死者への個人的感情によって心を動かされていた。厳しい時代でもあり、われわれはこの男の一件を見せしめにした。この男の氏名をここで発表するのは無意味である。死亡した男は近在出身の、年若い、純朴な農民であったことだけを記しておこう。

われわれは見知った地域を通過していった。七月三十日、ラロ・サルディーニャスが鉱山地区で商いをする旧友のアルマンド・オリベルと連絡を取った。われわれはカリフォルニア地区に近い一軒家で落ち合う約束をして、そこで彼およびホルヘ・アビッチと顔合わせをした。ミナスとブエイシトを攻撃するつもりだと話した。この秘密を他人に打ち明けるのは冒険的な第一歩であったが、ラロ・サルディーニャスはこの同志たちをよく知っており、信頼していた。

カシージャスが毎日曜日にこの地区を通るとアルマンドが教えた。軍人の慢性的な習癖として彼はその地に愛人がいた。われわれがここにいることを知られる前に急襲をかけ、運良く一撃を与えればあの悪名高い軍人を捕獲できるかもしれないと気持ちが逸った。われわれはその翌日の七月三十一日の夜半に襲撃計画を実行することで意見が一致した。アルマンド・オリベルがわれわれのためにトラック数台、地区に詳しい道案内、そしてマンサニージョ―バヤモ間を走る幹線道路とブエイシト幹線道路をつなぐ数本の橋梁の爆破を手がけられる鉱山労働者を手配する任務を引き受けた。翌日の午後二時、われわれは出立した。二時間かけてシエラ・マエストラ山頂へ到達すると、そこに荷物をすべて隠匿し、野戦備品だけを担いで先へ進んだ。われわれは長時間行進しなければならず、その道すがら数軒の家を通過したが、そのうちの一軒は宴会で賑わっていた。われわれは宴会の出席者全員を招集するとその前で、「騒擾《そうじょう》取締り令を読み聞かせてやり」、万が一われわれの存在が敵側に漏れたら彼らに責任を取ってもらうと申し渡した。われわれは先を急いだ。こうした遭遇は無論大して危険でもなかった。当時のシエラ・マエストラには電話やその他の通信手段がなく、密告者がわれわれに先んじて目的地に着くには疾走でもしなければ間に合わなかった。

同志サンティエステバンの家に到着すると、彼はわれわれのために小型トラックを用意してくれた。その他にもわれわれはアルマンド・オリベルが差し向けてくれた二台のトラックを乗りまわしていた。全員がトラックに同乗して――ラロ・サルディーニャスが一台目に、ラミリトと私が二台目に、そしてシロが自分の小隊を率いて三台目に――三時間ちょうどでミナス村に到着した。ミナスでは軍隊が警戒を緩めており、最初の仕事はブエイシトへ誰一人向かわせないように足止めすることであった。現在は叛乱軍の指揮官であるビロ・アクーニャ中尉の指揮下に後衛守備隊を当地に居残らせ、われわれは残りの隊員と共にブエイシトの村はずれをめざして行軍を続けた。

村の入口でわれわれは石炭を運搬するトラックを停めると隊員一名を付けて先にやり、敵軍の歩哨が警備に立っているかどうか偵察させた。なぜなら時にブエイシトの入口には軍隊が哨所を設けてシエラ・マエストラ方面から入ってくる荷物の検査をおこなっていたからだ。しかしそこは無人であった。警備の兵隊は全員がのどかに安眠をむさぼっていた。

われわれの計画は単純な中身だとはいえ、やや大胆でもあった。ラロ・サルディーニャスが兵営の西側から攻撃をかけ、ラミロと彼の小隊が建物をぐるりと包囲し、シロが参謀中隊に備わる機関銃を掲げて正面から即刻襲撃をかけられるように陣立てする。アルマンド・オリベルが偶然に車で通りかかった風を装い、いきなりヘッドライトを点灯して警備兵らを照らしだす。その瞬間にラミロ隊の者たちが兵営に侵入して全員を捕虜にする。同時に万全を期して自宅で寝入っている警備兵全員を拘束する。ノダ中尉の率いる中隊――ノダは後日ピノ・デル・アグア戦で戦死を遂げた――は、銃撃戦が始まるまでに幹線道路を走行中の乗物をすべて停止させるよう任じられ、ウィリアムは、敵方の増援隊の到着を遅延させるためにブエイシトと中央幹線道路を連結する橋を爆破する作業に出された。

作戦は結局忠実に実行されなかった。地勢にも精通していない未経験者たちには難しかったのだ。ラミロはその晩、隊員が全員揃わず、遅れて現場に駆けつけた。車が到着しなかった。隊員たちが配置に付こうとしていたところで、数匹の犬がいっせいに吠え立てた。

私が村の大通りを歩いていると男が一人家の中から出てきた。私は怒鳴った。

「停まれ！　何者だ？」

男は私を軍属だと勘違いして直ちに名乗り上げた。

「地方警備員です」

私が彼に銃口を向けると、彼は家に駆け戻り、音を立てて扉を閉めた。すると中から、彼が家を走り抜ける物音に交じってテーブルや椅子が倒れ、グラス類の割れる音がした。私と彼の間には暗黙の了解があったと思う。最重要なのは兵舎の占拠であり、彼は大声を挙げて仲間に警戒を呼びかけることをしなかった。

　われわれは用心深く先へ進み、最後の隊員の配置を終えようとしていたまさにその時、兵営の歩哨が、犬の鳴き声とおそらく私と地方警備員の出会いがしらの騒音によって注意を喚起されたのであろう、前方へ歩を進めてきた。われわれはわずか数メートルを隔ててもろに対峙した。私は自分のトムソンを、彼は自分のガランドの撃鉄を起こした。イスラエル・パルドが私のかたわらにいた。私が、

「停まれ！」

　と叫ぶと、ガランドを掲げて射撃準備をしていたその男が動きを見せた。もう待てなかった。私は彼の胸部を狙って引き金に指をかけたが、発砲が失敗して私は無防備で取り残された。イスラエル・パルドが発砲を試みたが、彼の小型の二二口径の小銃は欠陥物で、やはり発射しなかった。イスラエルがどうやってこの場を生き延びたのか、私にはいまだに分からない。私の記憶に残っているのはそこまでだ。兵士のガランド銃から雨霰と飛んでくる弾丸の下を、私は後にも前にもない脱兎のごとくの速力で駆け抜け、宙を舞うようにして疾走し、角を曲がって次の十字路に飛びこんでトムソン銃を調整した。

　その兵士の最初の発砲によって、はからずも攻撃号令がかけられた形になった。四方八方から銃声が轟いてきたことで、脅えきった兵士は柱の陰に隠れたが、数分足らずの戦闘が終わった時点で当方に発見された。イスラエルが連絡を取りに行っている間に銃撃戦は終焉し、われわれは彼らの降伏通知を受け取った。最初の銃声を耳にした時点でラミリト隊の者たち

が敷地内に移動して背後から兵舎を襲撃し、木製の扉越しに銃弾を打ちこんだ。

兵舎内には十二名の警備兵がおり、そのうち六名が負傷していた。われわれ側からも一名の犠牲者が出た。それは同志のペドロ・リベラで、最近入隊したばかりの新規補充戦闘員だったが胸部を撃たれていた。三名が軽傷を負った。われわれは使えそうな物品をすべて持ち出した上で兵舎に火を放ち、そこの軍曹とオランという名の密告者を捕虜として連れて、その場をトラックで離れた。

朝が明け、途上で村人たちがわれわれに冷えたビールと軽食をふるまってくれた。中央幹線道路近くの小さな木造の橋は爆破されていた。最後のトラックを通過させてからわれわれは小川に架かるもう一本の小橋も爆破した。オリベルの連れてきた、この仕業を実行した鉱山労働者はその後隊に加わったが、彼こそは貴重な取得物であった。クリスティーノ・ナランホという名で、後に指揮官になったが、革命が勝利した後に暗殺された。

われわれはそのまま先へ進んだが、ミナスに達したところで行軍をいったん中止して小会議をもった。滑稽なことにその地区で店を経営するアビッチ一族の者が、村人の名にかけて軍曹と密告者の身柄を解放して欲しいとわれわれに懇願した。彼らを捕虜にしたのは、村に報復行為が及ばないように彼らの生命と引き換えに保証を取り付けるためだと説明したが、あまりにも執拗に頼むので譲歩した。こうして二名の捕虜は釈放され、村人の身の安全も確保された。シエラ・マエストラへ発つ前に、われわれは亡くなった同志を市内の墓地に埋葬した。偵察機が数機われわれの頭上高く飛来したので、われわれは一応大事を取って一軒の店に入り、そこで負傷者に手当てを施した。一人の肩の怪我は浅かったが、裂傷であったために処置が難しかった。一人は小型口径銃の操作で手に軽傷を負っていた。三人目は頭に瘤《こぶ》を作っていた。兵営内にいたラバが射撃に驚いたか弾丸が当たったかで暴れて、やみくもにそこら中を蹴りつけたためにどうやら壁土が落ちて頭を直撃したらしかった。

アルトス・デ・カリフォルニアに出たところでわれわれはトラックを乗り捨てると、戦利品の武器を山分けした。戦闘での私の活躍は微々たるもので英雄的とは決していえなかったが――私に向かって放たれた数少ない弾丸は私の背後を狙ったものであった――それでも私は絶対に適時に発砲してくれない旧式のトムソン式小型機関銃とその危険な弾丸を投げ棄て、兵営の宝玉であるブローニング式自動小銃を取った。最良の武器を最良の戦士らに配分し、臆病な挙動に出た者たちはその場で追放されたが、そこには最初に飛んできた銃弾を避けようとして川に落ちた「濡れ者たち」〔おしめをした赤ん坊も意味する〕の一団も含まれていた。申し分ない戦いぶりを見せたのは今回の襲撃を指揮したラミロ・バルデス大尉と、小競り合いで決定的な役割を果したラウル・カストロ・メルカデル中尉であった。

われわれが山へ帰還すると、非常事態宣言が発せられ、検閲制度が復活したのを知らされた。さらにその上、革命側が大きな、嘆かわしい一つの喪失を蒙ったことも聞かされた。フランク・パイスがサンティアゴ市内で暗殺されたのであった。彼の死去によってキューバ革命に携わる最も純粋で最も栄光に満ちた生命の一つが失われ、サンティアゴ、ハバナ、そして全キューバの人民が、自然発生的に始まった八月のストライキの現場の街頭へと向かった。

政府の半検閲制度が全面的な検閲制度に引き上げられ、似非《えせ》反対党のお喋りどもが口を噤《つぐ》み、バティスタ軍の悪漢共の手がける凶暴な殺人事件がキューバ全土を席捲するといった状況を特徴とする新たな時代に突入したが、これは戦争の烽火が全国に燃え広がることを意味した。

フランク・パイス事件によってわれわれは最も勇猛な闘士の一人を喪った。そして彼が暗殺されたことに対する反動としてわれわれが目にしたのは、闘争への新たな勢力の参加であり、人民の闘争心の高まりであった。

エル・オンブリトの戦い

縦隊を結成してまだ一カ月しか経っていなかったが、われわれはシエラ・マエストラに定住する生活に飽き飽きしていた。われわれはエル・オンブリト［小さな男］峡谷にいたが、その地名の由来は、平原からシエラ・マエストラを眺めると、頂上に上下に重なった二つの巨大な岩の塊が見え、その形が小柄な男性に似ていたからである。

われわれの隊は未熟者揃いで、彼らが実際に困難な状況に直面する前に万事を仕込む必要があった。一方でわれわれは、革命戦争に必然的な危急性ゆえに、いつなんどきにも戦闘に突入できる準備万端を調えていなければならなかった。われわれのいるシエラ・マエストラ山脈の部分は当時キューバの解放地区として周知になりつつあり、そこに敵の縦隊が侵入してきた場合、われわれは直ちに撃退することを余儀なくされた。

八月二十九日［一九五七年］、というよりも八月二十九日夜半に一人の農民がわれわれの許にやってくると、敵の大部隊が道路伝いにシエラ・マエストラに入山しようとエル・オンブリトをめざしていると通報した。この道路は谷でいったん終わるとそのままアルトス・デ・コンラドへと続き、そこから山脈を越える。われわれは虚偽の情報にひっかかるには免疫を持っていた。そこで私はその男を人質にした上で、嘘をつくと恐ろしい刑罰が待っているぞと脅迫して本当のことを言うよう命令した。しかし彼は再三再四自分の喋っている内容に嘘偽りはないと誓い、軍隊はすでにシエラ・マエストラから二キロ先のフリオ・サパテロの農場へ到達しているとも告げた。

われわれはその夜のうちに隊員の陣立てを終えた。ラロ・サルディーニャスの小隊は東側面の、低地に植生する羊歯《しだ》の枯れかかった小さな茂みに潜んで待機し、敵の縦隊が停止した時点で銃火を浴びせる。ラミロ・バルデスは、射撃の腕前がそれほどでない者たちを率いて西側面に張り付き、敵側に恐慌を来たす目的で「音響攻撃」を展開する。ラミロ隊は軽装備であったが、彼らに敵軍が達するには深い谷を越えなければならなく、彼らの陣地はそれほど危険でなかった。

敵軍が通過してくると思われる小道に接する山の斜面には、ラロが身を潜めていた。シロが脇から彼らを攻撃する。私が、最良に武装した射撃手で固めた少人数の縦隊を指揮して開戦を宣する第一砲を放つ。精鋭の一団を指揮するのはラミロ小隊に所属するラウル・メルカデル中尉であった。彼らには戦利品を回収する特別隊としての任務が与えられた。作戦計画は単純なものであった。敵軍が巨岩をほぼ直角に折れる小道の曲り角に達したら、私は十名から十二名をいったん通過させ、隊伍でしんがりをつとめる兵士を斃して前後の隊の分断を図る。その他の者たちを私の隊員たちが手早く片付ける、ラウル・メルカデルの班が先へ進んで死んだ兵士たちの武器を奪い、われわれはビロ・アクーニャ中尉の率いる後衛守備隊の銃火に掩護されて直ちに引き揚げる。

未明に、われわれはコーヒー畑——ラミロ・バルデスの陣地——に隠れて、下方の山の斜面にあるフリオ・サパテロの家を見張っていた。太陽が昇ってくると、兵隊が早朝の日課をこなすために右往左往しているのが見えた。しばらくすると数人の者が鉄かぶとを頭に乗せたが、これはわれわれが人質から仕入れた情報を証拠立てていた。われわれの隊の全員が戦闘態勢についた。

私は自分の持ち場に張り付き、敵の縦隊の先頭に立つ幾人かが大儀そうに登ってくるのから目を離さなかった。待つ時間は長く、私は、新たに手にした武器であるブローニング式機関銃を初めて使って敵軍と戦うのが待ちきれなく、指で引き金をもてあそんでいた。ついに、彼らの接近を告げる一報が届き、暢気《のんき》そうな話し声と耳障りな叫び声が聞こえた。最初の兵士が通り過ぎ、二人目、三人目。そして私は、あまりにも横に広がって歩行している彼らを見て、計画通り十二名をやり過ごしていてはタイミングを逃すと判断した。私が六人目を数え終えたとたんに前方でなにやら喚き声が聞こえ、兵士の一人が驚いて頭をもたげた。私は即座に発砲し、六人目の兵士が斃れた。とたんに銃撃戦が拡がり、私が機関銃で二回目の斉射をおこなうと兵士六名は小道から姿を消した。

私はラウル・メルカデル団に突撃命令を出し、そこに志願兵数名が加わった。敵軍は両側面から攻撃されるはめになった。前衛隊のオレステス中尉、ラウル・メルカデル彼自身、アルフォンソ・サヤス、アルシビアデス・ベルムデス、ロドルフォ・バスケスその他の者たちが前進し、巨大な岩石の陰から敵の縦隊に砲火を浴びせた。敵は歩兵中隊の規模でメロブ・

ソサ少佐の指揮下にあった。ロドルフォ・バスケスが、私の負傷させた兵士から武器を奪い取った。残念なことにたまたま衛生兵であったその兵士は、地方警備員の持ち歩く銃弾の十発か十二発しか装塡されていない四五口径のピストルしか持っていなかった。その他の五名の兵士らは小道の右側を転がるようにして逃走し、近くの川床沿いに退却した。そのうち奇襲の衝撃から幾らか立ち直った様子の敵軍が放つバズーカ砲の最初の砲声が轟いてきた。

私の機関銃を除くとわれわれの所持する武器の中で唯一有力と言えるのはマキシム式速射機関銃だけであったが、まだ実際に使用した経験がなく、その操作を任されたフリオ・ペレスは使いこなせなかった。ラミロ・バルデスの脇では、イスラエル・パルドとホエル・イグレシアスがおよそ粗末な武器を抱えて敵軍を追撃した。両側面からの機関銃の連射音が地獄を思わせる大音響をこだまさせて敵軍を混迷に陥れた。私は左右の小隊に撤退を命じ、その上でわれわれも彼らの動きに合わせて退却を開始した。一方でわれわれは再度の抵抗戦を予測していたので、ラロ・サルディーニャスの率いる小隊全員が通過し終えるまで射撃戦を継続するよう命じて後衛隊を残留させた。

しばらくしてビロ・アクーニャが任務を完遂して戻ると、ホエル・イグレシアスの従兄弟であるエルメス・レイバの死を報告した。撤退の途上、われわれはフィデルが送りこんでくれた小隊と出会った。私がフィデルに兵力の勝る敵軍との交戦が切迫していると報せておいたからである。イグナシオ・ペレス大尉が隊を率いていた。われわれは戦場から約千メートル退却したところで敵兵に待ち伏せ戦を仕掛けた。敵軍は戦闘のあった小さな台地に到達すると、復讐行為としてわれわれの眼前でエルメス・レイバの遺体を焼却した。無力であることの憤怒をこめてわれわれに為しえたすべては遠隔からの小銃の一斉射撃であったが、それに対して彼らはバズーカ砲で応戦してきた。

その時になって私は、あの私のせっかちな発砲を駆り立てた兵士の大声が、

「これはピクニックだ」

と叫んでいたものであったのを知った。彼は、山頂に達しつつある気持ちを口にしていたのかもしれない。今回の戦闘を通じてわれわれは、自分たちがどれだけ準備不足であったか身に沁みて分かった。われわれは至近距離——敵の縦隊の先頭とわれわれの間隔は、一〇ないしは二〇メートルと離れていなかった——にありながら、移動している敵の隊列に精確に照準を合わせて発砲することすらできなかった。それでもこの度の会戦はわれわれにとって大いなる武勲となった。われわれはメロブ・ソサの率いる縦隊を足止めし、夕暮時、退却に追いこむことで、規模こそ小さくても勝利したのであった。われは小型の武器を一個褒美として受け取ったが、一人の勇猛な戦士を喪ってしまった。われわれはたった一握りの武器を携えて歩兵中隊と対決し、このすべてを成し遂げたのであった。彼らは少なくとも百四十兵を数え、全員が近代的な武器をもって重装備し、われわれの陣地へバズーカ砲のみならずおそらく迫撃砲まで撃ちこんできたのだが、その砲術はわれわれに勝るとも劣らず的外れでむちゃくちゃであった。

この戦いの後で幾つかの昇進があった。アルフォンソ・サヤスがその勇敢な戦いぶりを認

められて、私の記憶にないその他の者たちと共に中尉に昇格した。その晩かその翌日に敵軍が撤退した後、フィデルはわれわれとの会話の中で、ラス・クエバス地方でバティスタス軍を襲撃した際の戦況について機嫌良く語った。その戦闘で勇敢な同志が数名戦死を遂げたことも知らされた。ゲリラ団に最初に参加した一人であるマンサニージョ出身のフベンティーノ・アラルコン、パストール［パロマレス］、ヤヨ・カスティージョ、この全員同様に偉大な戦士で非常に年の若かったバティスタ軍中尉の息子の［リゴベルト］オリバ。

われわれの一戦よりフィデルの勝利した戦闘の方が、待ち伏せ戦ではなく防御された駐屯地を襲撃したという点ではるかに意義深いものであった。彼らは敵軍を壊滅させたのではなかったが、多数の死傷者を蒙らせ、兵士らはその翌日、陣地を立ち退いた。今回の戦いの英雄の一人が「エル・ネグロ・ピロン」［フェリックス・ルゴネス］であったが、この雄々しい戦士はいつだか農民小屋を覗いて、「幾つかの箱と隣り合わせに異様な管状のものが山積みされている」のを発見した時の様子を詳しく話した。それは、後日に判明したのだが、敵軍の遺棄したバズーカ砲であった。しかしわれわれの誰もが、いわんやフェリックス（ピロン）はこの武器について名前を聞いたことがあるだけであった。足を負傷していた彼はバズーカ砲を残したまま小屋から立ち去った。こうしてわれわれは、敵軍の小要塞を攻撃するにはたいそうな威力を発揮するバズーカ砲を入手しそこなった。

われわれの戦闘の余波は他にもあった。一両日後、軍隊が戦死者を五、六名と発表する声明を出したと聞かされた。その後われわれは、敵軍が遺体を痛めつけたわれわれの同志に加えて殺害された四、五名の農民も哀悼しなければならいことを知った。邪悪なメロブ・ソサは、自分たちが待ち伏せに遭ったのはわれわれが地域にいることを通報しなかったからだとして、農民に責任を取らせたのであった。私は亡くなった農民の氏名を記憶している。アビガイル、カリスト、パブリト・レボン（ハイチ出身）、ゴンサロ・ゴンサレス。われわれと共謀したという点では全員がまったく無実か、あるいはそうだったとしても部分的にしか過ぎなかった。農民らはわれわれの存在に気付いており、全農民階層がそうであったようにわれわれの掲げる大義に共感を寄せていたが、作戦行動についてはまったく無知であった。バティスタ軍の幹部どもの常套の手口を警戒して、われわれは農民に計画を明かさなかった。待ち伏せ戦を仕掛けているところにたまたま農民が通りかかった場合は、すべてが終わるまで身柄を拘束した。前述の不運な農民たちはバティスタ軍によって自分たちの小屋内で殺され、その後火が放たれた。

今回の戦闘を通じてわれわれは、状況さえ整えば行軍中の縦隊の襲撃もかなり容易であることを学んだ。さらにわれわれは、接近する隊列の先頭にいる者に狙いを定めて最初の一人ないし二、三人者の殺害を試みるのが、近距離の敵に対する正しい戦術であることを確認した。そうすれば敵軍はそれ以上の前進を阻まれて隊全体が移動不能に陥る。この戦術が徐々に具体化され、ついに順序だてた定型に基いて実行されるようになると、敵はシエラ・マエストラ山中への侵攻を見合わせ、恥ずべきことに兵士たちは前衛隊の歩哨として行進することすら拒否した。とはいえ、この戦術が完璧なものになるのには戦闘の回数が不足していた。

こうしてわれわれはフィデルに再会して自分たちのささやかな功績について語り合うこともできたが、なにはともあれ今回の戦いは、貧弱な武装戦闘員で結成されるわれわれの隊と、十分過ぎるほど立派に武装した抑圧する側の隊との極端な不均衡からして実に印象深いものであった。

この戦闘が多かれ少なかれ契機となって、バティスタ軍がシエラ・マエストラから撤兵する時が訪れた。その後はバティスタ軍の幹部の中で最も獰猛で、最も残忍で、最も掠奪の好きなサンチェス・モスケラの向こう見ずな武勲狙いの暴挙を除くと、敵軍がこの地域に進入してくることはめったになかった。

エル・パトホ

二、三日前、幾人かのグアテマラ人愛国者の死去を告げる手紙が届いたが、そこにフリオ・ロベルト・カセレス・バジェの名前もあった。

全大陸を激動させる階級闘争の最中に身を置く、この苦難に満ちた革命家という職業にあって、死は起こりがちな事故である。しかし、困難な歳月を共に過ごし、より良き時代に夢を分かち合った同志、すなわち友の他界は訃報を受け取る側にとって常に悲痛なものだ。そして、フリオ・ロベルトは私にとって偉大なる友であった。彼は背丈が低くひ弱な感じであった。それが理由でわれわれは彼に、グアテマラの俗語で「ちび」あるいは「ガキ」を意味する「エル・パトホ」という呼び名をつけた。

エル・パトホはメキシコに滞在中にわれわれの革命の芽生えを自分の目で見て、参加を志願してきた。私自身は名誉なことに参画させてもらっていたが、フィデルは母国を解放するための闘争にこれ以上外国人に参入してもらいたくない意向であった。

革命が勝利した二、三日後、エル・パトホはわずかな身の回り品を売り払い、小さなスーツケースを提げただけの姿でキューバに現れた。彼は公的機関の様々な部署に勤務し、農地改革庁（ＩＮＲＡ）の工業部門の初代の人事部長でもあった。しかし彼は自分のしている仕事に決して満足しなかった。エル・パトホの視座は別のところにあったのだ。彼は祖国の解放を求めていた。革命はわれわれ全員を変えたように、彼をも真底から変革した。敗北にある意味を十分理解しないまま、途方に暮れてグアテマラを後にした青年は筋金入りの革命家に育っていった。

われわれが初めて出会ったのは［ハコボ］アルベンス政権が崩壊した［一九五四年］二カ月後、グアテマラから逃亡する車中においてであった。われわれはタパチュラ経由でメキシコ・シティに出るつもりだった。エル・パトホは私より数歳年が若かったが、われわれは出会った瞬間から互いの中に生涯の友を見出した。われわれは連れ立ってチアパスからメキシコ・シティへ旅した。共に同じ問題に直面した——揃って文無しで、負け犬で、敵意があるとはいわないまでも見知らぬ異国で生計を立てるはめに追いこまれていた。エル・パトホの所持金はゼロで、私には数ペソしかなかった。私がカメラを購入し、町の方々の公園で人々を撮影するという無認可の商売を一緒に始めた。われわれの相棒のメキシコ人が小さな暗室を所有しており、そこで写真を現像した。われわれは、自分たちが撮影したへたくそな写真を配達するために、メキシコ・シティを端から端まで歩きまわったおかげで、町を隅々まで知るようになった。われわれはありとあらゆる種類の客とやりあい、写真の中の少年がいかに愛らしく、これに一メキシコ・ペソをけちんぼうして支払わないのは宝物をどぶに棄てるようなものだと説得するのに大童だった。こうしてわれらは数カ月間共にあって食いしのいだ。次第にわれわれは革命人生につきものの予期せぬ出来事によって別離へと導かれていった。すでに述べたようにフィデルは彼をキューバに迎え入れたがらなかったが、それはエル・パトホになにか不足点があったからではなく、われわれの隊を異国籍者の寄せ集め集団にするのを避けたかったからである。

エル・パトホはジャーナリストでもあったし、メキシコ大学で自然科学を学んだ経験もあった。学問の道をいったん棄てた後にふたたび学窓へ舞い戻ったが、ついに奥義を極めることはなかった。彼は方々であらゆる仕事を見つけては生活費を稼ぎ出し、他人に無心をするようなことはいっさいなかった。私は、あの繊細で生真面目だった若い男性がはたして極端に小心者であったのか、あるいは自分の弱気を認めるにもまた個人的問題について友人に助力を求めるにも自尊心が高過ぎてできなかったのか、いまだに判断がつかない。エル・パトホは内向的というかはにかみやで、とても頭脳明晰で、幅広く教養があり、繊細な神経の持ち主であった。彼は着々と成長を遂げ、人生の最後の頃は自身に備わる深い感性を母国の人民のために捧げる気構えができていた。グアテマラ労働党に所属し、党生活の中で自分を磨いていた。革命軍幹部として見事に育っていった。その頃の彼にはかつての神経過敏な性向の名残はほとんど見当たらなかった。革命は人間を浄化し、進歩させ、また発展させるが、それは経験のある農民が作物にある欠陥を是正し、良質を増強するのと同じである。

彼がキューバへ来て以来、私たちはほぼ毎日のように同じ家に起居したが、それは一組の旧友にとってふさわしい日々であった。しかしこの新しい人生を歩む中で私たちは最初の頃の親密な間柄を欠いていった。そして私は、時にエル・パトホが、祖国の原住民の話すインディオの言葉を熱心に勉強している姿を垣間見ると、彼の意図を邪推するばかりであった。ある日、彼は私に、立ち去る日がきた、自分の使命を果す時がきたと告げた。

エル・パトホは軍事訓練を受けたことがなかった。単に使命に召されたと感じたのであった。彼は武器を手に戦うつもりで祖国へ戻ったのだが、いってみればそれはわれわれのゲリラ闘争をなんとかして再現するためであった。その時になって初めて、私たちは回数にしたら数えるほどしかない長い話し合いをもった。私は次の三点を強く勧告するだけに留めた。不変不断の移動、不変不断の用心、不変不断の警戒。移動——決して定住してはならない。同じ場所で二晩を過ごさない。一つ所から別の場所への移動を決して怠ってはならない。用心——最初は自分の影にも、友好的な農民にも、情報提供者にも、道案内にも連絡役にも油断してはならない。解放地区を手に入れるまでは何ひとつ信用してはならない。警戒——間断ない警戒態勢。間断ない偵察。安全な場所に野営地を設置する。そしてなによりも決して屋根の下で就寝しないこと、包囲される可能性のある家宅では絶対に眠りに付かないこと。以上がわれわれのゲリラ体験の総括結果であった。私が、暖かい握手と共に友人に与えることができたのはこれだけであった。計画を取りやめるようにと私から彼に忠告できたであろうか？　いかなる権利をもって？　われわれだってある時期には不可能だと思われていたことを実現させたのだ、そして今の彼はそれを成功したものと見ていた。

エル・パトホが去り、そのうち彼の訃報がもたらされた。当初われわれは名前の混同があって、なにかの間違いであることを祈願したが、不運にも彼自身の母親が遺体を確認した。

もはや彼が死んだのは疑うべくもなかった。そしてエル・パトホだけでなく、彼同様に勇敢で、無私無欲で、聡明な、しかし個人的にはわれわれの知らなかった一団の同志が彼と共に逝った。

再度ここに浮上するのは敗北の苦い思いと未回答の疑問である。彼はなぜ他の者たちの経験から学ばなかったのであろうか？　なぜこの男たちはわれわれがあたえた単純な忠告により慎重に耳を傾けなかったのであろうか？　事の顚末については緊急に調査があったそうだ、エル・パトホが落命した経緯についても。われわれは起きたことについていまだに精確に知らされていないが、場所の選定が拙かったこと、男たちが肉体的に訓練されていなかったこと、慎重を欠いていたこと、また十分に警戒していなかったことは私も当然ながら重々承知している。鎮圧軍が彼らに奇襲を仕掛け、数人を殺害し、生き残った者たちをいったん四散させた後にふたたび追跡しに戻り、事実上殲滅した。幾人かは捕縛されたが、エル・パトホのように他の者は戦場で息絶えた。離散したゲリラについては、われわれがアレグリア・デ・ピオ戦の後にそうであったように、おそらく草の根を分けて最後の一人までが追われたであろう。

またしても自由をもたらそうとして若き血がアメリカ大陸の土地を肥やした。闘争が今ふたたび挫折した。われわれはマチェテの刃を磨く間も斃れた同志のために落涙する一時を持たなければならない。われわれは数多くの勝利を打ち立てることによって亡くなった者たち一人一人の仇を討ち、解放運動を完全に達成し、彼らの犯した失敗を二度と繰り返さないためにも、大切な者の死という貴重で悲劇的な経験を通してしっかりと腹をくくることだ。
エル・パトホがキューバを去った際、後に何も残していかなかったし、伝言もなかった。彼は後始末をしなければならない衣服も、個人的所持品もほとんど持たなかった。しかし、メキシコにいる共通の友人が、エル・パトホが手帳に書きとめてその地に残してきた数編の詩を私の許に持参してくれた。これは革命家の辞世の詩篇である。さらにいうなら、それは革命、祖国、そして一人の女性に宛てた愛の詩である。その、エル・パトホがキューバで知り合い、愛した女性に向けてこの最後の数行は綴られている、半ば命令であるかのように。

これを享けて欲しい
これは私の心に過ぎないのだから
君の手に受けて欲しい
そして夜が明けたら
君の結んでいた手を開いて欲しい
そうすれば太陽がそれを暖めてくれるであろうから……

エル・パトホの心はわれわれの間に、彼の愛する者の手の中に、そしてすべての人民の愛情に満ちた手のうちにあって、いつか必ずグアテマラとアメリカ大陸全土に明け染めるであろう新しい朝の太陽を浴びて暖められるのを待っているのだ。彼が多くの友を残していった工業省には現在、彼を記念して「フリオ・ロベルト・カセレス・バジェ」と命名された小さな統計学の専門学校がある。後にグアテマラが解放された暁には、愛する彼の名前が、学校、工場、病院、あるいは新しい社会を築くために人民が闘って汗するどの地にも、きっと冠されるであろう。

第二部　キューバ革命戦争について

1959年1月1日の革命勝利後、キューバ国民に挨拶するカストロ

革命の始まり

一九五二年三月十日に起きた軍部による政権奪取――フルヘンシオ・バティスタが率いた無血クーデター――の歴史は、無論兵営における叛乱が勃発した当日に始まったのではない。その先例についてはキューバの歴史を遡って詳しく調べる必要がある。一九三三年のアメリカ合衆国大使サムナー・ウェルスによる介与よりさらに前にも存在した。一九〇一年のプラット修正条項〔一九〇一年、アメリカ合衆国が独立を目前にしたキューバに、受け入れなければ独立は認めないとして突きつけた八項目からなる条件。キューバはこれを結局認めて一九〇二年に独立した〕のさらに前にもあった。アメリカ合衆国の併合主義者らが直々に送りこんできた特使であり、英雄ナルシーソ・ロペス〔キューバ独立運動の先駆者という説もあるが違う。ここでは米国のキューバ併合論者と接触があったことを指している〕の上陸よりさらに以前にもあった。われわれはジョン・クインシー・アダムス〔米国、モンロー政権の国務長官時代に、いわゆる「熟した果実」政策論を唱え、スペインは必ずキューバを米国に売り渡すことになると述べた第六代アメリカ大統領〕の時代まで遡る必要がある。彼は十九世紀初頭に自国のキューバ政策を打ち出していた。キューバは、あたかもスペインからもぎ取られた林檎《りんご》のごとくにしてサムおじさん〔アメリカ合衆国〕の手に落ちる。このすべてはキューバだけを標的としているのではなく、大陸を侵略しようとする長い鎖の連結部分であった。

この潮流、すなわち帝国主義的波浪の引き潮と満ち潮は、大衆の側の抑制不能の圧力に直面して民主主義政権が打倒され、新たな政権が台頭することによって特徴付けられている。これがラテンアメリカ全土に共通する特色であることは歴史が証明している。極少数派を代理する独裁政権はクーデターによって権力を掌握する。幅広い人民層を基盤とする民主主義政権は腐心の末に台頭するが、それは生き残るために余儀なくされた譲歩要件をもって、しばしば権力を握る以前にすでに妥協がおこなわれているのだ。但しこの意味でキューバ革命は全アメリカ大陸で例外として注目される。それにはその全過程における先例を指摘しなくてはなるまい。この過程が存在したからこそ著者も、アメリカ大陸を激動させる社会主義運動の波浪によってそこここへ放り投げられるうちに、今一人のラテンアメリカ人亡命者であるフィデル・カストロに出会う機会に恵まれたのである。

私が彼と初めて遭遇したのはあのメキシコ特有のうすら寒い晩であったが、われわれが交わした最初の話題は国際政治についてであったと記憶している。数時間と経たないうちに――夜明けまでに――私は将来の遠征隊員候補者となっていた。しかしその私がいかにして、またなぜ、メキシコの地で現在のキューバ元首に出会ったのか明らかにしたい。

時は民主主義政権が低潮にあった一九五四年のことで、それまで持ちこたえていたラテンアメリカにおける最後の画期的民主主義――ハコボ・アルベンスの率いる――が、大陸プロパガンダの陰に身をひそめたアメリカ合衆国による、冷酷で周到に準備された侵略に屈服した時でもあった。この侵略行為で表面に立った人物はアメリカ合衆国国務長官のジョン・フォスター・ダレスであったが、彼は、これは奇妙な偶然の一致なのだが、グアテマラにおける帝国主義の主要企業であるユナイテッド・フルーツ会社の顧問弁護士であり株主でもあった。

当時の私は敗北感に身をつまされ、痛みによって全グアテマラ人と連帯の思いを分かち合い、苦悩する国の将来を再建する方法を模索し、それに希望を託してグアテマラを後にしてきたばかりであった。

そしてフィデルは、規模の大きい運動をめざして彼の部隊を訓練するために偏見のない土地を求めてメキシコへ渡来した。サンティアゴ・デ・クーバにおけるモンカダ兵営の襲撃を経て、すでに内部では分裂が起きていた。心根が気弱な者たちは分かれて外へ去って行き、あれやこれやと理由をつけてこれまでより犠牲を要求されないですむ政党や革命集団に鞍替えした。一九五三年にモンカダ兵営を襲撃した日にちなんで「七月二十六日運動」と命名された新たな集団にはすでに新規補充戦闘員が結集しつつあった。これらの者たちの訓練――メキシコでは当然ながら不法の――を任された当事者たちにとっては非常に辛い骨の折れる任務の始まりであった。彼らはメキシコ政府、FBIのスパイ、バティスタ一味を相手取って奮戦しなければならなかったが、これらの三グループはなんらかの形で相互に連結しており、賄賂と買収が不可欠な道具であった。さらにわれわれは、「ラファエロ」トリュヒージヨの手下である複数のスパイや、選び方のお粗末な人材――特にマイアミでの――とも苦闘奮戦する必要があった。そしてこうした難題をすべて克服した後にわれわれはきわめて重要な一つの事を達成しなければならなかった。われわれは出発し……そしてまた……到着しなければならなかった。そして当時、その他のすべてはわれわれにとっていとも容易に思えた。今日ではそれが努力、犠牲、人命の面でどれだけ代償を支払わされるものであったかも理解できる。

フィデル・カストロはかなり少人数の腹心のチームの補佐を得て、自らその全精力、類まれな使命感のすべてを、キューバへ向けて出発する武装戦士を組織結成する任務に捧げた。時間的余裕のなかった彼は、軍時的戦法に関する講習はまずほとんどおこなわなかった。われわれおよびその他の者たちはかなりのことをアルベルト・バヨ司令官から教わった。その最初の一連の講義を傾聴しながら、私がほぼ直感的に得た印象は、勝利は確かに可能なのだということであった。当初、私が、ロマンチックな冒険への偏向と気高い理想のために異国の海岸で死を全うするのは十分価値があるという考え方で結びついていた叛乱軍の指揮官と共に入隊した時点では、勝利は疑わしく思えた。

数カ月がこんな感じで過ぎていった。われわれは射撃の腕前を上げて、仲間内から名手中の名手も出現した。われわれはメキシコで牧場を見つけ、そこでバヨ司令官の指導の下に私が人事担当として、一九五六年三月の出陣をめどに最終訓練が実施された。ところがその頃、二個のメキシコ警察部隊――バティスタに雇われて――がフィデル・カストロを追いまわしており、そのうちの一隊が多額の金銭と引き換えに彼を捕縛した。しかし、捕まえたもののやはり金銭がからんで殺害するに至らなかった。が、彼らにとってそれは不条理な大間違いであった。数日間で彼の信奉者が大勢逮捕された。メキシコ・シティ郊外にあったわれわれの牧場も警察の手に落ち、全員が投獄された。

以上のために、第一段階の終盤の開始が遅延するはめになった。

五十七日間獄中にあったわれわれ幾人かは、本国送還の脅しをたえず頭上にひらめかされながら（カリスト・ガルシア司令官と私の証言）日々をやり過ごしていった。しかしその間も、われわれがフィデル・カストロに対する個人的信頼感を翳らせることは瞬時たりともなかった。そしてフィデルは友情のためには、われわれからすると革命の紀律を損なうともいえるほどのことを実行した。私は自分の私的な事情を彼に向かって説明した時のことを思い出す。当時私はメキシコに不法入国している一外国人で、考えられうるすべての種類の罪名をもって告発されていた。私は、私への配慮で革命が立ち遅れるようなことは断じてあってはならないのだ、と彼に伝えた。私を置き去りにしてかまわない。私は状況を理解しているので、どこへ行かされようとその地で闘争を続けるつもりだ。そして私のために気遣いしてくれるなら、私をアルゼンチンではなく近隣の国へやってくれることだ、と告げた。私の耳にはその時のフィデルの歯切れのよい返事が今でもりんりんとする。

「私は君を見棄てはしない」

そして彼はそうしなかった。われわれをメキシコの牢獄から解放するために貴重な時間と資金が、本来の用途から外されてわれわれのために投入された。フィデルが、自分の敬愛する人々へ手向ける個人的関わりあいの心情こそが、彼をして人々を奮起させる熱狂的な忠誠心の鍵なのである。大義に対する信奉と個人に対する信奉が結合して叛乱軍を不可分の一つのにぎり拳《こぶし》にしているのであった。

人目を忍んで仕事を続けるうちに日々が過ぎていった。われわれはできるだけ身を隠し、可能な限り公衆の面前に出ることを避け、町中へはほとんど足を運ばなかった。数カ月が過ぎたところで、われわれは組織の内部に裏切り者がいるのを知った。名前は判らなかったが、その男は船積荷分の武器を横流しした。われわれは彼が、売買の「正式契約書類」こそまだ作成していなかったがヨットと送信機を売りはらったことを突き止めた。その第一回目の分割払いを通じてキューバ当局は、その裏切り者がわれわれの内部の動きに詳しいことを知った。しかしそれはわれわれにとっても同様で、おかげで助かった。

その頃からわれわれの訓練は当然ながら熱気を帯びてきた。グランマ号の改装が信じ難いほどの迅速さをもって進められ、われわれは調達可能な限りの食糧——実はきわめて少量であった——に加えて隊員の制服、小銃、装備品、予備の弾薬がほとんどない対戦車用銃を積み上げていった。ついに一九五六年十一月二十五日の午前二時に、われわれはフィデルの言葉——公式報道が嘲笑に付した——を現実のものにするために出立した。

「一九五六年に、われわれは解放されるか、殉教者になるであろう」

われわれは船上の灯火をすべて消し、人とあらゆる類いの装備品をひどい山積み状態にしてトゥスパン港を出航した。大変な悪天候で航海禁止令が出されていたが、河口水域は穏やかであった。メキシコ湾に出てまもなく、明かりをつけた。われわれは船酔いをやっつけるために抗ヒスタミン剤を必死になって探したが見当たらなかった。口々にキューバの国歌と七月二十六日の賛歌を、おそらく合計して五分ほど歌ったところで、ボート全体が滑稽かつ悲劇的な様相を呈した。男たちは自分たちの胃を抱えこんでいた。顔は苦しそうにゆがみ、バケツに頭を突っこんでいる者たちもいた。奇態な姿勢で甲板に横たわったまま全く身動きしない者たちもいた。着ているものは吐瀉物にまみれていた。二、三名の船員とその他四、五名を除く残りの八十二名の乗組員が船酔いにやられていた。しかし四、五日経つと全般的な状況はややましになった。船の水漏れと思ったものが、実は開き放しになっていた給排水管の栓であったのに気付いた。しかしすでにわれわれは、積荷を軽減するために船上の不要物をかたっぱしから海中へ投げ棄てる作業を終えていた。

われわれが選定した航路は、ジャマイカおよびグランド・ケイマン島と国境を接するキューバ南部を大きく旋回して、オリエンテ州のニケロに近い某地点に上陸するものであった。ヨットはかなり緩やかな速度で航海した。十一月三十日、われわれはラジオのニュースで、サンティアゴ・デ・クーバで暴動が勃発したことを知ったが、これはわれわれの偉大なフランク・パイスが、わが遠征隊のキューバ到着に符合させて決行したのであった。その翌日の十二月一日夜半に、われわれはキューバをめざして船首をまっすぐに向けて、必死でケープ・クルス灯台を探した。水も食糧も燃料も底を尽いていた。

それは暴風雨の荒れ狂う漆黒の闇に覆われた深夜の午前二時で状況は思わしくなかった。水平線に出現を拒む一筋の光線にひたすら目を凝らして、見張り番が前後に行きつ戻りつした。元海軍中尉の［ロベルト］ロケが岬からの灯台の明かりを求めて今一度小さな上甲板へ登っていった。彼は足を滑らせて海中に転落した。航海をしばらく続けてまもなくすると灯りが見えた。しかしわれわれの船の喘ぎ喘ぎ進むさまは、航程の最後の数時間を際限のないものに感じさせた。われわれがキューバのラス・コロラダス海岸のベリクという地点に到達した時にはすでに陽が高く昇っていた。

沿岸警備艇がわれわれを見咎め、発見の事実をバティスタ軍に無線で通報した。われわれが、最小限度の生活備品を携帯して大至急陸に上がり、沼地に潜りこんだところで敵機が空から猛撃をしかけてきた。われわれは紅樹《マングローブ》の林の中を歩いていたので当然敵機から姿を見られなかったし、追跡飛行の対象にもされなかったが、それでも独裁政権下の軍隊はすでにわれわれの後を追っていたのだ。行き道を知っていると請け負ったある同志の無責任と未経験が原因でわれわれは沼地に塡《はま》ってしまい、そこから脱出するのに数時間を要した。われわれは結果的に地面の硬いところに出ることは出たが、道に迷って堂々巡りをしていた。

われわれはなにか暗い、超自然的な機械作用からくるビート音に合わせて歩いてでもいるかのような、影のような、亡霊のような一軍であった。航海は飢えと船酔いに絶えず悩まされての七日間であったが、次はさらに陸の上での三日間――空恐ろしい日々――がわれわれを待ち受けていた。メキシコを発ってちょうど十日が過ぎた十二月五日の未明、われわれは隊員の昏倒、極度の憔悴、全隊員が休息をせがむので幾度となく夜の行軍を中断された末に、アレグリア・デ・ピオ［敬虔なる者の喜び］という名——矛盾した——の土地に辿り着いた。それは片側がサトウキビ畑に接し、もう一方の側が谷間に向かって開けており、奥は深い樹林の続く小さな森になっていた。場所として野営地にはふさわしくなかったが、とにかく一日だけ体を休めて翌晩に行軍を再開する予定で歩を停めた。

彷徨

アレグリア・デ・ピオで奇襲に遭遇した翌日、われわれは赤土と「犬歯のように鋭い」岩石が交互に表出する地帯を、木々の間を縫って行軍した。われわれは、四方八方から単発的に聞こえてくる銃撃音に怯《ひる》んで、本来の道をどうしても見出せなかった。スペイン市民戦争の従軍経験者であったチャオが、このようなやり方で移動していたら間違いなく敵軍の待ち伏せ戦に引っかかると指摘し、適当な場所を見つけて日が暮れるのを待った上で行軍を再開すべきだと提案した。

水が底を尽きかけていたし、唯一持ち歩いていたミルクの容器に運悪く事故があった。預かっていたベニテスが容器を制服のポケットに逆さまに滑りこませたので、吸い口の小穴が下向きになっていた。われわれが配給分――コンデンスミルクに水を一口合わせたビタミン剤ともなるべきもの――を飲むためにベニテスのところへ行くと、ミルクは彼のポケットと制服にこぼれてしまった後で、意気消沈させられた。

片側が大きく開けて眺望のきく洞窟のようなところになんとか落ち着いたが、残念なことにはもう一方の側から敵が侵入してきた場合、阻止できそうになかった。しかしわれわれは敵に刃向かって戦うよりも敵に発見されたくない思いが強かったので、そこに終日留まることに決めた。五人が揃って死ぬまで戦うことをはっきりと誓い合った。この誓約を交わしたのは以下の者たちであった。ラミロ・バルデス、ファン・アルメイダ、チャオ、ベニテス、そして本書の著者である私。五人全員が敗北の恐怖の体験［アレグリア・デ・ピオでの］と後に続く戦闘を生き長らえた。

夜になってからわれわれはふたたび出発した。私は天文学の知識を記憶に蘇らせて北極星を見つけた。そしてわれわれはそれを目的に東方へ向かうと、シエラ・マエストラをめざして二日間歩き続けた。だいぶ経ってから、私は道しるべとなってくれた星が実は北極星でなかったのを知った。われわれがほぼ正しい方角へ移動できたのは、単に運が良かったからなのだ。夜が明け染める頃、われわれは海岸に近い断崖に出た。

およそ五〇メートル下方に海原と、われわれには真水が溜まっているように見える小さな魅惑的な水たまりを俯瞰できた。その夜、蟹が群れをなしてわれわれのまわりを這うので、空腹に駆られて数匹を殺した。だが火を熾せなかったので、生でゼラチン状の部分を食べたら喉がカラカラに干上がってしまった。

さんざん偵察した末に、水辺まで下って行かれそうなまあまあの小道を発見した。ところが登り降りを繰返しているうちに道を行き違ってしまい、上から見えていた水たまりを見失った。われわれは喉の乾きを「犬歯のような」岩石のくぼみに溜まった少量の雨水でかすかに癒すより他なかった。われわれは喘息用の吸入器を使って水を吸い上げたが一人当たり数滴しか行き渡らなかった。

われわれは士気を挫かれ、あてどなく、ただひたすら前進した。時折飛行機が海上に飛来した。岩の間を歩くのは体力を消耗させられる行程で、断崖伝いに移動することを提案する者たちもいた。しかしそれにはたいそう危険で不利な点があった。敵から発見されやすい。そこでわれわれは灌木の陰に身を隠して太陽が落ちるのを待った。夕暮になると小さな浜辺を探して水浴した。

私は以前誰かの小説か大衆的な科学雑誌で読んだことのある、真水にその三分の一量の海水を混入すると非常に美味な飲料になると説明されていた妙案の実験を思い立った。水筒に残っていた水を利用して試しに作ってみたが、結果はさんざんであった。塩辛い一服のせいで私は同志たちの非難を浴びた。それでもわれわれは泳いだおかげで幾らか元気を回復して行進を続けた。それは夜のことであったが、私の記憶が正しければかなり真ん丸なお月さんが輝いていた。先頭を歩いていたアルメイダと私は、漁師たちが悪天候から自分たちの身を守るために海岸の端に建てた狭い小屋の中で寝入る男たちの影に突然気付いた。われわれは彼らを兵士たちに相違ないと思ったが、あまりにも接近し過ぎたので後戻りもできずに逆に歩を速めて前進した。アルメイダが彼らに降伏を求めようとしたところでわれわれは信じがたい幸運に遭遇した。彼らはグランマ号からの遠征隊員三名であった。カミロ・シエンフエゴス、パンチョ・ゴンサレス、パブロ・ウルタド。すぐにわれわれは戦闘に関する出来事、体験、新情報、意見等諸々について語り合った。カミロのグループは、逃げる前に引っこ抜いてきたサトウキビの茎をわれわれに恵んでくれた。甘い汁がわれわれの空腹を幾らか満たしてくれた。彼らは彼らで蟹をがつがつと嚙みくだいた。なお、彼らは喉を潤すために空洞になった小枝を岩の小穴に挿して水を吸う方法を思いついていた。

われわれ――グランマ号の軍隊の生き残りの戦闘員つまりわれわれ八名からなる残党――は一団となって歩行し続けた。他に生き残った者がいるのかどうか情報はまったくなかった。理屈からいえばわれわれのようなグループは他にも存在する筈だが、どこへ行けば出会えるのか見当がつかなかった。海を右手に見て進めば東方へ、つまり避難先となるシエラ・マエストラへ向かっているということだけが知っているすべてであった。もしも敵軍と遭遇したらわれわれは険しい断崖と海原の間で挟み撃ちにされて逃げ場を失うことは目に見えていた。海岸伝いに一日行進したのかあるいは二日歩いたのか私は憶えていない。唯一記憶にあるのは、浜辺に生育していた小さな棘《とげ》のある梨を数個――各自が一個か二個――空腹をまぎらわすために食べたことだけだ。われわれは喉の渇きにもひどく悩まされたが、水の配給は最後の一滴に至るまで制限しなければならなかった。

ある夜明け、われわれは絶望的になるほどへとへとに疲れはてて浜辺に到達した。そこで歩を休めてうたた寝し、あたりが十分に明るくなって進む方向を検討できるようになるまで待つことにした。直面する断崖はあまりにもそそり立っていた。

あたりに光が満ちてくると、すぐに偵察を開始した。眼前に出現したのは椰子の木で作った大きな家で、かなり裕福な農民の住居らしかった。この手の家にはあまり近づかない方が良いと私は直感が働いた。住人はわれわれに対して非友好的である可能性が強い。実は軍隊が家を占拠している場合さえあり得るのだ。ベニテスと私は意見が分かれたが、結局われわれは家に近づいた。

彼〔ベニテス〕が有刺鉄線のフェンスを登っている間、私はフェンスの外にいた。誰かが私のかたわらにいたが、それが誰であったか憶えていない。その時、私はほの暗い灯りの中にM－1銃を手にする軍服姿の男のシルエットがはっきりと浮かぶのを見た。ついに最後の瞬間が訪れたのだと思った。少なくともベニテスにとっては。彼の方が男に近い位置にいたので私は注意を喚起できなかった。ベニテスは兵士の脇すれすれのところまで行ったが、突然向きを変えて私のところに戻ってくると無邪気にもこう告げた。「ショットガンを持つ男」を目撃したが、なにか聞きたてるのは不味《まず》いと思ったので引き返してきた。

ベニテスとわれわれ残りの者たちはそこで命拾いしたような気がしたが、長期の放浪冒険旅行《オデュッセイ》〔詩人ホメロスによる叙事詩〕はまだ続いた。周辺を慎重に偵察した後、われわれが立つ地点からだとそれほど険しくない断崖を登るよりないと覚悟を決めた。われわれはオホ・デ・ブイ〔雄牛の目〕と呼称される地域にいたが、その地名の由縁は、そこから小さな水流が断崖を抜けて海に注いでいるからであった。

登っている最中に突然空が白み始めたが、なんとか間に合って洞窟を見つけた。そこからは静まり返った水平線の彼方まで観察できた。すると海軍の短艇から数人の男たち――およそ三十名を数えた――が上陸し、他の者たちが乗船するのが見えたが、どうやら兵員の交替作業がおこなわれている模様であった。後日になって知ったが、まさにこの時、あの血も涙もない海軍の殺人鬼のラウレントの部下たちがわれわれの同志の一団を処刑し終えて、手下どもを配置替えしていたのであった。

ベニテスの驚愕したような目に、「ショットガンを持つ男たち」が悲劇的実在感を伴って浮かび上がった。状況は良くなかった。もしも彼らに発見されたら、逃げおせる可能性はまず皆無であった。最後まで戦う以外に代案はなかった。

その日、われわれは各自に精確に均等に行き渡るように双眼鏡の接眼レンズを器にして飲み水を厳密に配分したが、それは一人当たり一口にも満たなかった。

夜が訪れるとわれわれは行軍を再開して、戦争の最も辛く苦しかった日々を過ごした地域からできるだけ離れて遠くへ行こうとした。空腹と喉の渇き、敗北感、目前に迫りつつある回避不可能な危険のせいでわれわれは窮地に追い込まれたネズミのように絶望感にとらわれていた。

しばらく彷徨した後にわれわれは海に注ぐ川か、あるいはその川の支流と思しき流れに出た。われわれは地面に腹這いになって、最後は空っぽの胃が一滴も受けつけなくなるまで、まるで馬のようになって流れの水を貪り飲んだ。それから水筒に水を汲みいれると先へ進んだ。夜が明ける頃には木が数本植わる小高い丘に出た。そこでわれわれ一団はより効果的に身を隠したり、抵抗できるように散開した。われわれは小型機が終日、備え付けの拡声器から騒音を発しながら低空飛行する様子に目を凝らしていたが、放送内容が理解できなかった。われわれに降伏を呼びかけているのだとモンカダ戦の経験者であるアルメイダとベニテスだけが聞き分けた。森の方からも時折意味不明な叫び声が聞こえてきた。

その晩、さまよっているうちに近づいた一軒の家から楽団の演奏音が流れてきた。ふたたび意見が分かれた。ダンスパーティやそうした祝宴の場に絶対に姿を現すべきでない、というのが、ラミロ、アルメイダ、そして私の強い意見であった。なぜなら農民たちは単なるいつもの分別の無さからわれわれの存在を急ぎ通報するに相違ない。ベニテスとカミロは、食物にありつくためにはいかなる犠牲を払っても押し入るべきだと感じていた。最終的にラミロと私が家を訪ねて最新の情報を手に入れ、食糧を調達してくる任務を与えられた。われわれが家に近寄ると、音楽がいきなり止んで一人の男が次のようなことを述べる声がはっきりと聞こえた。

「さてさて、素晴らしい手柄を立てたわれわれの仲間の兵士諸君のために乾杯しようではないか」

等々。

それだけ聞けば十分で、われわれはできるだけ早急にそっと踵《くびす》を返して戻ると、そこで祝宴を開いていたのが何者たちであったかを同志たちに正確に報告した。

われわれはふたたび行軍を開始したが、男たちは次第に歩行を渋りだした。その晩かその翌晩、同志のほぼ全員が先へ進むことに抵抗を示した。われわれはアレグリア・デ・ピオで奇襲に遭遇して以来九日目にして、プエルカス・ゴルダスの地の道ばたの農民の家の扉を叩くより他なかった。

われわれは暖かく迎え入れられ、狭い小屋では馳走ともてなしの光景が延々と繰り広げられた。われわれは幾時間もの間ひたすら食べ続け、ふと気がつくともう夜が明けており、出立しそびれてしまった。朝方にわれわれの存在を知って農民たちが訪れてきた。彼らは好奇心と親しみをこめた気遣いに満たされてわれわれに面会し、食料を差し入れし、贈物を持参するためにやってきた。

ところがその頃、われわれを匿ってくれていた小さな家は一種の地獄に変化していた。アルメイダが下痢をした。瞬く間に、感謝することに疎い八つの腸が恩知らずなところを見せつけてわれわれの小さな避難所に毒素をまきちらした。幾人かの者が嘔吐し始めた。パブロ・ウルタドの場合は行軍、船酔い、喉の渇きとひもじさが積もり積もって身体の疲労が限界に達しており、もはや自分の足で立っていられなかった。

われわれはその晩出立することにした。農民たちは、フィデルが生存していると聞いたとわれわれに教えてくれた。彼らは、フィデルがクレセンシオ・ペレスと共にいると思われる場所へ案内できるが、その場合は武器と隊の制服を後に残していって欲しいと要求した。アルメイダと私は二つ星のトムソン式機関銃を手離さなかった。小銃八挺と弾薬全部が農民の小屋に保管されることになった。われわれは段階的にシエラ・マエストラをめざし、その間農民の世話になるように予定を組んだ。そしてそのために一同が三人組と四人組の二班に分かれた。

われわれのグループは、私のうろ覚えでは、パンチョ・ゴンサレス、ラミロ・バルデス、アルメイダ、私とで構成された。もう一つのグループはカミロ、ベニテス、チャオだった。パブロ・ウルタドはあまりにも体調が悪く、ある農民の家に残留した。

われわれが発つか発たないかのうちに、家の持ち主が誘惑に負けてわれわれ一行に関するニュースを友人に教え、武器の最良の隠し場所について助言を求める行動に出た。するとその友人が、自分が武器を売却してやろうとその農民を説伏した。次は彼らの取引相手となった第三者が、一行の所在を軍隊に密告する番であった。したがってわれわれにとって最初のキューバ人民の友好愛に満ちた団欒の場は、われわれの出立数時間後に敵軍に強襲された。彼らはパブロ・ウルタドを人質に取った上でわれわれの武器を奪った。

その時、われわれは皆から「牧師」として知られていたキリスト再臨派信者のアルヘリオ・ロサバルの居宅に逗留中であった。この同志は、不運なニュースを聞くなりすぐさま叛乱軍のシンパでその地域に精通する別の農民に急報した。その晩のうちにわれわれはより安全な別の隠れ家に移った。その時出会った農民がギジェルモ・ガルシアであった。現在彼は西部方面軍の指揮官であり、わが党の全国指導部のメンバーである。

それからのわれわれは、後に隊に参加したカルロス・マス、ペルッチオ［カリージョ］、およびその他の、私が名前を記憶していない幾人かの農民の家を転々とした。ある日の早暁、われわれは誰も道案内を連れずにピロン街道を越えて前進し、クレセンシオの兄弟であるモンゴ・ペレスの農場に辿り着いた。そこでわれわれは生き延びて自由の身でいる遠征隊員全員と再会を果した。フィデル・カストロ、ウニベルソ・サンチェス、ファウスティーノ・ペレス、ラウル・カストロ、シロ・レドンド、エフィヘニオ・アメイヘイラス、レネ・ロドリゲス、アルマンド・ロドリゲス。それから数日後、モラン、クレスポ、フリオ・ディアス、カリスト・ガルシア、カリスト・モラレス、ベルムデスらがわれわれに合流した。

われわれの小隊は制服も武器も持っていなかった。われわれが災難から救出できたのは二挺のトムソン式銃のみであった。フィデルはわれわれをこっぴどく叱責した。

作戦が展開されていた全期間中はいうまでもなく、私はいまだにその時の彼の訓戒の言葉が耳を離れない。

「君たちは犯した過失の代償をまだ払っていない。なぜならそのような状況で武器を遺棄することの代価は君たちの生命そのものなのだ。敵軍と正面衝突した場合、生き延びるための唯一の頼みの綱は君たちの手にする銃なのだ。それを置き去りにするなど犯罪であり、愚の骨頂なのだ」

ピノ・デル・アグア戦　I

フィデルと八月二十九日［一九五七年］に会合してから、われわれは数日間を、時には合同で時には幾らか距離を置いて、しかしピノ・デル・アグアの製材所をめざすという共通の目標をもって行軍した。われわれは、ピノ・デル・アグアには敵軍の姿がなく、いてもせいぜい少人数の守備隊に過ぎないとの情報を摑んでいた。

フィデルの作戦計画は次の通りであった。小規模な守備隊が駐屯している場合は占拠する。もしいなければわれわれの存在を周辺に知らしめた後、フィデルは自分の部隊を率いてチビリコ地区へ前進し、その間われわれはバティスタ軍を現地で待ち伏せる。このような場合、敵軍は兵力を見せびらかすようにして、われわれの存在が農民に及ぼす革命的効果を減じようと間髪を容れずに出現した。

ピノ・デル・アグアでの戦いに先立つ数日間、すなわちドス・ブラソス・デル・グアヤボから戦闘地点へ行軍するまでの間、幾つかの事件が発生したが、そこに登場した主役たちは後続する革命史の中でそれぞれが役割を演じることになる。

一つは地元出身の農民二名――マノロとプポ・ベアトン――の脱走事件であった。彼らはエル・ウベロ戦の少し前にゲリラ隊に入隊し、そこで武器を手にして戦った。ここにきて彼らはわれわれの陣営を見棄てようとしていた。その後、この二人組はゲリラ隊に復帰してフィデルに叛逆行為を赦免されたが、結局は半ば流浪する無法者以上の存在に終生なり得なかった。なんらかの個人的理由によりマノロが、革命の勝利した後にクリスティーノ・ナランホを殺害した。その後、彼はラ・カバーニャから脱獄することに成功して、シエラ・マエストラ山中の、まさにわれわれと一緒に戦った同じ場所に小規模のゲリラ団を結成した。そこで彼はより多くの悪事——たとえば革命の初期時代からの勇敢な同志パンチョ・タマヨを殺害するなど——に手を染めた。ついに農民らが結束してマノロとその兄弟のプポを捕縛した。二人ともサンティアゴで銃殺刑に処された。

もう一件、悲痛な出来事が起きた。ロベルト・ロドリゲスという名の同志が命令不服従により武器を没収された。彼がひどく行儀が悪いので、その所属隊の中尉が懲戒権を行使して武器を取り上げたのだ。ロベルト・ロドリゲスは同志のピストルを奪うと自ら果てた。私は彼に軍人葬の礼を与えるのに反対したが、他の者たちは彼の死を戦死と見なすべきだと考えたので、些細な言い合いがあった。私は、われわれの置かれているような状況での自殺は、亡くなった同志がどれほど善意の人であったとしても、行為自体が犯罪であると論じた。若干の反抗的な動きがあった末に、われわれは彼のために通夜をしたが栄誉礼は執りおこなわなかった。

事件の発生した前日か前々日に彼は生い立ちの一部を私に打ち明けたが、その時彼が過剰に繊細な神経の持ち主であるのが判った。彼はゲリラ隊の厳しい生活に、またそれ以上にゲリラの紀律に順応するのに非常に努力していたが、そうしたことのすべてが、彼の肉体的虚弱と生来の反抗的な性癖に衝突したのであった。

二日後の九月四日〔バティスタが第一回目のクーデターを行った日〕、われわれは自分たちの力を見せつけるためにミナス・デ・ブエイシトへ小規模の分隊を派遣した。この小さな部隊を指揮したシロ・レドンド大尉が、レオナルド・バロという名の捕虜を一名連れて帰隊した。このバロという者は、いずれ反革命組織において重要な役回りを演じることになる。彼はかなりの期間われわれの捕虜になっていたが、ある日私に自分の母親の惨めな病状について語り、それを私は信じた。ちなみに私は彼に、政治的に抵抗することを説諭してみた。私は彼に、バスでハバナへ行って母親を見舞い、その足でどこかの大使館に駆けこんで亡命を希望して、これ以上われわれ〔ゲリラ団〕と戦うのは不本意である旨を宣言し、バティスタ政権を公然と非難してはどうかと勧めた。彼は、兄弟たちが参加して戦っている政権を告発することは自分にはできないと断るので、それなら亡命を希望する理由を、これ以上戦闘行為を継続したくないまでに留めたらよいと、われわれも譲歩した。

われわれは四名の同志を付き添わせて彼を送りだした。同志たちは道中彼を絶対に誰とも会わせてはならないと厳命された。バロはわれわれの野営地に出入りしている農民を多数知っていた。四名の同志はバヤモの郊外まで徒歩で彼を送りこんだら、別の道筋で帰還するように命じられた。

この者たちは命令に従わなかった。彼らは大勢の人々に顔を見られてしまった。それどころかバロを、釈放された捕虜でありシンパとして持ち上げる会合まで催した。それが終わると彼らはバヤモへ向けてジープを飛ばした。その途上、同志一行はバティスタ軍に迎撃され、四名揃って殺害された。この犯罪にバロが関与していたのかどうか、われわれには結局分からずじまいであった。われわれが知っているのは、彼はミナス・デ・ブエイシトに落ち着くやいなや殺人鬼サンチェス・モスケラの配下に付き、市場に買物にやってくる農民たちの中でわれわれゲリラ団と接触のあった者たちの面通しに協力し始めた。私の犯した過ちがキューバの人民に計り知れない犠牲を蒙らせた。

革命が勝利した数日後、バロは捕縛され、処刑された。

事件のあった直後、われわれは出かけて行ったサン・パブロ・デ・ヤオで、大手を広げて歓迎された。われわれは平和裏にその地を数時間占拠し（敵軍の姿はなかった）、多くの人々に出会って交流を図った。以前われわれに信用貸しで（当時われわれは債券で支払いをしていた）必需物資を売ってくれていた同じ商人がトラックを提供して商品で満杯にしてくれた。われわれが偉大なる女性同志リディア・ドセと初めて顔を合わせたのもこの時期であったが、その後彼女はハバナの地で生命を奪われるまで、縦隊のためにありとあらゆる連絡役を請け負ってくれた。

ヤオから物資を運搬する仕事はきつかった。サン・パブロ・デ・ヤオからクリスティナ鉱山を通過してピコ・ベルデへ向かう上り坂は非常に険しく、四輪駆動の、それも重量の軽い車でないと登れなかった。われわれのトラックは途中で故障したので、その先物資はラバと人力の共同作業で運ばれた。

その頃、われわれは動機の異なる様々な離脱を目にした。同志の一人は優秀な戦士であったが、ヤオへ遠征中、歩哨に立っている際に深酒をして全縦隊を危険にさらしたのが原因でゲリラから追放された。もう一人、ホルヘ・ソトゥスはフィデルの推薦状を懐に中隊長の地位を離れてマイアミへ発った。現実問題としてソトゥスはシエラ・マエストラの生活にどうしても順応できなかった上、部下たちは彼の横暴な性格に嫌気がさしていた。彼の仕事ぶりは浮き沈みが多かった。マイアミで彼は裏切りこそしなかったが、態度は常に曖昧でふらふらしていた。それでも彼はゲリラに復帰し、赦免され、過去の過ちも許された。ウベルト・マトス時代に彼はわれわれに対して背信行為を働いた結果、二十年の禁固刑を宣告された。その後監守と共謀してマイアミへ逃亡したが、略奪行為を働くつもりでキューバの領土に侵入しようと準備を終えたところで、感電による事故死を遂げた。

その頃われわれの許を去った同志の中には、「七月二十六日運動」の都市部における調整役であったマルセロ・フェルナンデスがいた。彼はわれわれと共に長期間シエラ・マエストラ山中に逗留した後、彼の仕事の分野で責任ある部署に戻っていった。

こうした一連の出来事の後、われわれはピノ・デル・アグアをめざして行軍を再開すると九月十日、目的地に到着した。ピノ・デル・アグアはシエラ・マエストラ山脈の尾根に設けられた製材所を取り囲むようにして存在する小さな村である。当時、製材所は一スペイン人によって管理され、数人の労働者が働いていたが、兵士は一人としていなかった。われわれはその晩、小さな村を占拠し、フィデルは地区の住民に自身の行程を告げ知らせたが、これはニュースが軍隊まで徐々に伝わることを計算した上での行動であった。

われわれはささやかな陽動作戦を展開した。すなわちフィデルの縦隊が衆目を浴びてサンティアゴ方面へ行軍する一方で、われわれは夜半に回り道をしておいて敵軍に待ち伏せ戦を仕掛けた。食糧の調達役――敵軍がほどなく到着するものと推定して――はいつも通りにその地域のクエバス・デ・ペラデロという場所に住む昔馴染みのタマヨであった。

われわれは全道路を監視下に置くような形で陣容を敷いた。そして監視範囲を、ピノ・デル・アグアから数レグア〔一レグアは約五・六キロ〕手前の、ヤオからピコ・ベルデへ向かう道路を含めて、シエラ・マエストラへ直接登る、トラックの通れない道まで拡張した。ピコ・ベルデのグループは少人数だが精鋭の射撃手を揃えて編制され、必要が生じた場合は即刻警報を発するようにも指示されていた。われわれは退却路として好適なその道を、軍事行動を終えた後に利用するつもりでいた。エフィヘニオ・アメイヘイラスが、やはりピコ・ベルデ地区から来て背後から近寄れる道を監視する任務にあった。ラロ・サルディーニャスと彼の小隊は、ペラデロ川岸へ延びる数本の製材所の専用路を見張るためにサパト地域に留まった。それは過度の警戒であった。敵軍がこれらの道路に達するにはシエラ・マエストラ山中を長時間行進しなければならなかったし、彼らは通常、縦隊で行軍しなかった。シロ・レドンドと彼の小隊はシベリア――エル・ウベロとピノ・デル・アグア間の地域――からの通用路の見張り役を命じられたが、シロの担当するシエラ・マエストラのはずれの道は二カ所にある製材所を結ぶ連絡路であった。

われわれの隊はギーサへの登り道沿いの林中の露出した岩の上に陣立てし、そこから敵のトラック隊を不意討ちする形で、彼らの最も使う可能性の高い道筋を狙って機銃掃射をかけることになった。地形のおかげでわれわれは遠方からトラック隊の様子を観察できた。作戦計画自体は簡単であった。両側から激しく集中攻撃をかけ、先頭を切るトラックを道路の曲折で立ち往生させ、後続する車すべてを停止させる目的で斉射する。奇襲作戦が上首尾に運べばトラックを三、四台を奪えると目論んだ。戦闘行為を任された小隊は最高の武器を備え、ラウル・カストロ・メルカデル大尉の率いる隊員数名によって増強された。

われわれはおよそ七日間、辛抱強く待ち伏せ陣地で待機したが、敵軍は影も形も現さなかった。七日目、待機中の部隊のために糧食を準備する小さな戦闘司令所にいた私の許に、敵軍が接近しているとの第一報が入った。なにしろ大変な登攀行程なので、何を見るよりも早く斜面を這うようにして登ってくるトラック隊のエンジン音が聞こえてきた。

われわれの隊は戦陣を整えた。主要陣地にはイグナシオ・ペレス大尉の指揮下に数名を配置したが、彼らには先頭のトラックを停止させる任務が課されていた。後続車の銃撃を担当する者たちが側面にへばりついていた。戦闘開始の二十分前に滝のような豪雨に襲われ——シエラ・マエストラではよくあること——われわれは骨の髄までびしょ濡れになった。その間、敵軍は攻撃の可能性よりも雨足に気を取られて前進していた。開戦を宣告する役回りの同志がトムソン式機関銃を発砲した。彼が実質上開戦の火蓋を切った訳だが、このような天候では誰にも命中しなかった。砲撃戦が拡がっていった。先頭のトラックに分乗していた兵隊はわれわれに攻撃されると、銃弾の行方を気にするよりも驚愕して恐怖に駆られるあまり道路に飛び降りて巨岩の背後に隠れたが、それまでにわれわれの隊の偉大なる戦士の一人で縦隊の詩人である通称「クルシト」ことホセ・デ・ラ・クルスを斃していった。

戦闘はなにやら異様な展開を見せていた。一人の敵軍兵士が路上の曲り角に停まったままのトラックの下に潜りこんで難を逃れ、誰にも頭を見せまいとした。一、二分後に私が現場に到着した。われわれの隊の多くの者が誤った命令――戦闘最中に往々にしてある行き違いであった――に従って退却しつつあった。アルキメデス・フォンセカが、敵の射撃手の遺棄した軽機関銃を回収中に手を負傷した。私は全隊員に戦闘位置への復帰を命じざるを得なかった。そしてラロ・サルディーニャスとエフィヘニオ・アメイヘイラスには、彼らの隊を私たちの隊に合流させるように呼びかけた。

タティンという名の戦士が路上にいた。私が道路へ向かって下って行くと、その彼が私に向かって挑戦的な口ぶりで言い放った。

「やつがあそこに潜りこんでいますよ。トラックの下に。行きましょうぜ、行ってみましょうぜ。どっちが本物の男かはっきりさせましょうぜ！」

私が躊躇しているといわんばかりの彼のセリフに、私はひどく気を悪くして勇気を奮い起こした。われわれはトラックの下から機関銃を連射しているその見知らぬ敵軍戦士に接近を試みたが、男らしさを誇示するには払うべき代償が大き過ぎるのを認めざるを得なかった。

私の挑戦者も私自身も、それ以上先へ足が進まなかった。

　五台の軍用トラックが一個中隊を運んでいた。開戦以降はたとえ一人でも逃してはならないと厳命されていたアントニオ・ロペスの率いる中隊は、命令を忠実に守った。それでも兵士の一団は精力的に反撃して、われわれの前進を阻もうとした。ラロとエフィヘニオが増援隊を率いて駆けつけてきた。彼らは敵方のトラック隊に向かって突入し、ついに抵抗を押さえこんだ。幾人かの兵士は混乱にまぎれて道路を駆け下りて逃亡し、他の者たちはなんとか死守したトラック二台に飛び乗ると、軍装備品と弾薬をすべて遺棄して走り去った。

　ギルベルト・カルデロを通じてわれわれは敵軍の様子とその作戦計画について情報を得た。この同志は、われわれの隊が別の地域を襲撃した際に捕虜にした者であった。カルデロはその間しばらくの間われわれの捕われ人になっていたが、今回敵軍は、彼に小瓶の中身をフィデルの食物に混入して毒殺させようと企んでトラック隊に加えた。カルデロは銃声を聞くやいなや、兵士たち全員にならってトラックから飛び降りたが、銃撃戦から姿をくらます代わりにわれわれの許に直ちに出頭して部隊に再合流すると、自分の長きにわたった放浪冒険旅行《オデュッセイ》について語った。

　一台目のトラックを捕まえたところで、われわれは死亡兵二名と負傷兵一名を発見したが、その男は死を目前にして苦悶にあえぎながらも戦うそぶりを見せていた。その兵士に降伏する機会——気絶しかけている彼にその意思表示は無理であった——を与えずにわれわれの戦士の一人が最後の止めを刺した。この思慮に欠ける暴力行為の張本人であった戦闘員は、家族をバティスタ軍に惨殺される目に遭ったのであった。私は彼のしたことについて厳しく叱責したが、その時、この様子を一人の負傷兵が身動きできないままトラック内の防水シートの下に隠れて聞き耳を立てていたとは知らなかった。私の言葉と同志の謝罪によって励まされた敵軍兵士は、シートの下から姿を現すと命乞いをした。足に銃弾を受けていた——骨折していた——この兵士は、トラックの周辺で戦闘が続いている間、道路脇に身を伏せていた。そしてそのかたわらを戦闘が通りすがるたびに絶叫した。

「殺さないでくれ！　殺さないでくれ！　チェが捕虜を殺すなと言っている！」戦闘が終わったところでわれわれは彼を製材所へ運んで応急処置を施した。

他のトラックについていうなら、われわれは若干の被害しか与えなかったが、かなり大量の武器が手に入った。戦利品——ブローニング式機関銃一、ガランド式銃五、三脚台付き機関銃と弾薬、ガランド銃がもう一挺——これはエフィヘニオ・アメイヘイラスの隊員にすぐさまさらわれた。フィデルの縦隊に所属するエフィヘニオは、今回の戦いでは自分の率いる小隊が決定的な役割を果したと判断した。したがって分捕った武器を幾つか貰う権利があると感じていた。しかし正確には彼らはフィデルから、われわれが武器を分捕る際の手助けを命じられて私の指揮下に配置されたのであった。彼らの抗議の声をよそに、私はすでにくすねられてしまった小銃を除くすべての戦利品を私の隊の者たちに分け与えた。

ブローニングは今回最も手柄のあった一つの班の中尉であるアントニオ・ロペスのものになった。ガランド銃はホエル・イグレシアス中尉、ビレジェス（コリンティア号の遠征隊員でわれわれの隊に合流した)、オニャーテ、私が名前を記憶していない他二名に渡された。われわれは奪ったトラック三台を燃やすことにした。使い物になりそうになかったし、敵軍の被害をより甚大にしてやるためだった。

われわれが部隊を召集していると、敵機が急襲の一報を得て頭上に飛来した。ところがわれわれが発砲すると飛び去って行った。

私の記憶が確かだと、パルド兄弟の一人のミンゴロが、フィデルに敵の守備隊が接近しつつある警報を伝えるために出された。しかしここでさらにもう一人伝令をフィデルの許に走らせ(カルデロを付けて、彼の冒険物語を詳述させるために)、われわれの戦闘結果を報告させることにした。戦闘が終わったので陣地を引揚げるようにシロに指示した。モンゴ・マルティネスがこの伝言を運んだ。

数分後に銃声が響いた。われわれの隊の射撃手の一団が、身を隠しながら前進してくる兵士を発見したのであった。停止しろと彼らが叫んだ。兵士が抵抗する素振りを見せたので、一団は彼に向かって発砲した。男は銃を放置して逃亡した。射撃手らは勝利の証拠としてスプリングフィールド銃をわれわれの居場所に持参した。周辺にまだ兵隊が四散しているのが気掛かりであったが、その銃をひとまず戦利品の数に加えた。

二、三日経ってモンゴ・マルティネスが帰還した。彼がわれわれに告げたには、敵軍兵士らの待ち伏せに遭遇し、ライフルで銃撃されて負傷したので、逃げるより仕方なかった。彼の顔は文字通り銃撃を受けた際に浴びた火薬で火傷だらけであった。われわれの同志が敵兵から奪った〔と思った〕スプリングフィールド銃は彼のものであった。結論から述べると、この負傷した同志は敵軍の兵士が直近にいると思いこんで交差道路に出たあげく森の中で迷子になり、シロ・レドンドには戦況報告もしてなければ退却命令も伝えていなかった。翌日、シロが、山中に反響する銃撃戦の音を耳にしてわれわれの許に伝令を走らせてくれたので、指令を彼に伝達できた。

B－26機が餌食を求めて製材所の上を旋回中に、われわれは落ち着いて朝食を口に運んでいた。建物全体を自由に使ってゆったりと座り、家の女主人が運んできてくれる熱いココアを飲んでいた。B－26機が屋根をかすめるようにしてやって来ては飛び去り、飛び去ってはやって来る光景に、彼女は必ずしも喝采したいような気分ではなかったと思う。最後の敵機がついに飛び去り、われわれがすっかりくつろいだ気分で行軍を再開しようとしていたところ、シベリアから来る道路（わずか数時間前までシロが監視していた同じ道）上に兵士が鈴なりになったトラック四台がこちらへ向かって来るのを発見した。前回と同じ罠をしかけようと思えばしかけられたがもはや遅すぎた。われわれの隊員中かなりの数の者が、より安全な場所に退却済みであった。われわれは、空中へ向けて二度発砲して退却の合図を送ってからおとなしくその場を立ち去った。

今回の戦闘は、ニュースの伝播に伴ってキューバ全土に重大な反響を及ぼした。敵軍の被害は戦死兵三名に負傷兵一名に加えて、翌日地域一帯を徹底的に捜査した結果、エフィヘニオ隊が捕縛した捕虜一名であった。そのアレハンドロ伍長をわれわれは一緒に連れてゆき、戦争が終わるまで炊事係として隊に残留させた。クルシトは戦場の一角に埋葬された。隊の全員が悲しみに打ちひしがれた。彼の死によってわれわれはかけがえのない一人の同志と農民出身の吟遊詩人を同時に喪ったのであった。クルシトは自ら「マエストラの鶯」を名乗る一方で、カリスト・モラレスを「古馴染みのシエラのヒメコンドル」と呼んで、二人で熱烈に韻を踏み比べる詩作のやりとりをするのが常であった。

この戦闘で武勲を挙げたのは――エフィヘニオ・アメイヘイラス、ラロ・サルディーニャス大尉、ビクトル・モラ大尉、アントニオ・ロペス中尉とその中隊、デルミディオ・エスカローナと、三脚台付き機関銃を付与されたアルキメデス・フォンセカ。彼は銃弾による手の怪我が治癒した後にこの戦利品を使うことになる。われわれ側の被害は戦死一名、軽傷一名、打撲傷数名、引っかき傷数名、モンギト〔モンゴの愛称〕の火薬による火傷。

われわれは様々な経路でそれぞれピノ・デル・アグアを後にしたが、最終的にはピコ・ベルデ地域で落ち合うことになっていた。その地でわれわれは隊を編制し直し、今回の攻略についてすでに報告を受けていた同志フィデルの到着を待つのだ。

戦闘を分析してみると政治と軍事の面では確かに勝利を収めたが、失点も多かった。トラック隊のうち最初の三台に乗っていた全員を全滅させても、奇襲の戦果をより徹底的に追及すべきであった。銃撃戦の開始直後に退却命令が間違って流布した結果、隊員の統率と戦意が損なわれた。少数の兵士が防御していただけの乗物を強奪するに当たって、当方には遮二無二にやってしまおうという断固たる姿勢が明らかに欠如していた。戦いを終えた後、われわれわれは自分たちの姿を不必要に人目にさらして製材所で一夜を過ごしてしまった。また最終的に撤退した際には秩序の乱れが著しく目立った。以上のすべてが、隊の戦闘準備態勢と紀律を緊急に改善する必要性を如実に示しており、われわれはその後の日々をそのための仕事に専念することになる。

不愉快なエピソード

ピノ・デル・アグアの戦いの後、われわれは、戦闘における有用性と有効性を増進させるためにゲリラ隊の組織構造の改善——この時点でフィデル隊の幾つかの部隊によって補強される形で——に着手した。

ピノ・デル・アグア戦で名を挙げたロペス中尉とその責任感の強い中隊が選ばれて軍紀委員会を結成することになった。その任務は、警備、紀律一般、野営地の清掃、革命家としての道徳観念に関する既定のノルマを観察し監督することにあった。しかし委員会は短命で、組織されてわずか数日後に悲劇的な状況下で解散することになる。

この頃、われわれは中間基地として常日頃使っていたラ・ボテラの丘近くの小さな野営地において、割り当てられた小銃を持ったまま二カ月前に逃走して捕えられたクエルボという名の脱走者を裁こうとしていた。銃の行方はついに分からずじまいだった。しかし、彼の行状については十二分に報告を受けていた。彼は革命の大義のために闘うという口実の下に密告者を処刑し、多分軍隊と共謀して、シエラ・マエストラ全域の住民を不当に虐待していた。

彼の脱走行為に焦点を絞った裁判は迅速に進捗して極刑が言い渡された。その地区における支配的な状況を利用して悪事を働く反社会的人間の処刑は、不幸なことにシエラ・マエストラ地域では珍しいことではなかった。

われわれはフィデルが、チビリコへ赴いた後にソナドール地域の視察を終えて、われわれの所在地を経由して帰途にあるのを知った。われわれはできるだけ早急に彼と連絡を取るために、ペラデロをめざして行進することにした。

沿岸地域に、独裁政権および大土地所有者との癒着が知られているファン・バランサという名の商人がいたが、これまでわれわれゲリラに対して積極的に敵意を示したことは一度もなかった。ファン・バランサは、そのスタミナが地域でも評判の一頭のラバを所有していたが、われわれは一種の戦争税のつもりでそいつを取り上げた。

そのラバを引いてペラデロ川近在のピナリトという地域に出た後、川岸に到達するためには険しい絶壁を下らなければならなくなった。われわれはラバを殺してその肉を幾つかの塊に分けて持って先へ行くか、動物を敵地に置き去りにするか、できる限り遠くまで連れ歩くか、選択を迫られていた。肉にして持ち歩くのも困難に思えたので、同行させることにした。

われわれが葡萄蔓に摑まり、岩の露出部分にぶらさがって滑り降りなければならないような、われわれの小さなマスコット――子犬――ですら戦闘員がつまみあげて両腕に抱えあげて運ばなければならないような山間を、その足元の確かなラバは怯《ひる》むことなく下っていった。そのラバは世にも珍しい軽業をさんざん見せびらかした。

ラバはペラデロ川の巨石だらけの地点を、岩から岩へと身の毛のよだつような跳躍を続けざまにして渡るお手柄ぶりを何度も披露した。おかげでラバは自ら自分の生命を救った。その後、そのラバは私にとって初めての常用の乗物となり、われわれの関係はラバが、シエラ・マエストラでサンチェス・モスケラを相手に頻発した小競り合いのうちのある戦いで彼らの手中に落ちるまで続いた。

軍紀委員会の廃止につながる不愉快な事件が発生したのはペラデロ川岸においてであった。幾人かの同志は委員会の任務に抵抗を示した。彼らは紀律に関する規範を制定するという発想を頑として受け付けなかったので、委員会としても過激な手段に出ざるを得なかった。

後衛守備隊に所属するある中隊が、委員会の面々に下品で身も蓋もない悪ふざけを仕掛けた。いたずら者たちによれば、委員会にすぐさま登場してもらわなければならない極めて深刻な事態が発生したのであった。それとは同志たちをおびき寄せるために積まれた糞尿の山であった。たちまち犯人グループが逮捕された。その中に哀しい評判をもつウンベルト・ロドリゲスがいた。彼は、われわれが義務不履行者を処刑するという悲痛な任務に直面する度に、自分から死刑執行人を引き受けたがる性癖のある男だった。革命の勝利後、ロドリゲスはもう一人の革命兵士と共謀して一人の捕虜を殺害した。その後、二人は揃ってラ・カバーニャ牢獄を脱獄した。

二、三人の同志がウンベルトと共に投獄された。ゲリラ隊の置かれている状況からして牢屋といってもあまり実体がなかった。しかし悪事の度が過ぎると、紀律を乱したという罪名で一両日食糧を与えられなかったが、この処罰には絶大なる効き目があった。

事件から二日後、首謀者たちがまだ囚人扱いをされていたところに、フィデルが近場のエル・サパトという地域に入ったとの一報が伝えられ、私は彼を出迎えて話をするためにその地へ出向いた。われわれが出会って十分と経たないうちにラミロ・バルデスが駆けつけてくると、ラロ・サルディーニャスが一人の行儀の悪い同志を懲らしめようと衝動的な行動に出て、発砲するような仕草でその隊員の頭にピストルをかざした事件を報告した。知らず知らずのうちに銃が暴発して同志は即死した。隊内では騒動が起こりかけていた。私は直ちに帰営してラロを監視下に置いた。野営地内は敵意と反感が入り乱れて騒然としていた。隊員たちは即決裁判と処刑を要求した。

われわれは陳述書の作成と証拠固めの作業を開始した。幾人かの者は計画された上での殺人だと確信しており、他の者たちは事故だったと言った。これらの意見とは別に、ゲリラ隊では同志への体罰が禁止されており、この点でラロ・サルディーニャスは初犯でなかった。難しい状況であった。同志ラロ・サルディーニャスはこれまで勇猛な戦士の中の戦士であり、紀律の厳格な遵奉者であり、偉大なる犠牲的精神の持ち主であった。彼に死罰を要求している者たちは最良の隊員というにはほど遠い存在であった。

証人たちの証言は日が暮れるまで続いた。野営地にやってきたフィデルは死罪に反対する意向が強かったが、戦士各自に相談なくしてこの種の決定を下すのは慎重さを欠くと判断した。裁判の次の段階でフィデルと私が呼ばれて被告を弁護する側に立ったが、当の本人は自身の命運にかかわる協議の様子を冷静な態度で観察しており、一抹の恐怖も見せなかった。大勢の者が衝動に駆られて彼に死罪を求めた後、私に証言する順番がまわってきたので、私は、問題を慎重に審査して欲しいと頼んだ。私は、同志の死は、闘争がわれわれにもたらしている外的環境、すなわちわれわれが現在戦争の真っ只中にあるという事実に帰するべきで、つまるところ有罪とすべきは独裁者バティスタなのだと説諭しようとした。しかし反抗心に燃える聴衆は私の言っていることに耳を貸そうとしなかった。

時刻は夜半をとうに過ぎていた。われわれは討議を継続するためにたいまつを燃やし、蠟燭も灯していた。次にフィデルがゆうに一時間をかけて話し、ラロ・サルディーニャスを処刑すべきでないとする自分の意見を説明した。彼はわれわれの落ち度、われわれの紀律の欠如、日々犯している過ち、その結果としてわれわれにある諸々の弱点を列挙した。そして彼は、そもそも被告がこの非難すべき行為を犯したのも紀律という概念を擁護するためであり、われわれとしてはその事実を常に脳裏に留めておくべきだと力説した。たいまつの照らしだす森の中に立って話す彼の声調は感動を誘い、多くの隊員が指導者の意見を聞いた後に考えを変えた。

その晩、彼の凄まじいばかりの人を説得する力が試されたのであった。

しかしフィデルの雄弁術をもってすら反対意見に完全に止めを刺すことはできなかった。われわれは二通りの処罰案をもって投票がおこなわれるべきだとの結論に達した。即刻の射殺による死罪、あるいは位階の降格とそれに付随する懲罰。燃え盛る激情のせいで、この一人の男の生命にかかわる投票には多くの力が動いた。中には投票を二度する者もいたので、手続きを一時中断せざるを得なく、白熱化する議論が早くも解決の方法と条件を歪めつつあった。再度、投票者を前にして選択可能な代案の説明がおこなわれ、各自が選択を明確にするよう求められた。

私は、投票結果を小さな帳面に記録する役目を任じられた。ラロはわれわれ全員にとって愛すべき人物であった。われわれは彼の過誤を認めたが、生命は救いたかった。彼は革命にとって貴重な幹部隊員であった。われわれの縦隊に入隊したばかりであったオニリア［グティエレス］――まだ少女同然の――が苦悩する声音で私に、縦隊の戦闘員として自分にも投票できるかどうか質問したことを思い出す。彼女は許されて一票を投じた。全員が投票した後に票数えが始まった。

私はこの異様な投票の結果を、医療実験用紙に似た小さな四角い紙に記録していった。票決は紙一重に近かった。躊躇の末に百四十六名のゲリラが投票した中で、別の種類の刑を望む者が七十六で、死罪を要求する者が七十であった。こうしてラロは命拾いした。

しかし一件はこれで結着した訳ではなかった。その翌日、多数決に不服を示す一団がゲリラ運動からの脱退を宣言した。このグループには大勢の非常に出来の悪い者たちも含まれていたが、勇敢な隊員の姿もいくらかあった。矛盾しているようだが軍紀委員会の長であったアントニオ・ロペス中尉とその中隊に所属する数名も裁定に不満足で叛乱軍を去った。私は去っていった者の名前を幾つか記憶している。クロ某、パルド・ヒメネス（バティスタ政権時の大臣の甥であったが、闘争に参加していた）彼らのその後について私は知らないが、その時去った中にはカニサレス三兄弟もいた。彼らの命運は栄光とはかけ離れたものになった。

兄弟の一人は、外人雇用部隊がプラヤ・ヒロン湾に侵略を試みた際にそこで死に、もう一人は捕虜になった。多数決を尊重しないで闘争を見限ったこの男たちはその後敵軍に奉公するはめになり、祖国で戦うために帰国した時も裏切り者としてであった。

われわれの革命戦争はすでに新たな特性を持ち始めていた。指導者たちの意識も、また戦闘員たちのそれも上向く一方であった。われわれは農地改革と、国全体を浄化するために必須である、社会構造の根本的そして不可欠な変革を希求する思いを、骨肉に沁みて感じ始めていた。しかしこうしてわれわれ戦士たちの中でも大半を占める精鋭の者たちが意識を深めつつある事態は、冒険に飢える気持ちだけで、あるいは功名心のみならず経済的利益を手にしたいという理由だけで闘争に参加した分子たちとの間に対立を生む結果となった。

去って行った幾人かの不満分子のうち私が名前を記憶している者は一人しかいない。その名はロベルトである。彼はその後、嘘八百を並べた長い物語を紡ぎ上げ、それをコンテ・アグエロが御笑い種《ぐさ》として「ボエミア」誌に掲載した。ラロ・サルディーニャスは降格され、最少の人数で結成される小隊の単なる一兵卒として敵軍と戦うことで名誉を回復するよう宣告された。ラロには、隊の中尉で彼の伯父に当たるホアキン・デ・ラ・ローサが付き添うことになった。フィデルが、彼の隊員の中で最も優秀な戦士をサルディーニャス大尉の交代要員としてわれわれの隊にまわしてくれた。それはカミロ・シエンフエゴスで、彼はわが縦隊の前衛守備隊所属の大尉となった。

この直後にわれわれの隊は、われわれが闘争を開始したカラカスおよびエル・ロモンの地で革命の名を騙《かた》って悪事に耽る山賊団を成敗するために出陣することになった。カミロに与えられた最初の任務は、迅速に進軍してその一団の全員を生け捕りにすることであった。それからわれわれの手で彼らを裁くのだ。

山賊行為との苦闘

当時のシエラ・マエストラの情勢は、われわれがかなり広大な領域を自由に往来して生活の場にすることを可能にしてくれていた。軍隊が領域内を占拠するようなことはまずほとんどなく、彼らは足を踏み入れようともしなかった。しかしその時点でまだわれわれは、革命活動を口実にして略奪、強盗、その他の多くの犯罪行為に身を入れる集団の勝手気ままな行動を妨げるために、強力な、あるいは厳格な統治組織を立ち上げていなかった。

シエラ・マエストラにおける政情もまだかなり不安定であった。住民の政治意識の発達も依然として上滑りなもので、こうした諸々の弱点を克服しようとするわれわれにとって、敵軍の脅迫的存在は難関として立ちはだかった。

またしても敵軍が包囲網をしかけてきた。彼らがシエラ・マエストラに侵攻する気配が窺われ、地域の住民は神経を尖らせていた。彼らのうちで意志が強固といえない者たちは、バティスタ軍の送りこんでくる殺し屋どもの襲来を恐れて、自分たちが助かる方法を早くも模索中であった。サンチェス・モスケラはミナス・デ・ブエイシトの村に野営中で、ふたたび侵略を企てているのは歴然としていた。

われわれはというと一九五七年十月のその頃、エル・オンブリト峡谷で解放区の土台作りに専念しており、シエラ・マエストラ山中で最初の産業活動の基地となるパン工場を建設中であった。エル・オンブリトと同じ地域に、ゲリラ隊が中間宿泊所のような形で利用している野営地があった。そこにはわれわれに加わりたいと希望する若者たちの集団が、信頼できる農民たちの監督の下に寝起きしていた。

その集団のリーダーであるアリスティディオは、エル・ウベロで戦いがあった数日前までわれわれの縦隊に所属していたが、転倒して肋骨を折ったために戦闘に参加できなかった。それからの彼はゲリラとして戦い続けることに関心を薄れさせていた。

アリスティディオは、革命の意義を明確に理解しないまま革命隊に参加したよくある農民の典型であった。彼は現状を自分流儀に分析して、風向きを見るには待つのが得策だと考えた。彼は自分のピストルを数ペソで売り払うと、誰でも彼の話に耳を傾ける者たちに向かって、自分はゲリラ部隊が立ち去った後自宅でぼんやりとしていて捕まるようなへまをするほどとんまじゃない、自分は軍隊とコネをつけるつもりだ、と吹聴していた。アリスティディオの話の中身が脚色され、尾ひれが付いて流布した結果、私の注意を引いた。当時は革命にとって難しい時節であった。私はその地域の長としての立場からいたって手短な調査を命じた。そしてアリスティディオは処刑された。

今日なら、はたして彼は極刑に値するほど罪深かったのかどうか、また革命の建設段階に役立てるために彼の生命を救えなかったものか、われわれには自問する余裕もある。戦争は険難に満ちた苛烈なもので、敵の攻撃が高潮にある時はたとえ疑惑に過ぎなくとも叛逆行為を許容することはできない。数カ月前の、ゲリラ活動がまだずっと弱小であった頃なら、あるいはその数カ月後の、われわれがより強くなった時であったなら、彼を救えたかもしれない。しかしアリスティディオは、革命の戦闘員としての軟弱さがちょうどある時節に重なったという点では不運であった。つまり当時のわれわれは監獄やその他の監禁場所を有さなかったこともあって、彼の犯した類の行為を激烈な方法をもって処罰するほど強くはあったものの、別の方法によって制裁するほど、これまた強力でなかった。

その地域をしばらく離れて、われわれの隊はマグダレナ川沿いにロス・ココスをめざした。われわれはその地でフィデルに合流した後、チノ・チャン《中国人のチャン》を首領としてカラカス地域で略奪三昧にふけっている山賊団を捕獲するためであった。前衛隊を率いて先発したカミロが、われわれの到着する前にすでに幾人かを捕縛しており、われわれもその地に十日ばかり留まった。

チノ・チャンが裁かれて死罪を宣告されたのは、その土地の農民小屋の中であった。彼は数人の農民を殺害し、幾人かを拷問し、革命の名誉と領土を侵害し、その地域一帯に恐怖の種を蒔いた山賊団の首領であった。一人の農民がやはりチャンと共に死刑を宣告されたが、彼の場合は、自分の叛乱軍の連絡役としての権限を振りまわして生娘を強姦した。われわれはかなりの人数に上る山賊団の面々を裁判にかけたが、彼らはチャンから、まったく規制に縛られない自由奔放な生活を約束されて、その可能性に目のくらんだ都会出身の若者や農民であった。

大半の者を放免したが、三人については見せしめのために象徴的な場景が準備された。まずわれわれは、チャンと、強姦罪を宣告された農民を処刑した。彼らは森の中の樹木に縛りつけられたが、ふたりとも冷静であった。農民は目隠しなしに銃を見据えて、「革命万歳！」と叫んで死んでいった。チャンは完璧なまで落ち着いた様子で死を迎えたが、神父〔ギジェルモ〕サルディーニャスに終油の秘蹟〔カトリック教会の秘蹟の一つで信者の臨終に際しておこなわれる〕を授けて欲しいと依願したが、その時神父は野営地に不在であった。今際の頼みごとを叶えてやれなかったわれわれに向かってチャンは、自分がそう神父に望んだ旨を公表して欲しいと述べたが、それはあたかもこうした公の場での信仰告白が情状酌量の事由として死後の世界で役立つかとでも思っているようであった。

それからわれわれは、三名の少年山賊を象徴的に処刑する作業に取りかかった。彼らはチャンの悪業に深くかかわっていたが、フィデルは更生する機会を与えるべきだと感じていた。三人は目隠しされ、暗い表情の擬装射撃隊の前に引き出された。空中へ向かって発砲がなされた後、少年たちは自分たちがまだ生きてぴんぴんしているのに気付いた。そのうちの一人は喜びのあまり無意識のうちに、まるで私が彼の父親でもあるかのように騒々しい接吻を押しつけてきた。

CIA局員〔別の箇所ではFBIともある〕のアンドリュー・セント・ジョージがこれらの出来事を目撃していた。「ルック」誌に掲載された彼の報道記事はその年の最もセンセーショナルな逸話としてアメリカ合衆国で賞を獲得した。

顧みると、シエラ・マエストラで初めて実行されたこの方法は野蛮に見えるかもしれない。しかし当時は、この男たちを他の形式で処罰するのは不可能であった。確かに彼らの罪は死をもって償うほどのものではなかったかもしれないが、彼らには他にも幾つか重大な悪罪の前歴があったのだ。命拾いした若者三名は揃って叛乱軍に参加した。後に私は、そのうちの二人が革命の全期間を通じて輝かしい活躍を見せたとの報告を受けた。私の縦隊に長きにわたって所属した三人目は、戦闘員たちの会話が革命戦争における様々な場面での手柄に触れるたびに、誰か同志が彼の物語について尋ねると、決まっていつも語気強く言い放つのであった。

「本当だよ。死ぬのを怖がったことなんて一度もないさ。なにしろチェが証人さ」

二、三日後にわれわれは別の一団を捕縛した。彼らを処刑するのは実に胸の痛む思いであった。一団には、われわれゲリラ隊を最初の頃から揃って支援してくれたディオニシオという名の農民とその義兄弟になるファン・レブリヒオがいた。革命が最も困窮していた時期に裏切り者エウティミオ・ゲラの仮面を剝ぐ手伝いをしてわれわれを助けてくれたディオニシオが、その義兄弟と一緒になって、われわれが彼らに託していた信頼を後になって甚しく裏切ったのであった。彼らは都市部の組織からわれわれ宛に送られてきた食糧物資の全量を横領し、野営地を幾つか設け、そこで家畜を勝手に殺して食肉にした。彼らはこうしていったん悪事に手を染めると、殺人を犯すまで落ちぶれてしまった。

当時のシエラ・マエストラでは男の長者ぶりを定めるのは第一番に彼の所有する女の数で

あった。この慣行を信奉するディオニシオは自分を有力者と決めこんで、革命を通じて与えられた権力を利用して家を三軒持ち、それぞれに女を住まわせて食糧もふんだんに貯蔵していた。裁判の過程でフィデルが彼を、背信行為および人民の資金で三名の女を囲う不道徳について難詰すると、ディオニシオは農民らしい天真爛漫さをもって、女は三人ではありません、二人です、一人は正妻なのです、と言い立てた（これは事実であった）。

彼らと一緒にわれわれは、マスフェレル〔バティスト輩下の名だたる殺人鬼〕が送りこんだ二名のスパイを現行犯で捕まえて自供に追いこみ、以前は「運動」の中で諸々の特務に携わっていたこともあるエチェベリアという少年を処刑した。エチェベリアは叛乱軍の戦闘員一家――兄の一人はグランマ号で上陸した――の出身だったが、われわれの到着を待つ間少人数からなる一隊を結成した後、まったく不可解な誘惑に駆られてゲリラ地帯の中で武装攻撃を計画し始めた。

エチェベリアの場合には心が痛んだ。彼は、自分の過誤を認めたが、処刑による死を拒否した。彼はわれわれに、次の戦闘で戦死させて欲しい、必ず戦場で死に場所を見つけるからと誓い、家族に不名誉をもたらしたくないと懇願した。裁判で死刑を宣告されたエチェベリアは（「やぶにらみ君」と愛称されていた）涙を誘う長文の手紙を母親宛に書き、自分に科された刑罰の正当性について説明した上で、革命に忠実であり続けるようにと助言を遺した。

最後に処刑された者は「エル・マエストロ《先生》」と呼ばれる派手な人物だったが、彼は私が病を得てこの山中をあてどなく彷徨していた苦難の日々、唯一人かたわらにいてくれた伴侶であった。彼は病気を理由に早々にゲリラ隊を脱退してふしだらな暮らしをしていた。彼の悪業は私になりすまそうとしたところで最高潮に達した。彼は医者のふりをして、医療のために訪れた若い農家の娘を強姦しようとした。

マスフェレルの送りこんだスパイ二名を除いて彼ら全員が、革命に対する献身を表して死んでいった。私はその場に不在であったが、今回は現場にいたサルディーニャス神父が終油の秘蹟を授けようと死刑を宣告された者に近づくと、その男はこう応じたという。

「やあ、神父さん、あなたを必要とする人間にしてあげなさいよ。なぜってあたしはそんな類のことは根っから信じていないってのが本心でさあ」

このような男たちの手によって革命は実現されつつあった。最初は不正義と聞けば何にでも立ち向かっていった叛乱分子たちは、社会秩序の改革のために闘争するという概念とは無縁の、自分だけの窮乏を満たすのに慣れきった単なる孤独な叛乱分子に早くも成り下がっていた。革命がたとえ一分でも彼らの行動に対する警戒を緩めると、彼らは驚くほど簡単に過ちを犯し、悪事へと導かれるのであった。

ディオニシオとファニート〔ファンの愛称〕・レブリヒオも悪さの点では、革命が時に応じて容赦してきた非行少年や、今日われわれの軍の隊列に存在する者たちと寸分も変わりがない。しかしあの当時は頑然として譲らない強い統率力が求められた。われわれとしては紀律違反を抑制し、安定した統治が不在の場所に突如として発芽する無秩序の種を除去するためにも、見せしめの刑罰を科さざるを得なかった。

エチェベリアはもう一歩良き方向へ進めば、革命の英雄にもなることができ兄弟二人——叛乱軍の士官——のように優れた戦士になれたかも知れない。しかし彼は、あの特殊な時節に罪を犯すという不運に遭遇したために、生命を差し出してその代償を払うはめになった。私は彼の名前を本書のこの部分に記載することに躊躇したが、死に直面した際の彼の態度はあまりにも尊厳に満ち、あまりにも革命者にふさわしく、自分に科された刑罰の正当性をあまりにも精確に認識していたので、その最期は彼の名誉を損なうものでないと考えた。彼の一件は悲劇的ではあるがむしろ貴重な事例として有用である。これは他の者たちにとって、革命は純潔を保たなくてはならず、バティスタの手下どもの伝統である山賊団もどきの振舞いによって汚染されてはならないことをはっきりと理解する上で助けになってくれるであろうから。

これらの裁判がおこなわれていた間、「七月二十六日運動」に参画したリャノの指導者らと様々なやりあいをした結果シエラ・マエストラに避難してきた一人の弁護士によって、一つの事例が初めて論争の対象にされた。彼は革命後、農地改革法案に署名がなされる直前まで（彼は本案に関与したがらなかったので別の者が署名した）、農業大臣の地位にあった。彼の名は「ウンベルト」ソリ・マリンである。

われわれは、叛乱軍の統治する全領域に和平と道徳秩序を定着させるための大変な骨折り仕事を成し遂げてから、三個の小隊からなる縦隊を引き連れてエル・オンブリトの古巣に帰還した。カミロ・シエンフエゴスが率いる前衛守備隊には、現在指揮官となっているオレステス［ゲラ］、ボルド、レイバ、ノダ――当時全員が中尉――らがいた。第二小隊を引率したのはラウル・カストロ・メルカデル大尉で、その下にやはり全員が中尉のアルフォンソ・サヤス、オルランド・プポ、パコ・カブレラらが付いた。ラミロ・バルデスが、中尉のホエル・イグレシアスと共にわれわれの小さな参謀隊を率いていた。まだ十六歳にも満たなかったホエルは三十歳を越える隊員を指揮していたが、その彼らに命令を発する際は敬意をもって「ウステ」〔スペイン語であなたを意味する丁寧な二人称〕と呼びかけた。彼らはホエルを「チュ」〔目下や親しい者に使用する二人称〕と呼びかけたが、命令には絶対服従した。後衛隊はシロ・レドンドが指揮し、その配下をビロ・アクーニャ、フェリックス・レイエス、ウィリアム・ロドリゲス、カルロス・マスらが固めた。

一九五七年十月末にかけてわれわれはふたたびエル・オンブリトに落ち着いた。その後はわれわれの軍隊が堅固に防御する地域作りに精魂を傾けた。その頃ハバナから到来した学生二名――一人は機械工学を勉学中で、もう一人は獣医学者の卵――の助力を得て、われわれはエル・オンブリト川に小型の水力発電所を建設する計画の準備に着手した。われわれはさらに「マンビ」〔初期の独立の闘士たち〕新聞を刷り始めた。われわれは町から運んできた旧式の謄写版を使って「エル・クーバノ・リブレ《自由キューバ人》」紙の初版を印刷したが、編集者と印刷工を兼務したのは学生のヘオネル・ロドリゲスとリカルディティオ・メディナであった。

われわれはこの定住性のある足場を基に、エル・オンブリトの開放的で寛大な友人たち、なかんずく隊員たちが「チャーナ大奥様」と呼称していた隊の良き友のおかげで生活の段取りを付けることができた。またわれわれはかつての農民小屋で今は誰も住んでいない古い家の中にパン工場を設けた。こうすれば敵機は新しい建造物にも気付くまい。「祝賀一九五八年！」と語句を入れた巨大な七月二十六日の記念旗も拵えさせた。われわれはこれを、遠方から、遠くはミナス・デ・ブエイシトからも見えるように、エル・オンブリトで最も高い丘の上に掲げた。その間、われわれは地域を巡回して実権を不動のものにした。同時にサンチエス・モスケラによる侵略が切迫しているのに備えて、彼が使用する可能性の最も高い、数本あるエル・オンブリトへの侵入路の防備を強化した。

殺された子犬

シエラ・マエストラにおける状況は過酷なものであったが、それは空の晴れ渡った極上の日であった。われわれは、サンチェス・モスケラの軍隊を辛抱強く追跡して、トルキノ山の最も険しく狭隘な谷間の一つに数えられるアグア・レベスを徒歩で行軍していた。無慈悲な殺人鬼は通過した全地域に農場を焼き払った跡を残し、暗い悲しみと絶望を振りまいて進んでいった。そして彼らはその道跡から、シエラ・マエストラの、カミロがいる可能性のある二、三カ所の地点のうちのいずれかを経由して登って来ると思われた。それはネバダ尾根か、あるいは当時われわれが「足の不自由な者の尾根」と命名し、今では「死の尾根」として知られている地区のいずれかであった。

カミロは、前衛守備隊の一部の隊員およそ十二名を連れて慌しく出発していった。この少人数を三カ所に分けて陣立てし、百兵以上からなる敵の縦隊をくい止めるのだ。私の任務はサンチェス・モスケラ隊を背後から追撃して包囲することであった。われわれの基本目標は包囲網の布陣であった。したがってわれわれは敵軍の後衛隊が火を放つたびに炎上する農民の家々が居並ぶ痛ましい道を進み行き、かなりの距離を根気よく追跡し続けた。敵軍は彼方にいたが叫び声は耳に届いてきた。全体の兵数は読めなかった。敵軍が狭い谷間の中央を通過して前進するのに対してわれわれの隊は斜面沿いに難航を重ねて前進した。

われわれの新しいマスコットのことさえなければ万事が完璧に進行した筈であった。マスコットは生後わずか数週間足らずの猟犬の子犬だった。フェリックス［メンドーサ］が幾度となく脅かして作戦本部――料理人たちのいる家屋――へ追い返そうとしたのだが、小犬はどこまでも縦隊の後を追ってきた。シエラ・マエストラのそのあたりは道がなく斜面の移動は困難を極めた。われわれは、「墓場」――枯れた古木――が若木に覆われる難所をようやく通り抜けたが、それは骨の折れる大仕事であった。われわれは道案内とはぐれまいと、横倒しになった樹木の幹や灌木を跳び越えて先を急いだ。

こうした状況下で、われわれ少人数からなる縦隊は、いつもの山奥の草木のざわめきが木枝の折れる音によってたまに遮られる以外は静寂に守られて行進した。しかしこの定着した静けさを、いきなり子犬の悲しげな甲高い鳴き声が突き破った。立ち遅れてしまった子犬が、戻って自分を窮地から救い出してくれるよう飼い主たちに向かって必死に吠えていた。誰かがそばへ行って小さな動物を抱きかかえてくるとわれわれはそのまま行軍を続けたが、小川の川床で休憩をとりながら見張りが敵の動きを監視していると、犬はふたたびあのヒステリーを起こしたような遠吠えを始めた。言葉であやしても効果はまったくなかった。子犬は置き去りにされるのを怖れてか必死になってヒューヒューと吠えるばかりであった。

私は自分が語気荒く発した命令の言葉を記憶している。

「フェリックス、あの犬にこれ以上吠えるのを止めさせたまえ。君が責任者だ。絞め殺せ。

そうすればもう吠えないだろう」

フェリックスが私を虚ろな瞳で凝視した。疲れきった隊列の真ん中に、あたかも円座の中心を印すかのようにしてフェリックスと子犬がいた。彼はのろのろとした動作でロープを取り出すと動物の首の周りに巻きつけ、絞め始めた。犬は人懐っこく左右に振っていた尻尾を最後に痙攣させると、強く締められたにもかかわらず喉元からしっかりとした呻き声を漏らして徐々に息絶えた。最後の瞬間が訪れるまでどれだけかかったか分からないが、われわれ全員にとってそれは永遠に思えた。子犬は最後に一度だけ体を震わせると、身もだえするのを止めた。手足をぶざまに投げだし、小さな頭を不安げに小枝の上に乗せたまま、そこに横たわっていた。

われわれは出来事に一言も触れないまま行軍を継続した。サンチェス・モスケラの軍隊は確実な地歩を得たらしく、それからまもなく銃撃戦がおこなわれているのが聞こえてきた。われわれは足場の悪い地形を通過して早急に斜面を滑り降り、後衛守備隊に達する最良の経路を捜した。われわれはカミロが攻撃をかけたことを知った。敵との鉢合わせを常に想定して慎重に移動していたわれわれにとって、向こう側に出て登り始める前にこちら側にある最後の家に達するまでかなり時間を要した。激戦のようではあったが長時間続かなかったので、われわれは期待するあまり緊張が解けなかった。最後の家は住人が逃げ去っていた。軍隊のいる気配はなかった。斥候二名が「体の不自由な者の尾根」を登攀して行き、すぐさま情報を携えて戻ってきた。

「上には墓があります。掘り起こしてみたら鉄かぶとを着用した者〔兵隊〕が一名埋葬されていました」

彼らは犠牲者のポケットに入っていた身分証明書を持ち帰った。交戦の末に一人の男が殺されたのだ。死人は敵側の者だったが、それが判明したすべてであった。

われわれは落胆して、足取りも重く帰途についた。二手に分かれて出ていった偵察隊は、シエラ・マエストラの尾根の両側に大勢の足跡を見つけた以外は何も発見できなかった。われわれは今度はゆっくりと谷間を越えて戻った。

われわれは夜中に一軒の家に達したが、やはり空き家になっていた。そこはわれわれが休息させてもらえるマル・ベルデ農場であった。すぐに一頭の豚がユッカイモ〔南米にある長イモのようなイモの種類〕と共に調理され、われわれはそれを食べた。農民たちが家財道具をいっさいそのままにして慌てて出ていったので、誰かが置き去りにされていたギターを爪弾きながら歌を口ずさみだした。

感傷的なメロディーのせいか、夜の闇のせいか、あるいは大して意味もない単なる疲れからだったのか私には分からない。しかし何があったかといえばフェリックス――床に座って食事をしていた――が肉の骨を落とした。その家の犬が一匹おずおずと近づくと、骨をくわえた。フェリックスが犬の頭に手をやると、そいつは彼を見上げた。フェリックスも犬を見やり、その後で彼と私はやましい思いで視線を交わした。われわれは押し黙った。微かな動揺が一瞬われわれを捉えた。われわれの直ぐ前には、人懐っこい、いたずらっぽい、ほんの少しだけ咎めるような眼差しをこちらへ向けて、別の犬の瞳でわれわれを観察する、あの殺された子犬がいた。

マル・ベルデの戦闘

私は夜が明ける少し前の五時か五時三十分、平穏な睡眠を十分むさぼった後に目覚めたが、軍隊生活で発達した第六感は極度の疲労と、ここマル・ベルデ入植地内の屋敷の安楽な寝床のせいで鈍らせられていた。われわれは平穏に満たされて朝食を用意するかたわら、ゲリラ諸隊との連絡のために出した大勢の伝令からの報告を待っていた。

太陽の光がようやく射しかけた頃、この地区に居残っていた数少ない農民の一人が奇妙な、警戒すべき急報を伝えにやってきた。ここから半キロも離れていない家で雌鶏と卵を漁《あさ》っている複数の兵士の姿を見かけたというのだ。私は彼に、兵士たちについて可能な限りのすべての情報を収集し、彼らと接触を試みて隊の規模を調べるようにと依頼して出した。農民は与えられた仕事にあまり熱意を見せなかったが、それでも戻ってくると、ネバダ山を一、二キロ登った地点にあるレイエスの持ち家に大軍の兵士が野営中だと報せた。サンチェス・モスケラの一軍に相違なかった。

となるとわれわれは大至急陣立てをおこなう必要があった。われわれは彼らを適当な地点で包囲して、全滅に導くことを目標に掲げた。

まず私は、敵方の作戦を想定して先取りすべきであった。彼〔モスケラ〕には通行可能な経路が二通りあった。彼はネバダ沿いの小道を利用してもよいが、それはサンタ・アナを抜けてカルフォルニアに出て、そこからミナス・デ・ブエイシトをめざす難路であった。それに代わる最も筋の通った案としてはトルキノ川沿いに反対の道程を進んでトルキノ山麓のオキュハルという小さな村に出るという、サンチェス・モスケラにとって短距離で、なおかつ実現性のあるものであった。

迷っていたわれわれとしては二つの陣地を迅速に固めて、敵軍の包囲網突破を阻止しなければならなかった。もしモスケラ隊がネバダを横断する高路を進むと決めるなら、カミロが彼らの後を来ている可能性がない限り、われわれには対応できるだけの軍勢をもって敵に対峙することは適わなかった。

前日、カミロはアルトス・デ・コンラドで敵軍と戦闘を交えていたが、今時点で彼の居場所は不明であった。

しかし、伝令が早々と駆けこんできた。エル・オンブリトにいるわが方の予備軍がネバダと墓地周辺の各地区で動員され、サンチェス・モスケラ隊の道程を封鎖する目的で彼らのいる地点の上部に配陣したというのだ。カミロはすでにその区域に到達していた。指令が出された。彼らに、自分たちの防御する地区を通過して敵軍が退却を試みた場合以外は、姿を見られてはならなく、最初の銃声を聞いてからでないと参戦もしてはならないと命じる司令が出された。ノダ中尉とビロ・アクーニャ中尉の小隊が西の方角へ派遣された。ラウル・カストロ・メルカデル大尉が東の方角へ赴いて包囲網を閉じる役目を担った。私の小隊は援兵数名と共に、敵軍が海へ向かって降下を試みた場面——われわれは十分ありえると睨んだ——に備えて待ち伏せ戦をしかけることになった。

包囲網を敷設し終えていた早朝、警報が鳴った。敵の前衛隊の歩哨の頭が見えた。敵軍はトルキノ川に注ぐ細い流れに沿った主要道路を前進していた。彼らが私のいる側に進んできた場合の戦闘開始予定地点は、側面が小高い牧草地に覆われていた。その片側に身を潜めていたわれわれの隊は、戦闘が始まるまで偵察行為も攻撃することも禁じられていた。火蓋を切るのは道路の一方の側からと決められていた。他方の側には数本の立ち木が並んでおり、その最端にマンゴーの木があった。そこに私が張り付いていた。隊列を組んで至近距離で行く兵士に放火を浴びせるのが私の役目だった。私より一、二メートル前方の地点にはホエル・イグレシアスとその他の同志たちが配置されていた。隊列の先頭に立つ数人を斃すには理想的な位置であったが、戦闘を継続させるには無理であった。われわれは敵軍がより良い陣地を求めて即刻退去すると判断し、その時に待ち伏せ陣地を放棄できると考えた。

兵隊がわれわれのほぼ正面を通過していく音が聞こえた。牧草地に隠れていた者たちは敵兵がわずか三名であるのを数えられたが、われわれの注意を喚起するには間に合わなかった。当時私が携帯していた武器はルガー銃だけで、私は敵により近い位置にいた同志二、三名の命運が気掛かりだった。そのために私は焦って尚早に発砲して狙いを外してしまった。この流れでたちまち交戦範囲が拡大し、サンチェス・モスケラの大軍が駐屯する家に向けても攻撃が開始された。

すると待ち伏せ戦の最中に不気味な静寂が舞い降りた。最初の撃ち合いの後、死亡した者の遺体の回収に赴くと、主要道路に人影がなかった。道路沿いに数本の木が並ぶかたわらの、チビシの藪をえぐった小道を抜けて敵軍は逃走した。それ以上兵士が新たに姿を見せないので、われわれは彼らを追跡して包囲することにした。

われわれが逃亡した兵士らの行方を追っている間に、ホエル・イグレシアスがロドルフォ・バスケスとヘオネル・ロドリゲスを連れて、敵軍が抜けていった藪に足を踏み入れた。ホエル・イグレシアスが敵兵に向かって降伏を呼びかけ、生命は保証すると怒鳴っている声が聞こえた。突如火薬の爆発する速射音が轟いたかと思うと、ホエルが重傷との急報が届いた。すべてを考慮しても、ホエルの運命は並はずれたものだった。彼を狙って至近距離で三挺のガランド式機関銃が火を噴いた。彼の小銃には銃弾が二発命中して台尻を潰していた。もう一発が掌に火傷を負わせ、もう一発は頰を直撃し、あと二発が腕を貫通し、もう二発が足を撃ち抜き、その他数発の銃弾が全身をかすめた。彼は血みどろだったが傷の程度は比較的浅かった。われわれは直ちに彼を救出すると、ハンモックに入れて応急処置を施すために野戦病院へ送りこんだ。

戦闘に全力投球するのに先立って先の兵士三名の行方を追う必要があった。直ぐにシルバの叫び声が聞こえた。

「やつらはあそこだ！」

彼は自分の一二口径の機関銃が激発した地点を指していた。直ちに兵士たちの降伏を申し出る声が届いた。こうしてわれわれはガランド銃三挺とそれを所持していた三人の兵士を捕虜にした。われわれの側では腕の良い戦闘員が一人負傷した。以上が当座の差引き勘定であった。

われわれは負傷した同志と同じ経路で捕虜たちも手当てのために送りだすと、ようやく戦闘の陣容に気持ちを集中することができた。捕虜たちを尋問した結果、サンチェス・モスケラ隊が八十から百兵を擁しているのが判明した。この数字が精確かどうか確認のしようはなかったが、ともかく捕虜たちはそう供述した。兵隊は防備の行き届いた陣地にいて、自動装置付きの銃器類、軽装備の武器、大量の弾薬を持っていた。

われわれとしては勝利の見込みが覚束なく、正面切った戦闘を回避するのが最良策だと判断した。戦闘員数からすると彼らに比肩したが、武器面では劣っていたし、サンチェス・モスケラの陣地は防備態勢が調って磐石であった。われわれは敵軍に繰り返し急襲をかけて身動きできなくした上で、日が暮れたら本格的に攻撃を再開することに決めた。

しかしそれからわずか数時間後、シエラ大尉の率いる敵の増援隊が海側から山を登攀中だとの一報が入った。われわれは彼らの進軍をくいとめるために即刻巡察隊を二個組織した。ウィリアム・ロドリゲスが率いる一隊は敵をドス・ブラソス・デル・トルキノ地域で迎撃する。レイバ中尉の指揮するもう一方の巡察隊は敵の増援隊を待ち伏せ、彼らが戦場から二キロしか離れていない山頂に達したらすぐさま急襲する。この地点はわれわれにとって非常に優勢な守備位置で、ここからだと敵軍の前衛隊の歩哨を完全にやっつけることができた。私自身がこの地点で陣揃えを担当し、他の待ち伏せ戦の準備は他の同志たちに任せた。

前線全体が静まりかえり、われわれとしても敵軍を牽制する目的で彼らの駐屯する家の亜鉛板の屋根に向けてときたま発砲するだけで済ませた。ところが午後も半ばを過ぎたか過ぎない頃に、要地の最高地点で撃ち合いが長引く音が聞こえてきた。しばらくすると私は悲しい報せを受けた。シロ・レドンドが敵の防御線を撃滅しようとして斃れたのだ。遺体を運んでくることはできなかったが、所持していた武器はカミロが回収してきた。われわれの側でも、敵軍の到来を告げる銃声が響いた。数分後、激烈な銃撃戦が始まり、南側を固めていたわれわれ守備陣はサンチェス・モスケラ隊に合流した増援隊によって制圧された。

われわれは退却を余儀なくされた。またしても殺人鬼は生き長らえた。われわれは撤兵が紀律正しくおこなわれるよう適切に指示する命令を出し、ゆっくりと歩行してその場を去った。われわれはグアヤボの細い流れに達し、その後われわれにとって最も安全な避難場所であるエル・オンブリト峡谷に辿り着いた。

われわれは帰還後、軍事行動全般について結果報告を聞いてから、事の顚末をつなぎあわせて一枚の絵図にすることができた。戦闘員たちの話では敵兵を数名斃したそうだが、われわれとしてはこの情報を確認できなかった。レイバ中尉の指揮下で最南端を守備していた者たちも同じ内容を報告した。しかし南側の区域にあった戦闘員の持ち場に保管してあった幾つかの背嚢が消えていた。そこにいた戦闘員の一人でアルベルトという名の者は、捕虜たちを連れて朝から出ていた。彼は戻ったが戦闘に加わるのをやめて一眠りすることにした。そして敵兵に寝込みを襲われて捕虜にされ、あげくに置いてあった背嚢をすべて奪われてしまった。後日、われわれは彼がエル・オンブリト地域で殺害されたのを知った。

われわれ側の負傷者は——ロベルト・ファハルド、前日のサンチェス・モスケラ隊との交戦中にホエル・パルド、後に戦死して大尉となったレイエスという名の戦闘員、ハビエル・パソスおよびホエル・イグレシアス。シロ・レドンドは死んだ。全隊員がひたすら悲しみに暮れた。われわれは好機を利用してサンチェス・モスケラ隊を打ち破れなかった上に、偉大な同志、シロ・レドンドまで喪ってしまった。

私はフィデルに書状を送ってシロ・レドンドの死後の昇進を推薦した。しばらくしてシロ・レドンドは新たな位階を授けられた。このニュースはわれわれの新聞「エル・クーバノ・リブレ《自由キューバ人》」紙に掲載された。

戦闘があり、そしてシロ・レドンドが戦死したのは一九五七年十一月二十九日のことであった。

退却する少し前、私の頭から数センチ離れた木の幹に銃弾が撃ちこまれたが、その際私がひょいと屈んで弾をかわそうとしなかったと言ってヘオネル・ロドリゲスからこっぴどく叱られてしまった。後日になってヘオネルは、おそらく技術工学を学んで数学的思考をする傾向にあったからか、自分は不必要に身を危険にさらすようなことは絶対にしないので、革命を最後まで生き延びる公算は私より大だと論じた。そしてそれはその通りで、ヘオネル・ロドリゲス——今回が彼にとっては戦闘の初体験であった——は不必要に身を危険にさらさなかった。彼は、勇気、決断力、聡明さの点で常に模範的な戦闘員であった。しかし革命戦争の最後を見届けるまで生き長らえなかったのは私ではなく、彼の方であった。それからわずか数カ月後、彼は敵軍との激しい交戦に斃れた。

その晩、われわれはグアヤボで睡眠を取った。われわれはどんな急襲でも妨げる態勢を整えて、エル・オンブリトまで一戦も交えることなく辿り着かなければならなかった。それがその時点におけるわれわれの基本的な任務であった。

アルトス・デ・コンラド

マル・ベルデ戦の後は熱に浮かされたかのように活動する日々が続いた。われわれには戦闘態勢を間断なく維持し、敵軍を効果的に包囲し、また正面攻撃を撥ねかえすに足るだけの戦力がないことを十分悟った。そのため、われわれはエル・オンブリト峡谷における防御対策を倍増した。エル・オンブリト峡谷はマル・ベルデからわずか数キロの距離にあり、ここへ到達するにはサンタ・アナを登ってグアヤボ川という細い渓流を渡る道を使わなければならなかった。サンタ・アナからエル・オンブリト峡谷に出るのだ。しかしグアヤボ川に沿って南へ進み、ラ・ボテラの丘を越して来ることもできる。ミナス・デル・フリオからも道路が通じている。

われわれとしては、敵軍が森の中に直接兵を進めてわれわれを不意討ちできないように、これらの地点の防備を固め、不断の警戒態勢を敷かなければならなかった。

われわれの生活物資の余剰分の積荷はラ・メサ地域のポロ・テレスの家に搬送された。われわれは負傷者もそこへ運んだが、歩行することができたのは足を怪我していないホエル・イグレシアス唯一人であった。

サンチェス・モスケラ隊はサンタ・アナに駐屯しており、その他の敵部隊はカルフォルニア街道を前進してわれわれの知らない目的地をめざしていた。

　マル・ベルデで対決があった四、五日後に戦闘を告げる警戒警報が鳴った。サンチェス・モスケラ隊が、サンタ・アナからエル・オンブリトに直行するという最も常套的な道程を前進していた。われわれは待ち伏せ陣地で待機中の隊員らに直ちに警告を発し、彼らは地雷を点検した。われわれの手製によるこれらの最初の地雷は爆発装置をばねとスパイクで拵えた初歩的なもので、装置を外すとばねが撥ねて雷管を爆発させる仕組みであった。マル・ベルデ戦で奇襲を仕掛けた際には作動しなかったが、今回も役に立たなかった。

　数分後、銃弾の行き交う音が戦闘司令所に達すると同時に急報が入った。地雷が作動しないところに敵が大軍で押し寄せてきたので、わが方の戦闘員は敵になんらかの被害を与えたが退却したのだという。敵側の最初の犠牲者は、四五口径のピストルで武装して騎馬縦隊を率いる長身の肥満した軍曹であった。この軍曹を、エンリケ・ノダ中尉ともう一人の戦士エル・メヒカーノが短い射程距離からガランド銃で撃った。この兵士について二人の描写は一致していた。二人によれば他にも被害を与えたそうだが、結果的にわれわれの防備態勢はサンチェス・モスケラ隊に覆された。

（数週間後、ブリトという名の農民が、われわれの寛容な振る舞いに感謝を述べたいとして私を訪れてきた。農民は敵軍に命じられて縦隊の先頭に立たされたが、われわれの隊員らが「自分を狙って撃つふりをしたが、素振りだけで決して発砲しなかった」のをはっきりと見たそうだ。この農民が、今回死傷者はなかったが、アルトス・デ・コンラド戦では若干出た

と教えた)

われわれが占拠した地点は少人数ではとても防御しきれないので、きちんとした塹壕を掘る手間すら怠っていた。ミナス・デ・ブエイシト方面からの侵略を阻むために築造した古い防御施設があるだけであった。さらにいうなら、敵が道路沿いに進軍してきた場合、われわれの待ち伏せ陣地はどれも危険にさらされるので、すべて撤去するように命じた。その地区に居残ったのはわずか数家族であったが、彼らが留まった理由は、あるいは勇敢にも地方警備員の非道に抵抗しようと心を決めたからか、あるいは彼らと何か秘密裏に取引をしたからであった。

われわれはアルトス・デ・コンラド［コンラドの丘］へ向かう道をゆっくりと後退したが、そこはシエラ・マエストラの尾根から隆起する丘でしかなく、コンラドという名の農民がそこに居住していた。この同志は人民社会党の党員で、当初からわれわれと接触があり色々と律儀に手助けしてくれた。彼は家族を疎開させており、住居は孤立した一軒家であった。待ち伏せを仕掛けるには最適の地の利であった。そこへ達するには山の深い植生を縫ってくねくねといく三本の小道しかなく、したがって防御しやすかった。土地の他の部分は切り立った大岩と、同じように切り立った斜面に守られており、登攀するのはきわめて困難であった道路は小さな窪地に差しかかるところでやや広がっていた。そこにわれわれはサンチェス・モスケラ隊をくいとめるための仕掛けを準備した。第一日目にわれわれは、小屋の炉床の中に起爆装置と一緒に爆弾を二発仕込んだ。罠はいたって簡単であった。われわれが退却すれば、おそらく敵軍は家に逗留して火を使うであろう。二個の小型爆弾は完全に灰で覆われていた。われわれは火の熱か燃える石炭が信管を過熱して爆発を誘導し、数人の犠牲者が必ず出るものと想定した。当然ながらこの計画は後頼みのもので、まずはアルトス・デ・コンラドで彼らを迎え撃たなければならない。

われわれはその地点で三日間辛抱強く待ち伏せ続け、二十四時間ごとに見張りを交替させた。あの時季、あの高度では夜の冷え込みが厳しく降雨もあり、われわれはまだ野外で夜通し戦闘態勢のまま過ごす辛苦に十分備えがなかったし、また慣れてもいなかった。

われわれは「エル・クーバノ・リブレ《自由キューバ人》」紙を印刷するための謄写版を利用して軍兵用にチラシを作成したが、その最初のものが世に出たのはその頃であった。われわれはこのチラシを、軍兵たちが通過する道沿いの樹木に貼るつもりでいた。

十二月八日、大岩の高みにいるわれわれの耳に、軍隊が登ってくる物音が聞こえてきた。坂は道なりに曲折して、われわれのいるおよそ二〇〇メートル下に達していた。われわれはチラシを貼らせに人を出した。同志のルイス・オラサバルが任務を請け負った。兵隊が乱暴に言い争う怒鳴り声がしたが、大岩の端にいた私には、士官と思しき何者かが声を張り上げて命令しているのがはっきりと聞こえた。

「つまらんことをあれこれ言うな。お前が先頭に立て！」

命じられた兵士か誰かが憤然と拒否した。口論が止んで部隊は進み始めた。

縦隊が小さな集団に分かれ、樹木の陰に隠れるようにして前進するのが見えた。私は彼らを一瞬観察した後に、チラシを配ってわれわれが待ち伏せていることを彼らに告知するのがはたして分別ある行為になるのかどうか疑問が湧いた。最終的に私はルイスをふたたび使いに出してチラシを剝がさせた。彼には数秒間の猶予しかなかった。敵軍の第一陣の登ってくる足は速かった。

戦闘の作戦計画はいたって簡単なものであった。敵勢が空き地に達したら、まず一人の兵士が、仲間たちからやや距離を置いて姿を見せるであろうと推測した。少なくともその兵士は斃さざるを得ない。カミロが乳香樹の大木の背後に身を隠して兵士の出現を待ち受けた。兵士が前方を注意深く見回しながらカミロの居場所を通過したところで、カミロは一メートル以下の至近距離から機関銃を連射する。そこで側面に潜んでいる射撃手がすぐさま火蓋を切る。カミロから一〇メートルあまり離れた道路端に待機するイブラヒム［ソトマヨール］と誰かが、そこからカミロを掩護する形で迎撃する。前衛隊の歩哨を斃したカミロの陣地に敵兵の接近を阻むためである。

私の持ち場はそこから二〇メートルほど脇へそれた木の裏で、体の半分は幹に守られていた。私は、兵隊がやってくる小道の空間に直接狙いを定めて銃を掲げていた。われわれのうちの幾人かは当初敵兵の様子を観察できなかった。というのはわれわれの体は半ばはみ出ており、動くと彼らの目線を引く危険があった。われわれはカミロの開戦の合図を待つ手筈になっていた。私は自分が出した指示に違反して盗み見をした。戦闘に先立って殺気が漲っていた。最初の兵士が姿を現した。彼は周囲を胡散《うさん》臭そうに見まわしてからゆっくりと歩を進めた。実は一帯に待ち伏せ戦の気配が濃厚にたちこめていた。小さな空き地の壮観な一種独特の地形、周囲に繁茂する林の中で音を立てて湧き続ける小さな泉、幾本かは倒れ、幾本かは黒焦げになった樹木の様子は絶望という印象を与えた。銃声が一発響くと交戦が始まった。後に私はそれを放ったのが実はカミロではなく、待っている間に堪え性を失くしたイブラヒムであったのを知った。彼は一刻先んじて発砲してしまったが、それに誘導されて銃撃戦が直ちに始まった。しかしわれわれは実際にはさしたる地歩を確保し得なかった。われわれ各自の、斃そうと狙いを定めた単発的な銃撃と兵士たちの放つ無駄の多く冗長な発砲は、「出会うには出会ったが、交じり合わなかった」。われわれは軍隊が撃ってくる銃の音を一発ごとに聞き分けているうちに、そのことに気づいていた。数分後（五、六分）、われわれは兵士たちの放った迫撃砲というかバズーカ砲の、最初のホイッスル音を頭上に聞いた。しかし弾道が長過ぎてわれわれの背後でしか爆発しなかった。

私は、突然火傷でもしたような、ひりひりと痺《しび》れる不快な感覚を憶えた。木の幹に保護されていなかった左足をたった今直撃された兆候だった。私は小銃を撃ち終えたばかりであった（より精確に狙うために望遠照準器付きのものを選んで使っていた）。撃たれたと同時に、数人の男たちが枝木をバリバリと掻き分け大きな物音を立てながらこちらへ向かって突進してくるのが聞こえた。発砲したばかりであった小銃はもはや機能しなかった。持っていたピストルは地べたに伏せた瞬間に手から離れていた。体の下にあったが、敵軍の銃撃にもろに直面している以上、体を起こす訳にいかなかった。猛スピードで体を反転させて、なんとかピストルを掴んだ。その瞬間、われわれの隊のカンティンフラスと呼んでいた隊員が登場した。傷口の疼《うず》くこの悲痛極まる一刻にさらに追い討ちをかけるようなことが起きたのだ。情けないことにカンティンフラスは、小銃が故障したので退却する旨を私に伝えに来たのであった。私が彼の手からガランド銃を手荒にひったくって調べる間、本人はかたわらにしゃがんでいた。挿弾子が少々斜めになっているのだけが故障の原因だったので、私は直して手渡しながらズバッと言い放ってやった。

「間抜け野郎め」

本名をオニャーテといったカンティンフラスは小銃を掲げて戦闘にふたたび加わった。彼はガランド銃を空になるまで撃ちまくって果敢さを誇示しようと、木の幹の裏の避難場所から慌てて出ていった。しかし彼はこの動作を最後まで終えられなかった。一発の銃弾が彼の左腕に命中して、奇妙な弾道を描いて肩甲骨から体外へ出た。今やわれわれは二人とも負傷して同じ場所で立ち往生していた。銃弾の行き交う中を退却するのは至難であった。われわれは墓場〔枯れた古木が若木に覆われて非常に歩きにくい場所。二二七ページを参照〕の幹の束によりかかって休んだ後、その下をかいくぐって進むより仕方なかった。われわれは深手を負っており、隊の残党がどこにいるやら見当もつかなかった。徐々に進んだが、カンティンフラスは何度も気絶しかけた。疼痛にもかかわらず私の方がより自由に身動きができたので他の者たちに救援を頼むことができた。

敵軍に戦死者が出たのは知っていたが、その精確な人数は不明であった。負傷者（私とカンティンフラスの二名）を救助した後、われわれはシエラ・マエストラを二、三キロ下ったところにあるポロ・トレスの家をめざして出発した。戦闘後の、爽快感と興奮に満ちた最初の瞬間が過ぎ去ると、私の疼痛はいっそう刺しこむようになり歩行が困難になった。ついに途上半ばで私は騎乗し、その姿で俄《にわ》か拵えの病院に辿り着いた。その間、カンティンフラスはわれわれの野戦用担架すなわちハンモックに揺られていった。

砲撃が途絶えたので、われわれは敵軍がアルトス・デ・コンラドを強奪したものと推測した。われわれは敵兵らを、「パタ・デ・ラ・メサ」［テーブルの脚］と命名した地点に流れる細い小川の岸辺で引き止めるために守備隊を向かわせた。同時にわれわれは周辺の農民とその家族の疎開を手配した。私は長文の手紙をフィデルに送って事情を説明した。

私はフィデルの許に合流させるべく、ラミロ・バルデスに引率させて縦隊を送りだした。われわれの部隊には一種の敗北と恐怖の感が漂っており、私としては素早く防御態勢を組む際にどうしても必要な者たちだけで残留したかった。カミロが少人数の防衛隊の長となった。

一見静寂な様子なので、われわれは戦闘のあった翌日、敵の企みを探らせるために隊員の中でも抜群の偵察能力をもつ「ライムンド」リエンを走らせた。そこでわれわれは敵軍が地域から完全撤退したのを知った。斥候はコンラドの家まではるばる出向いたが、そこに兵士の痕跡はなかった。彼は捜索を裏付けるために、われわれが小屋に隠した爆弾を一発持ち帰ってきた。

武器を点検中に、われわれは同志ギレ・パルドが所持していた小銃が見当たらないのに気付いた。彼は手持ちの銃を別のものと取り換え、退却する際に新しい方を抱えて古い方を戦闘の持ち場に置き去りにしてきた。これは誰しもが絶対に犯してはならない重大な罪であり、ギレに出される命令は明白であった。小さな武器だけを携帯して戦場へ赴き、敵の手から件の小銃を取り戻すか、代わりに別の武器を強奪してこなければならない。ギレは使命を果すために意気消沈して出ていったが、数時間後、自分の銃を担いで笑顔で戻ってきた。謎が解けた。敵軍はわれわれの攻撃をかわすために掘った塹壕地点から結局先へ進まなかったのだ。両軍とも元きた方へ退却して、誰一人として戦闘地点まで達しなかったのだ。銃を痛めつけたのは土砂降りに過ぎなかった。

かなり長い間、敵軍はシエラ・マエストラのそこより深い地点に進攻してこなかった。この特定の区域内で、この地点を越えることは一度もなかった。エル・オンブリトおよびその他の地域に残されたのは、サンチェス・モスケラ隊の通過した後のお定まりである焼き払われた農民小屋の痕跡だけであった。われわれのパン工場も入念に破壊された。煙の上がる廃墟の中に見つけたのは猫数匹と一頭の豚だけであった。彼らは侵入者の破壊的な猛威を免れたとしても、結局われわれの食道に収まるしかなかった。戦闘の一両日後、現在公衆衛生大臣のマチャディート［ホセ・ラモン・マチャド］が剃刀《かみそり》を使って私に手術を施して、M－1銃の弾を摘出してくれた。それからは私の回復も速かった。

サンチェス・モスケラは、コーヒーの入った大袋から家具類にいたるまで、運べるものはすべて兵隊に運ばせて持ち去った。彼はこの後しばらくシエラ・マエストラに進攻してこないのではないか、われわれはそうした感触を得ていた。そうなると地域の政治環境を整え、基盤となる産業の中心地を設置することが必要になった。その場所はもはやエル・オンブリトではなく同区域内のラ・メサとしよう。

武装闘争の一年

一九五八年初頭までで、われわれは一年以上にわたって闘争の日々を過ごしたことになった。われわれがどのように進展してきたかを説明するためにも、その時点におけるわれわれの軍事上、組織上、政治上の状況について手短に記述しなければならない。

軍事状況に関してはわれわれの隊が一九五六年十二月二日、コロラダス海岸に上陸したときのことを簡潔に回想しておこう。その三日後の十二月五日、われわれは奇襲を仕掛けられ、アレグリア・デ・ピオにて敗退を喫した。その月の終わりまでにはわれわれは、オリエンテ州の南海岸を流れるラ・プラタ川岸の、同じラ・プラタという名の土地に小さな兵営を設置して、われわれの力量に応じた小規模の軍事行動に着手するために隊を再編制した。

われわれの隊の上陸を基点にその直後のアレグリア・デ・ピオでの敗北戦、続いてのエル・ウベロ戦に至るまでの全期間を通じて、われわれの隊の基本的特色は、この隊がフィデル・カストロの指揮する単一のゲリラ集団であり、常に機動性を欠かさない（これを流浪の段階と称してもよい）点であった。

十二月二日［一九五六年］とエル・ウベロ戦のあった五月二十八日［一九五七年］の間に、われわれは都市部との連携を徐々に築いていった。この間、この連携というか交流は、都市部の指導部〔「七月二十六日運動」の〕が、革命の前衛としてのわれわれの存在意義とその指導者としてのフィデルの資質を十分理解していなかったことによって特徴付けられる。

そのうち、まったく異なる二通りの意見を通じて採用すべき戦術が具体的に形を取り始めた。それとは後にシエラ、リャノと呼称されることになる二つの相異なる戦術の概念であった。われわれの間での論争および内部対立はかなり苛烈なものであった。しかしながらこの段階における基本的に重大な事は、ここで生き延びてなんとかゲリラ基地を設置することにあった。

農民層の反応についてはこれまで幾度も分析をおこなってきた。アレグリア・デ・ピオでの大失敗の直後、われわれは彼らの温情に満ちた友愛と、敗北した隊に差し出されるおおらかな支援が身に沁みた。隊が再編制され、最初の交戦があり、同時にバティスタ軍の制圧が進むと、農民間に恐怖が蔓延し、われわれの軍勢に対する冷淡が目立つようになった。基本的な問題は、われわれを目撃すると彼らが告発を余儀なくさせられることであった。軍隊〔政府の〕が別の情報源を通じてわれわれの存在をキャッチすると、農民たちは立場を失った。われわれを告発することは彼らの良心に反した。それはまた同時に彼らを危険に押しやることにもなる。なぜなら今度は革命裁判が早速おこなわれるからだ。

恐怖に駆られ、たとえ中立的立場にあったとしても、拠り所のない農民層がシエラ・マエストラを捨てることによってこの深刻なジレンマを回避する道を選ぶ一方で、われわれの軍隊は日々防備態勢を堅固にしていった。われわれはこの地域を占有し、東ではトルキノ山の彼方まで、西ではカラカス峰まで、シエラ・マエストラ区域を完全に支配した。農民は長引く闘争と無敵のゲリラの様相を目の当たりにするにつれて、より理性的な対応を見せるようになり、われわれの軍隊に戦士として加入した。その頃から彼らは隊の兵数を増やしてくれたのみならず、われわれの周辺に結集するようにもなった。また農民層は全区域に親戚が散らばっているのが普通であったため、ゲリラ軍はその地方にしっかりと根を下ろすことになった。われわれはこの現象を「ゲリラに椰子の葉を着せる」と称した。

縦隊は、農民や個人の奉仕者だけでなく全国委員会〔「七月二十六日運動」の〕や、自治権もかなり保有していたオリエンテ州委員会から送りこまれた部隊を通じて増強された。上陸〔グランマ号の〕とエル・ウベロ戦の期間に、各自が武器を携える五十数名から成る一個縦隊が、五個の戦闘小隊に分かれて到着したが、その中身は千差万別で有能な者は三十名足らずであった。われわれがラ・プラタ戦やアロヨ・デル・インフィエルノ戦を戦ったのは、こうした集団がわれわれに合流する以前であった。われわれはアルトス・デ・エスピノサで奇襲を仕掛けられ、その地で隊員の一人を喪った。ガビロ地区でもすんでのところで同じことが起こりかけた。ある裏切り者がフィデルを暗殺する任務を帯びて、われわれの許に軍隊を三度手引きしたのであった。

これらの過酷な不意討ちの体験に加えて、山中での苦難に満ちた暮らしはわれわれを古強者として鍛えてくれた。新規の部隊が砲火の洗礼を受けたのはエル・ウベロ戦においてであった。この軍事行動は、十分に防御された陣地をわれわれが白昼堂々と正面攻撃したという点できわめて重要であった。戦闘時間と参加した兵数を考慮すると、エル・ウベロ戦は革命戦争中で最も血なまぐさい決戦の一つに数えられる。この交戦の結果、敵軍はシエラ・マエストラの沿岸地域からの撤退を余儀なくされた。

エル・ウベロ戦の後、われわれの小規模な縦隊——私の看護下にある負傷者および新入りの個人の戦闘員たちからなる——は本縦隊に復帰した。私は第四縦隊と後に呼ばれるようになる第二縦隊の長に指名されたが、この隊はトルキノ山以東を拠点にした。フィデル自身が率いていた縦隊は主にトルキノ以西で、われわれの隊はその反対側で勢力の及ぶ限り範囲を広げて共に機動していたことは、ここに記しておく価値があるように思う。われわれは戦略上、一定の独立した指揮権を有していたが、それでもフィデルの命令下にあり、彼とは一、二週間ごとに伝令を通じて連絡を取り合っていた。

軍勢の分立は七月二十六日の記念日に合わせて実施された。「ホセ・マルティ」第一縦隊がエストラダ・パルマを連続して攻撃する一方で、われわれはブエイシト入植地をめざして早足で行軍し、侵攻して占領し、われわれの縦隊としての初仕事をやり終えた。この後から一九五八年一月の初めにかけて、奮闘努力の末に叛乱軍領域の統合が達成された。この領域に侵入するためには、〔敵の〕軍隊は軍力を結集させ、幾つかの強力な縦隊を組んで前進する必要があった。彼らは機動力を欠いていたので広範囲に準備態勢を敷かなければならなく、したがって戦果をあまり挙げられなかった。敵軍の縦隊は方々で包囲され、その他殲滅させられ、あるいは少なくとも行軍を阻止されるはめになった。われわれは地域に精通するようになり、作戦行動力も増強され、野営地に定住する段階を迎えた。ピノ・デル・アグアを最初に攻撃した際も、すでにフィデルの明察通りに敵軍の性癖を見抜いていたわれわれは、これまでより巧妙な手口を使って敵軍を完全にかついだ。フィデルが自分の姿をその地域で見せびらかすと、その数日後、敵の遠征隊が応報するために必ずやってくる……。その彼らを狙って私の部隊が待ち伏せ戦を仕掛ける。一方でフィデルは別の場所に出現する。

年末に敵軍がふたたびシエラ・マエストラから撤兵したので、われわれは、東はカラカス峰から西はピノ・デル・アグアまで傘下に収めることになった。南の方角は海で、シエラ・マエストラの北側斜面の小さな村々は軍隊の占領下にあった。

フィデルの直接指揮の下にわれわれが隊を挙げてピノ・デル・アグアに第二次の攻撃をおこなって以来、われわれの作戦半径は大幅に拡張された。縦隊が新たに二個結成された。ラウルの率いる「フランク・パイス」第六縦隊とアルメイダの縦隊であった。両隊ともフィデルが指揮する第一縦隊から分立したのだが、フィデル隊は、このような遠隔の領域でゲリラ軍隊が根を張るために結成される新たな支脈の確固たる源となった。

われわれがわれわれの軍隊を増強するために驀進したこの時期は、一九五八年二月十六日のピノ・デル・アグア第二次戦まで持続した。この期間の特徴は膠着状態である。敵方の要塞化されて比較的防御しやすい地点にある陣地を攻撃するには、われわれは兵数不足であったが、他方で彼らもわれわれを侵略してこなかった。

われわれは野営地でグランマ号の殉教者の逝去を哀悼した。一人一人の死はいたく堪《こた》えたが、特にニコ・ロペスとファン・マヌエル・マルケスを喪ったのは辛かった。彼らの他にも勇敢な振る舞いと倫理感によって部隊内で信望を多大に集めた戦士も幾人かこの最初の年に生命を落とした。その中には揃ってエル・ウベロ戦で戦死したナノとフリオの二人のディアス——兄弟ではない——がいる。マル・ベルデ戦で死んだシロ・レドンド。サン・ロレンソ戦で死んだソト大尉。都市部でわれわれの闘争のために殉教した多くの者たちの中では、革命にとってそれまでの最大に悲しむべき喪失を記さねばならない。それはサンティアゴ・デ・クーバで死んだフランク・パイスのことだ。

シエラ・マエストラでのわれわれの軍隊の功績を列挙した一覧表に、都市部でリャノが展開した業績も加えなければなるまい。国内の主要な町々で、リャノは一団となってバティスタ政権に闘争を挑んでいたが、その中心地がハバナとサンティアゴ・デ・クーバであった。リャノとシエラは、二つの基本的要素が邪魔して相互間の包括的な意思疎通を常に欠いた。シエラ・マエストラの地理上の孤絶状態、そしてこの二つの集団の間には戦術・戦略面で種々様々な差異が存在した点。こうした状況が派生したのは、両者間の社会的・政治的概念の相違からであった。シエラ・マエストラが孤立していたのは、一つはその地理的条件のせいであったが、もう一つは軍隊の非常線〔交通遮断線あるいは包囲網〕を突破するのが時によってきわめて難しかったからである。

この一年間にわたる国内闘争を手短に描写する中で、われわれとしては他の戦闘団による諸活動——全体として実りが少なく、不幸な結果を招いた——にも触れねばなるまい。

一九五七年三月十三日、革命幹部会がバティスタを裁判に引き出そうと意気込んで大統領宮を襲撃した。大学生学生連盟会長――偉大なる戦士で若者たちの象徴であった「マンサニータ《マンサニージョっ子》」エチェベリア――が率いたその戦闘で、一握りの素晴らしい戦士が斃れた。

数カ月後の五月、ある上陸〔遠征隊の〕が試みられた。その作戦はおそらくマイアミの沖合を出る前にすでに裏切りに遭遇していたであろう。裏切り者のプリオ〔ソカラス元大統領〕が資金を提供者していたのだから。それは参加者のほぼ全員が虐殺される結果で終わった。これがカリスト・サンチェスの率いたコリンティア遠征隊で、カリストはオリエンテ北部からやってきた人殺しカウレイの手で同志らもろとも惨殺された。カウレイは後日、われわれの「運動」の構成員らによって裁きを受けた。

エスカンブライの地において戦闘団が結成され、その幾つかは「七月二十六日運動」の、その他は革命幹部会の指揮下に置かれた。後者の複数の集団を当初率いたのは、後にその戦闘団を、また革命をも裏切ることになる革命幹部会のメンバー――グティエレス・メノヨ――だが、彼は現在亡命中の身である。革命幹部会に忠実な闘士は別個に縦隊を結成し、その隊は後日チョモン司令官の指揮下に入った。残りの者たちはエスカンブライ第二国民戦線を立ち上げた。

小規模の核がクリスタルおよびバラコア山脈地帯に結成されたが、それはある時期ゲリラと家畜泥棒が半々という状態であった。ラウルが第六縦隊を率いて侵攻した際に全員を一掃した。武装闘争時代におけるもう一つの出来事は、一九五七年九月五日にシエンフエゴス海軍基地で発生した武装蜂起であった。その首謀者であったサン・ロマン中尉はクーデターが頓挫した時点で暗殺された。基地は単独で謀叛を起こすべきでなかったし、これは自然発生的な軍事行動でなかった。これは武装集団による大規模な地下活動の一端で、率いていたのはいわゆる純正なる軍人（独裁政権の犯罪によって汚染されていない）の集団であったが、彼らには――今日これは歴然としているが――ヤンキーの帝国主義が浸透していた。何か不明瞭な動機が原因で蜂起は後日に延期されたにもかかわらず、シエンフエゴス海軍基地にはその指令が時間内に届かなかった。蜂起に待ったをかけられず、決行されることになった。当初彼らは指揮権を掌握したが、市全域を制圧してエスカンブライ山中に強固な戦線を結成する手立てを確保した時点で山――シエンフエゴス海軍基地から数分で到達できる――をめざして行軍すべきであったのに、そうしなかった。これで彼らは悲劇的な過ちを犯すことになった。

「七月二十六日運動」の全国部および地方部の指導者たちも参画していた。人民も加わった。彼らも叛乱を先導する熱誠は少なくとも共有しており、幾人かは武器も手にした。これによって蜂起の指導者たちが道義的な責任感を感じて、占領した町との結束をより緊密にできたかもしれなかった。しかし事の経緯はこの種の蜂起において歴史上、過去未来ともにありがちな同じ展開を見せた。

軍人としての職業意識の強い軍人たちのゲリラ闘争に対する過小評価が重大な役割を演じたことは明らかだが、彼らが人民闘争の表れとしてのゲリラ活動に信頼を欠いていたのもその一因となった。共謀者たちは、武器を携えた仲間の加勢なしにはどうしようもないと判断して、海を背に、市街という狭い地帯で死ぬまで戦うことを決意したのだが、ついには、敵軍が容易に動員してシエンフエゴス海軍基地に集結させた優勢な兵力によってほぼ撃滅させられたのであった。非武装の協力者として参加した「七月二十六日運動」の指導者たちが、たとえ結末を見究めていた——否であった——としても、いまさら筋書きの変更は無理であった。未来への教訓は、力のある者が戦略を指示するということだ。

闘争のさまざまな時点で独裁政権の犯した市民の大虐殺、反復される失策、殺人沙汰を見る限り、横暴で依然として強力な政府に対抗する人民闘争の最高の表現手段が、好適な地形におけるゲリラ活動であるのは明瞭である。また人民の子女らにとってもこれが彼らを最も涙させない方法である。ゲリラ部隊が設立されて以降、われわれは喪失者——戦闘で類まれな勇気と覚悟のほどを見せた同志たち——の人数を、両手の指を使って確実に勘定できた。しかしながら都市部で生命を奪われたのは確固たる革命家だけでなく、中には芯から献身的な革命支持者ではない、大勢の単なる信奉者も、または運動にはまったく関与していない者たちも含まれていた。彼らは軍隊の鎮圧行動に直面して攻撃されやすいところにいたのだ。

この闘争の初年度の終わる頃には国内全土を通じて、大多数が参加する蜂起が地平線上にあった。サボタージュ活動——申し分なく計画され専門的に実行に移されるものから、不真面目な、個人的衝動に基いて展開される向こう見ずのテロ行為を含めて——は人民の大義にとって本当の利益をもたらさずに、最高の部類の戦闘員らに罪無き死と犠牲を強いる悲劇的な被害をもたらした。

われわれは自分たちの軍事面での形勢を強化しつつあり、占領した領域は広大であった。われわれはバティスタと武装平和の状態にあった。彼の軍隊はシエラ・マエストラ山中へ登ってこなかったし、われわれはわれわれでめったに下山しなかった。彼らはできるだけ有効的に包囲網を敷いたが、われわれの部隊は彼らの攻撃をそらすことに相変わらず成功した。

年末までにわれわれゲリラ軍は組織としても、食糧物資、最小の産業施設、病院、通信業務に関する基本的なインフラ構造を整備できるまで十分に成長を遂げていた。

ゲリラ戦士各自が抱える問題はきわめて単純なものであった。一個人として生活するために彼らが必要としたのは、少量の食物と衣服や医薬品など一定の日用品であった。一ゲリラとして生存するために、すなわち戦闘する武装隊の成員として必要としたのは武器と弾薬であった。政治的展開を図るためには情報が入用であった。こうした最低限の欠かせないものを確保するためにこそ、連絡と情報の組織が必須であった。

当初、二十数名からなる少人数のゲリラ隊は、シエラ・マエストラ産の野菜を主とした貧弱な糧食——宴会があると鶏のスープが添えられた——を常食とした。それに農民たちが時折差し入れてくれる豚肉が加わったが、その代金をゲリラ側はきちんと支払った。ゲリラ隊が成長し、新入りの「ゲリラの見習い」の訓練が始まると、食糧がこれまで以上に要った。シエラ・マエストラの農民は家畜を持たなく、食生活を自給自足の農業に頼っていた。彼らは、シエラ・マエストラで産出されない、たとえば塩などの必要不可欠な加工食品を購入するためにコーヒーの売り上げを当てにした。最初の方策として、われわれは信頼できる農民たちに特定の農作物――豆類、トウモロコシ、米など――を栽培すべきだと説得して、そのための手配をさせ、産物を買い上げることを保証した。同時にわれわれは近隣の町々の商人たちと、食料と生活用品を供給してもらうために契約を結んだ。ゲリラ隊の持ち物としてラバ隊が編成された。

医薬品は都市部で手に入れたが、量的にも品質の上でも常にわれわれの必要とする内容を満たさなかった。しかしわれわれは少なくとも購入を可能するために動いてくれる一定の組織を維持していた。

平原方面から武器を運び入れることは難業であった。地理的に孤立しているという険しい自然条件に加えて、都市部の各戦闘隊自身も武器を必要としており、さらに一方ではゲリラに武器を搬入したがらない彼らの感情もあった。フィデルは軍備品の納入をなんとか確保しようと、始終激しいやり取りを交わしていた。闘争の初年度にわれわれの許に唯一届いた中身のある積荷は、戦闘員たちの持参品を除くと、大統領宮を襲撃した際に使用された武器の残余品だけであった。これらの搬入に協力してくれたのは地域の大地主であり材木商の、私がすでにその名前を挙げたバブンである。

われわれの所持する弾薬は数量に限りがあり、種類も不足していた。しかしこの初期の時代、われわれは自分たちで弾薬の製造はおろか薬莢《やっきょう》の装塡もできなかった。但し単発銃用の三八型の銃弾だけは度々半自動式小銃を故障させ、正当な作動を阻む原因になるので、隊の鉄砲工がわずかな量の火薬と30－06用の銃弾を幾つか使って装塡した。

　野営地での生活と兵站《へいたん》線に関連して一定の衛生面の規則が設けられ、病院が創設されたのもこの時期であった。一つは私の指揮下の区域に設けられたが、そこは空中から偵察され得ない、したがって負傷者の安全が比較的守られる、接近しにくい場所にあった。しかしそこは深い森の中で湿気が多く、負傷者や病人をますます不健康にした。この病院を立ち上げたのは同志のセルヒオ・デル・バジェである。マルティネス・パエス、バジェッホ、ピティ・ファハルド医師たちが似たような病院をフィデルの縦隊内にも設置したが、その内容がわずかでも改善されたのは闘争二年目に入ってからであった。

　部隊にとって必需備品である弾薬箱、銃弾ベルト、背嚢、靴の類はわれわれが区域内に設けた革製品のための小さな作業場で製造された。最初に仕上がった軍帽を誇らしげにフィデルの許に持参したのは私であった。その後、私は皆からさんざんからかわれた。皆はそれを、「ウアウエロ」〔バスの運転手〕が被るような帽子だと口々に言ったが、私にはそれまで耳にしたことのない言葉であった。唯一人私に同情を示したのは、われわれの隊に入隊する準備のためにマンサニージョから野営地を訪問中であったバティスタ政権の顧問の一人で、彼はその場に居合わせた記念にその帽子を持ち帰った。

　われわれが据えつけた最も大切な作業場は鍛冶場兼武器庫で、そこでは故障した武器の修理がおこなわれ、爆弾、地雷、そして例の有名なM－26〔小爆弾〕が製造された。当初地雷はブリキ缶で作られ、そこにわれわれは敵機が頻繁に落下させていった不発弾の中身を充塡した。こうして出来上がった地雷は欠陥だらけであった。さらに、起爆装置を作動させる点火撃軸がうまく働かないのは始終であった。その後、ある同志が、爆弾の起爆装置を外して装塡済みのショットガンで代替したものを主要戦で使う案を思いついた。われわれが遠方から紐を利用して引き金を引くと、首尾よく爆発した。その後、われわれは合金と電気起爆装置を利用して特殊な信管を作り、この仕組みを完成させた。これで成績は上がった。この開発を手がけたのはわれわれだったが、実際にはフィデルが弾みをつけてくれたのだ。その後、ラウルが彼の新しい作戦本部内に、われわれが革命戦争の最初の年に立ち上げたものより設備の強力に調った作業施設を建ててくれた。

喫煙家仲間を喜ばせるために煙草工場も設けた。われわれの作る葉巻煙草はひどい代物であったが、比べる対象がないのでその味は絶品に思えた。

わが軍隊の肉屋は密告者や大地主から取り上げた家畜を解体して賄われた。われわれは肉の一部を農民たちに、一部をわれわれの隊に、と公平に分配した。

われわれの思想を普及するために、密林の英雄［マンビたち］にちなんで「エル・クーバノ・リブレ」紙という小さな新聞を創刊した。われわれが監督して三、四号を出した。後にルイス・オルランド・ロドリゲスが編集を担当し、引き継いだカルロス・フランキがさらに勢いをつけた。新聞はわれわれ専用に平原から運ばれてきた謄写版を使って印刷された。

初年度の末から二年目の初頭にかけて、われわれは小さなラジオの発信装置も手に入れた。最初の定例番組［ラジオ・レベルデ〔叛乱軍放送局〕による］が放送されたのは一九五八年二月のことであった。その日、放送に耳を傾けてくれたのは、放送局の前の丘に住むパレンチョという名の農民と、ピノ・デル・アグア戦の準備のためにわれわれの野営地を訪れていたフィデルだけであった。フィデルはわれわれ自身の受信機を通して聴いてくれた。放送技術は徐々に進歩した。その後、第一縦隊が放送業務を肩代わりして、一九五八年十二月に戦争が終結する頃にはキューバの中でも最高の「聴取率を誇る」放送局の一つになっていた。

シエラ・マエストラに電灯を灯すために、ウインチや数台の発電機などの備品を含め沢山の細かい新製品を苦労して運びこむことができたのも、すべてわれわれの伝《つて》のおかげであった。さまざまな問題に立ち向かうために、われわれは自分たちの手で通信と情報収集のための網状組織を立ち上げる作業に着手した。この方面では、私の縦隊内でリディア・ドセが、フィデル隊ではクロドミラ「アコスタ」が重要な役割を果した。

支援の手を差しのべてくれたのは近隣の村民だけでなかった。都市部のブルジョワジーもゲリラ闘争に備品を寄贈してくれた。われわれの兵站線は次の町々までにも達した。コントラマエストレ、パルマ、ブエイシト、ミナス・デ・ブエイシト、エストラダ・パルマ、ヤラ、バヤモ、マンサニージョ、ギーサ。これらの町は中継局として役立ってくれた。物資はそれらの地点からラバの背に揺られ、隠れ道を通ってシエラ・マエストラのわれわれの許へと運ばれた。時折、われわれと共にあって訓練中だがまだ武装していない者たちが、数名の武装した隊員と連れ立ってヤオやミナスなど近隣の町へ下山し、その土地で在庫の揃った店へ出かけた。彼らは必需物資を隠れ家まで背負って戻った。シエラ・マエストラにあって、われわれわれが決して——あるいはまずほとんど——欠乏しない唯一の物品はコーヒーであった。たまに塩が不足したが、これは人間の食生活にとって最も重要な食品の一つであるのに、いよいよ底を突きそうになるまでわれわれはその効力を思い知らされなかった。

われわれ自身の手で発信装置を使って放送を開始すると、隊の厳然たる存在とその闘争にかける断固たる決意が共和国全土に広まった。われわれの放送網はより広範囲に拡大強化され、西では重要な補給基地のあるハバナとカマグエイにまで、東ではサンティアゴにまで及んだ。

われわれの情報機関も、区域内の農民たちが軍隊だけでなく新顔を見かけたら即刻われわれに急報してくるまでに育った。われわれはそのような者たちを造作なく足止めして彼らが何をしているのか調べることができた。軍隊によって放たれ、われわれの生活ぶりや行動を詳しく調べる目的で区域内に潜入してくるスパイや密告者の多くがこうして追い出された。

当時のシエラ・マエストラには法律が公布されていなかったので〔ゲリラ区域を指していると思われる〕われわれは法律に関する業務も手がけた。

戦争の最後の年が明けた頃のわれわれの組織の状況は、以上のような按配であった。

政治闘争についていうなら、それはきわめて混迷を深めると同時に矛盾を孕《はら》んでいた。バティスタによる独裁政権は数多の不正手段を経て選挙された議会によって支持されており、なにをしようにも過半数を楽に期待できた。

若干の反対意見は表明——検閲のない場合——を許されたが、関係当局者とその代弁者らの発言力は強く、彼らが島全土へ向けて国家的統一を呼びかける声を、各局はこぞって放送した。オットー・メルエロのヒステリックな声と、パルド・ジャダやコンテ・アグエロの勿体ぶったおどけぶりが代る代る電波に乗って流れてきた。後者は放送したのと同じ内容を自著の中でも繰り返し述べて、「同胞フィデル」にバティスタ政権との共存を許容するよう呼びかけた。

反対派は変化に富んだ種々雑多な人間たちの集まりであったが、共通した特徴としてはその誰もが権力への野望（公的資金狙いの）を燃やしていた。これによって勝利を自分のものにするための強欲な内部闘争が引き起こされるはめになった。バティスタのスパイらが各集団に潜入し、肝腎要の時になると意味ありげな活動についてはことごとく政府に密告した。山賊めいた言動とご都合主義がこれらの集団の特徴であったが、彼らの中には国家的名声を博している殉教者もいた。実際上キューバの社会はあまりにも混乱した状態にあり、プリオ・ソカラスのような人物に安楽な生活を持続させるために、勇敢で善良な人民が自らの生命を犠牲にしていた。

革命幹部会は武装闘争の道を進む選択をしたが、彼らは独自の戦線を張っており、われわれはその運動とは一線を画していた。人民社会党（ＰＳＰ）は幾つかの具体的な活動においてわれわれに合流したが、相互の不信感が連携行動を断絶に導いた。労働者の同党は、ゲリラ隊の役割もわれわれの革命闘争におけるフィデルの個人的役割も、根本のところでは明確に理解しなかった。

ある日、友好的な討論の最中に、私はＰＳＰ〔人民社会党〕の指導者に向かって感想を述べたことがあったが、彼はその時の私の言葉を、当時の評価として的を射ているとして後日他の者たちに繰り返し述べた。

「あなたがたは、獄中にあって一言も吐かずに厳しい拷問に耐えられる幹部を育成できましょうが、機関銃だらけの巣窟《そうくつ》を破壊できる幹部を育てることはできますまい」

私の、ゲリラとして有利な立場からすると、これは戦略概念の結果であった。帝国主義および搾取階級の権力乱用に対抗して戦おうとする決意と、権力を奪取する可能性を未来に描けない無能力。後日、彼らのうちの数名――ゲリラ魂を持つ者たち――がわれわれに合流することになったが、その時武装闘争はすでに終盤にさしかかっていた。われわれの彼らに与えた影響は些細なものでしかなかった。

われわれ自身の運動内にもそれぞれシエラおよびリャノと称される、それぞれかなり明確に定義付けのなされた二つの反対勢力が存在したのは前述した通りである。われわれは戦略概念上の意見の相違によって対立していた。シエラはゲリラ闘争を展開し、各地にそれを拡大し、地方を基点に独裁権力に抑えられている都市部を包囲し、締め付けと消耗作戦の反復によって政権のすべての機構を壊滅させることに、すでに自信を持っていた。

リャノは、一見、より革命的な態度をとった。つまり全都市で武装闘争を展開し、ゼネストに打って出て最高潮に達し、バティスタ政権を転覆させて短時日で支配権を掌握する。

この態度がより革命的だとしてもそれは見せかけに過ぎなかった。当時のリャノ同志たちは政治的に成熟しておらず、ゼネストに対する考え方も狭量であった。翌年、事前の政治がらみの諸準備や大衆行動計画を抜きにして、予告もなしに秘密裏に呼びかけられたゼネストは、四月九日［一九五八年］の敗北につながった。

この二つの反対勢力は「運動」の全国委員会に代表を送っていたが、闘争が進展するにつれて委員会にも変化が現れた。フィデルがメキシコへ発つまでの準備段階において、全国委員会の構成員――私の情報に誤りがなければ、また当時私は非常に限られた形でしか参加していなかったこと、証拠書類が乏しいことを考慮して――は以下の通りであった。フィデル、ラウル、ファウスティーノ・ペレス、ペドロ・ミレト、ニコ・ロペス、アルマンド・アルト、ペペ・スアレス、ペドロ・アギレラ、ルイス・ボニート、ヘースス・モンタネ、メルバ・エルナンデス、それにアイデー・サンタマリーアであった。後に意見の対立からペペ・スアレス、ペドロ・アギレラ、それにルイス・ボニートが脱退した。われわれが闘争を［メキシコで］準備中に次の者たちが委員会に加わった。マリオ・イダルゴ、アルド・サンタマリーア、カルロス・フランキ、グスタボ・アルコス、それにフランク・パイス。

以上氏名を列記した同志の中でフィデルとラウルだけがシエラ・マエストラへ赴き、最初の年をそこで過ごした。グランマ号の遠征隊員であったファウスティーノ・ペレスは都市部における作戦を担当した。ペドロ・ミレトはわれわれがメキシコを出発する数時間前に投獄された。彼は翌年まで獄中にあり、その後武器の積荷と共にキューバに到着した。ニコ・ロペスは上陸後わずか数日目に死亡した。アルマンド・アルトはその年の暮れ（あるいはその翌年に入って間もなく）収監された。へースス・モンタネは上陸後に投獄され、マリオ・イダルゴも同じ目にあった。メルバ・エルナンデスとアイデー・サンタマリーアは都市部で任務についた。アルド・サンタマリーアとカルロス・フランキはその翌年、シエラ・マエストラで闘争に合流した。グスタボ・アルコスは政治関係の連絡役および補給の責任者としてメキシコに留まった。サンティアゴで作戦を指揮する役目を任じられたフランク・パイスは一九五七年七月に暗殺された。

後日、以下の者たちがシエラ内の指導部に合流した。一九五八年、年間を通してわれわれの許に留まったセリア・サンチェス。サンティアゴで任務についていたが革命戦争の終了時にはラウルの縦隊にいたビルマ・エスピン。マルセロ・フェルナンデス。彼は、四月九日のストライキの後、ファウスティーノに代わって運動のオルグ役を務めたが、本来の仕事場が都市部であったためにわれわれの許にはわずか数週間しか逗留しなかった。レネ・ラモス・ラトゥール。彼はリャノ市民軍の結成を任じられ、四月九日のゼネストの挫折後にシエラ・マエストラに出現したが、闘争開始の二年目に指揮官として果敢な戦死を遂げた。労働運動を担当したダビッド・サルバドールはそこに、自身の御都合主義的な、不和の種となる行動の痕跡を残していった。——彼は後に革命を裏切ることになり、現在は獄中にある。アルメイダ［フアン］のような幾人かのシエラ戦士はその後まもなく全国指導部に参加することになる。

ご覧の通り、この頃はリャノ同志が多数を占めていた。彼らは政治背景からすると、革命の過程において実際面での影響を直接蒙っていなかったために、一定の「市民」活動にしがみつく一方で彼らが軍事指導者と見なすフィデルと、シエラ・マエストラでわれわれが実施する「武装闘争派」の活動に一種の抵抗を示すようになった。考え方の相違はすでに歴然としていたが、当時はまだ彼らも、革命戦争の二年目を特徴付けたあの大嵐のごとき大討論を自分たちの側から仕掛けてくるほどの力を持ち合わせていなかった。

シエラとリャノのどちらかにあって独裁政権に反対して闘っていた者たちが、たとえ時には戦術の上で完全に意見が決裂しても、それに耐えて、叛乱闘争を遺棄するはめに決して陥らなかったことはここに特記すべき大切なことである。双方の革命精神は深まり続け、ある時——帝国主義に抵抗するわれわれの最初の闘争体験に引き続き勝利を手にして——フィデルの確実な手引きにより、彼らは党のような形式の強力な組織を結成〔一九六一年〕することで合体したのであった。この集団はその後、革命幹部会および人民社会党とも合流して社会主義革命統一党（ＰＵＲＳ）〔一九六三年〕を結成するに至った。この組織がわれわれの「運動」の部外者からの外的抑圧にさらされた時、またそれを分割するあるいはそこに浸潤する動きがあった際、われわれは常に共同戦線を張ってきた。われわれが今こうして描写しているあの時代にあってキューバ革命の図式をあやふやな見通しで観ていた同志たちですら、日和見主義者にはうんざりさせられていた。

フェリーペ・パソスが彼自身およびキューバの最も腐敗した独裁者たちの利益のために、マイアミ協約が提供した臨時大統領の座を含む諸々の地位を、「七月二十六日運動」の名を援用して自分のものにしようと企んだ際、「運動」に参加する全集団がそれに反対して強固な一致団結ぶりを示し、反バティスタ闘争に参加する各組織に宛てたフィデル・カストロの書状の内容を支持した。われわれはこの歴史的文書の全文をここに掲載する。書状は一九五七年十二月十四日と日付があり、当時の状況ではそれを印刷することが不可能であったため、セリア・サンチェスが手書きで筆写したものである。

マイアミ協約に関するフィデル・カストロの書簡

キューバ
一九五七年十二月十四日

下記団体の指導者諸君へ
キューバ革命党
オルトドクソ党
真正組織〔真のキューバ革命党〕
大学学生連盟
革命幹部会
全国労働者連盟

本状を貴下にしたためるのは私にとって道義的、愛国的、歴史的ともいえる責務からである。われわれを最近悩ませている諸般の出来事および状況のせいで――さらにいうならそれは、われわれがキューバに到着して以来最も心をかき乱される厄介事であり続けた――私はこの文書の起草を余儀なくされている。

十一月二十日水曜日というその同じ日に、われわれの隊は他の組織からの支援を受けずに、われわれの隊員らの奮闘と犠牲において六時間、休息なしで三度の戦闘に耐えていた。まさにその同じ日、軍事行動区域にいるわれわれの許に、驚くべき速報に加えて、マイアミで「七月二十六日運動」および前に挙げた諸組織が署名したと思しき、いわゆる統一協約の公式および非公式の条件を含む文書が届いたのであった。これらの書類――運命の皮肉というほかないが、われわれが実際に必要としていたのは武器であった――が到着したのは、独裁政権がわれわれに最たる猛攻撃をしかけていた正にその同じ時であった。

われわれのように闘争を展開中の状況下で、相互の連絡は至難である。そうした困難にもかかわらず、われわれとしては「七月二十六日運動」の権威のみならずその歴史的正当性の根拠が存亡の危機にさらされているとあっては、戦場の真っ只中にわれわれの組織の指導者らを招集して、本件について討議してもらうのは必須であった。

軍勢と武器の点で比較にならないほど優勢な敵と戦っている者たち、自分たちの威厳および心に抱く大義が死にも値するという確信だけに支えられて一年もの間戦い続けてきた者たち、支援の方法を手にしていたにもかかわらず、犯罪的とはいわないまでも意図的にすべて支援することを拒否した同志たちの怠慢ゆえに痛烈な疎外感を味わってきた者たち、最も純粋で最も無私無欲な形で捧げられる犠牲を日々目撃してきた者たち、そして仲間内で最良の者たちが斃れる姿を目の当たりにする悲痛にしばしば堪え忍んできた同志たちにとって、この速報は骨の髄まで疲弊させ、また憤怒を駆り立てられるものである。次の避けがたい大虐殺において犠牲者となるのは誰なのか、苦渋に満ちた問いかけがなされる時、われわれが自らを犠牲にするのは無駄ではないとの思い以外になんら希望も慰安もなく、勝利の目途もつかないままこれだけ忠実に戦い続けている暗黒の一刻に、われわれはこの、関係する指導者や戦闘員らに相談するという簡単な礼儀とはいわないまでも必要な礼節を省略して運動を未来の進路に引き移らせるという、故意に仕組まれた協約について伝えるニュース番組を聞かされたのである。

無作法な所作は常に最悪の結果をもたらす。独裁政権を転覆——そして革命によって覆された国を再建するというより困難な仕事も——できると自負する者たちには以上のことを忘れないでいてもらいたい。

「七月二十六日運動」は、使節団の任命も、また当交渉事に関与する権限を誰かに付与することもいっさいしていない。「運動」はそのような段階があれば反対しなかったであろうし、もし相談があれば、われわれの組織の現在および将来の活動に関わる重大な案件である以上、代表らに具体的な指示を与えたに決まっている。その代わりに、これらの様々な集団との関係についてのわれわれの情報はレスター・ロドリゲス——われわれは彼を、集団らとの幾つかの軍事問題の解決だけに限って委任した——の報告一本に絞られている。彼は次の報告をした。

プリオと幹部会の問題に関しては、私は、暫定政府が結成される正にその時点まで軍事上の作戦計画を連動させるという専一の目的について彼らと数回にわたって会議をおこない、その結果、同案が三団体によって保障され、また尊重された旨を諸君に報告する。勿論私は最初に、この政府は国内の政治勢力の意志に調和して結成されなければならないことが明記されている、シエラ宣言の原則を受け容れなければならないと指摘した。最初の連結。

ゼネストが実施されている間にわれわれは緊急に会合をもった。私は現状況に配慮して、キューバの抱える問題を決定的に解決するためにも、手持ちの軍事力を全投入するべきだと提案した。プリオは、勝利を確信してそのような大仕事に入れこむに足るだけの軍事力を持たない上、私の提案に沿ってことを進めるのは狂気の沙汰だと返答してよこした。それに対して私は、万全が整って錨《いかり》を揚げる瞬間が到来したら私に教えて欲しい、そうなれば協約の可能性についても話し合えるであろうから、そして彼に親切心があるのならその時までは私を——私が代理する「七月二十六日運動」の一部の者たちと共に——完全に独立独行の形で活動させて欲しいと答えた。私の確たる意見によれば、彼ら紳士たちとわれわれとの間で了解が成立する案は存在しなく、将来ともにそれを求めることはむしろ避けた方が無難であった。キューバがそれを最も必要とした時ですら、彼らは自分たちが物資を保有している事実を否認する一方で、貯蔵し続け、自分たちの周辺に溢れさせていた。

この報告書がおのずからことのすべてを明らかにして、われわれの抱く疑惑に間違いがないことを証明してくれる。われわれ叛乱軍は外部からの支援をまったく当てにできなかった。

貴下の代表する組織が、統合の条件についてわれわれの運動の一定の構成員らと話し合うことを得策としたのは承知している。それを「運動」の全国指導部に報告もしないで、また彼らの同意もなしに結着済みの協約事項だとして公表するとは思いもよらなかった。それどころか、見るところ協約の内容はわれわれがシエラ宣言に規定した活動基盤を変更すらしている。これは宣伝用の協約であり、われわれの組織の名を強奪するものである。

状況には少なくとも矛盾がある。全国指導部――キューバ島内のどこかに地下組織の本部を置く――が、正に協約の基本として公式にも非公式にも提唱された内容を徹頭徹尾否定するための準備をしている最中に、この指導部は、これらの条項が全員一致の賛成を得たものとして宣言され、協約の基盤となっているのだと、秘密文書および外国の報道機関を通じて知らされる。そして指導部は公の既成事実を摑まされたことを悟る。そして彼らはこれを、集団の士気に及ぼす混乱と損害のすべてを含めて否定するか、あるいは実際に意見を表明しないまま容認するかの二者択一を迫られた。おそらく予定されていた通りであろうが、文書の写しがシエラ・マエストラのわれわれの許に届いたのは、無論のこと、それが公表された数日後であった。

全国指導部はこのジレンマに直面して、協約を公に否認するに先立ち、シエラ宣言の原則に立ち返るべきだと重ねて言明した。その間、叛乱地区にて会合が持たれ、指導部の各メンバーが意見を表明し、それに対して分析が加えられた。その結果、圧倒的多数をもって採決された決議案が本状の基となっている。

統一協約が国内外の世論によって是認されなければならないのはいうまでもない。その理由は他にもあるが、一つは、外国人がバティスタに反対する政治的また革命的勢力の実情についてあまりにも無知であるから。もう一つは、力関係が今日とは実にまったく異なった頃のキューバにあって、統一という言葉が大きな威光を放っていたから。そして最後に、最もやる気満々の者からそれほど熱心でない者まで、全員の奮闘努力を統合するのが常に最良だからである。

革命にとって重要であるのは統一それ自体ではなく、統一のための土台であり、想定する骨組みであり、そこへと駆り立てる愛国的な意思力である。

この統一ということだけに賛同して決定するとは、われわれがその内容についてまだ話し合ってもいないこれらの条項——資格なき者によって承認された——を追認し、それ以上の奮闘努力を省略したまま、外国の町の安楽な隠れ家からその旨を布告すること自体が、国家に対する詐欺行為であり世界に対する詐欺行為である。その結果、「運動」としては詐欺的協約に欺むかれている世論に向かって問題提起をせざるを得ない。彼らの手口は最低で汚い策略である。しかし真の革命組織がそのために崩壊に導かれることはないであろう。

では何がこの謀略を可能にしたのか。この協約に署名を付す様々な組織の指導者たちが外国で出会って仮想の革命ごっこをしている最中に、「七月二十六日運動」の指導者たちはキューバの地にあり、正に本物の革命を率いていた。

以上の一文は余計なものなのか？　そうなのかもしれない。貴下が、手続き上の意見の相違を絶対に原則に優先させてはならないことにまで配慮した上で、「運動」をこの協約に結びつけようとしたやり口にわれわれが不快と屈辱を感じてさえいなければ、私もこのような一文をしたためはしなかった。万事をもってしてもわれわれは、その協約の幾つかの基本的原則について純粋かつ率直な異議さえなければ、統一が常に与えてくれるはっきりとした価値のためにも、ある種の解放評議会《フンタ》の計画案のためにも、またわれわれが真から必要として与えられる支援のためにも、それを受け容れていたかもしれない。

たとえわれわれの置かれている状況がいかに絶望的なものになり下がっても、もしも独裁政権がわれわれの殲滅を欲して幾千もの兵を動員したとしても、われわれはキューバ革命の基本原則やその概念を犠牲にするようなことは決して受け容れられない。

これらの原則はシエラ宣言に明記されている。

外国人によるキューバの国内問題への介入に反対するという原則を統一協約の中で削除するなどとは最も生ぬるい愛国主義の発露であり、また明々白々な臆病である。

そういった介入にわれわれが反対を表明するのは、革命に代わって反対するだけでなく、それはわれわれの主権に対する侮辱であると同時に、いわば全ラテンアメリカ諸国の人民にとって重要な大原則に反しているからである。それはまた、独裁政権を支持する介入行為――軍用機、爆弾、最新式戦車、武器の積み出しという形での――に反対を唱えるものでもある。そのおかげを蒙って独裁政権は生き延びる一方で、シエラ・マエストラの農民階層は別にしても、われわれのように苦しめられる者たちがいるのだ。内政不干渉の原則の尊重を守らせること自体が、独裁政権の転覆を導く。われわれはいったいバティスタを支持する外国勢力の介入を退かせるべく敢然と要求しないほど臆病に徹するつもりなのか？　火中からわれわれの栗を拾ってくれと舞台裏で懇願するほど偽善の亡者なのか？　この問題についてたった一語を、危険を承知で発声することもできないほど柔弱なのか？　このような状況下でわれわれはいかにして厚かましくも革命家を自己宣言し、統一協約が主張する歴史的意義を是認できようか？

統一宣言は、かつてわれわれが、共和国の暫定政府としていかなる形態の軍事評議会《フンタ》も却下するとして与えた正式の付託をも削除している。

キューバの諸問題は、独裁者を抹殺さえすれば解決できるという錯覚に彼らがどれだけ惑わされていようとも、この期におよんで国民が見舞われる最悪の出来事は、バティスタ政権が軍事評議会《フンタ》に取って代わることである。幾人かの卑劣な民間人――彼らは、実は三月十日［一九五二年」〔バティスタによるクーデター〕の共謀者であり、その後離脱したのも、激し過ぎる野望と脅迫行為を並大抵でなく好む性癖をおそらく根底にしていたからだと思われる——だけが、この手の解決策を頭に思い描けるというものだ。そしてわが国の発展の阻止を図る敵だけが、それを好意的に受けとめるのである。

軍事評議会が独裁政権に移行することは、ラテンアメリカにおける経験が立証している。この大陸にとって天罰であり続けた最たる害悪は、スイスより戦争が少なく、プロシア以上に将軍の数が多い国々における軍人階層の浸食作用である。この、国家として民主的なまた共和主義的な命運が救出されるか滅亡させられるかの瀬戸際にあって、われわれ人民の最も正当なる熱望の対象は、解放を求める闘争の中に誕生した市民としての伝統の維持である。解放者たちが誇りとする、最も貴重な神話でもあるその伝統は、制服に身を固めた軍人が共和国の長として立った正にその瞬間に、足蹴にされ踏みにじられることになる（独立を求める闘争の中でわが国の将軍は一人たりとも、最もうぬぼれの強い者ですら、たとえそそのかされても、そのようなことを試みる者は戦時平時にかかわらずいなかった）。もし感情を傷つけることを怖れて（われわれを支持してくれる純朴な軍人の間ではそんなことは現実にありうることでなく、想像にすぎない）われわれがそのように重大な原則に関する声明を差し止めることに専念したとしたら、われわれはいったいどこまで自分たちを否定する道を辿ることになるのか？　なお、時宜を得た声明の発表が、軍事評議会——内乱を長引かせるだけの議会——の設立される危険を事前に防止できるということを理解してもらえないのであろうか？

われわれは躊躇なく宣言する。もしも軍事評議会がバティスタに取って代わるというなら、「七月二十六日運動」は解放をめざしての組織活動を断固続行すると。われわれは新たな底なしの奈落に明日落ちるよりは今日奮闘する方を選ぶ。軍事評議会も軍部によるかいらい政府も、もう沢山だ！　市民らは品格と信義の統治へ、兵隊は兵舎へ戻れ！　各自がそれぞれの責務を果そうではないか！

もしやわれわれは三月十日に登場した将軍たちのお成りを待っているのではないだろうか？彼らの前でバティスタ——背後に強い脅迫を感じて——は、これこそが彼自身および彼の取り巻き連中の利益に対する被害を最小限に留め、譲渡せざるを得ない権力を移転させる上で最も利得な方法だと見て、にこやかに道を空けるであろう。この先見の明の欠如はいったいどこへつながっていくのであろう？　この理想の欠如、そしてこの戦意喪失は？

もしも貴下が人民を信頼しないのなら、もしも貴下に彼らの偉大なエネルギーと戦闘意欲の蓄えを当てにするつもりがないのなら、彼らの、共和主義者としての生き方をめざす最大に英雄的な願望を妨害して挫折させないためにも、その運命に触れる権利はない。政治屋連中に彼ら一流の駆け引き術、幼稚な野心、手に負えない強欲、事前に戦利品の分け前を要求するやり方をもって、革命の行程で余計な世話を焼いてもらうのを止そうではないか。なぜならキューバではより価値のあることのために男たちが生命を落としているのだから。党利にしか関心のない陣笠代議士連中に革命家になってもらおうではないか、もしも彼らがそう望むのであれば！しかし彼らの手口によって革命を堕落した政治の道具に変形させるのは止めてもらおうではないか。明日になってそのような卑劣なだまし討ちに遭うには今やあまりにも多くの人民の血が流され、甚大なる犠牲が払われている。

統一協約文書に忘れ去られているこの二つの基本原理以外にも、われわれが不賛成とする点は他にもある。

仮に「暫定政府における共和国大統領」の指名権を付与する解放評議会について、その諸権限に関連する秘密条項の定款Bの承認をわれわれに求めるのであれば、われわれは、以下をその権限に含める同条の定款Cを認めることはできない。「共和国大統領によって指名された閣僚全員に関する信任あるいは不信任権、さらに、国全体にまたはその一部に危険が及んだ際に浮上しうる変更を是認あるいは否認する権限」

大統領の、自分の協力者たちを任命あるいは罷免する権限が、国家の統治とは無関係の組織の承認を要するとはどういうことだろうか？　軍事評議会が、各種の異なる政党および地域の代表者で構成されている限り、すなわち異なる権益を代表している以上、閣僚の指名は多様な諸問題に関して合意点に達する唯一の手段として、最も無難な公分母を探し求める以外のなにものでもないのではないだろうか？　同一国家内に二つの行政部の擁立をほのめかす条項を受認できようか？　国内の全域が、暫定政府に唯一その保証を断固要求すべきであるのは、暫定政府がその使命を最小限の不変の計画に基き、政府が移行する段階にあって憲法が完全に正常化するまでの期間、調停者としての役割を完璧なる公平さをもって演じることである。

各大臣の任命事項に干渉しようというその試みは、政治利益のために公的行政機関を手なずけて従属させようとする行為に等しい。この手続きに意義を認めるものは、大衆の支持を得られないまま古臭い政治の世界の決め事の中でしか生き延びることを頼みにできない政党や組織だけである。この考え方は、「七月二十六日運動」が共和国のために追求する高尚な政治的また革新的な目標とは相容れない。

秘密協約は、特にその内容が組織上の問題または抵抗運動の計画にかかわるものでなく、将来の政府の構造体といった国民の意見が反映されるべき諸問題に言及している以上、公に宣言されるべきものであり、したがってその存在自体を容認できない。［ホセ］マルティ〔一八五三—一八九五、キューバ独立の父として生涯をキューバの独立に捧げた。詩人、作家、教育者としても世界的に知られている〕はこう述べている。

「革命にあって方法は秘密にされなければならないが、その結末は常に公表されなければならない」

「七月二十六日運動」にとって同様に認めがたいもう一点は秘密条項Ⅷだが、そこには次の語句が並んでいる。「革命軍と彼らの武器は、共和国の正規軍事機構に組み入れられる」

まず、革命軍とは何を意味するのか？　これは一握りの愛国者が独裁政権の組織軍に抵抗して戦っている間、現実に所持する武器を注意深く隠匿して腕組みしていたにもかかわらず、革命が勝利した暁にはその武器を臆することなく見せびらかす輩を、警官隊や水兵や兵士として受け容れることを意味するのか？　こうしてわれわれは革命文書をもって、つい最近まで共和国に損害を蒙らせた悪漢行為と無秩序の害悪を隠蔽しようというのか？

われわれは、占領地域での経験から、国家にとって公共の秩序の維持は重大な案件であることを学んだ。既存秩序が瓦解した時点に始まって多くの結びつきが失われ、適時に差し止められない限りそこかしこに犯罪がはびこることは実際に証明されている。われわれは全住民による全面的な承認の下に、時宜を逸さないうちに厳格な手段を適用することで、山賊団の最初の出現を根こそぎにした。農民層は従来権力の手先を人民の敵と見なして、当局と問題を起こしている逃亡者を匿ってくれたものだ。今日、彼らはわれわれの隊の戦闘員を彼らの利益の擁護者と見なしている。そして住民自身が最良の守護者となって秩序が保たれている。

革命の過程で最悪の敵は無政府状態である。それに立ち向うことは今後の基本的要件である。

このことを理解できない者は革命の命運に関与すべきでない。自ら犠牲にならなかった者たちが、革命が生き延びることに無関心であるのは当然である。

国民は、どこにあっても正義が確立されて犯罪が処罰されることを知るべきである。

「七月二十六日運動」は、公共の秩序を維持し、共和国の軍事機構を再編成するべく運動の責務の遂行をここにおいて明言する。

一　なぜならば、「七月二十六日運動」は、戦場において敵と対戦して二十以上の勝利を挙げた軍隊と、統制の取れた市民軍を擁する全国で唯一の組織であるからである。

二　なぜならば、われわれの戦士は、常に敵軍を助命し、交戦で負傷した兵士を手当てし、たとえ相手が重要な情報を握っていることが分かっても拷問を加えないなどの実践を通じて軍隊に寛容を示し、また憎悪の対象としていないことを一千回も立証した。彼らは賞賛に値する寛大さをもって、こうした戦時下における品行を保守した。

三　なぜならば、「七月二十六日運動」がわれわれの戦士たちの間に広めた正義と高貴に基く精神を軍事機構内に鼓吹する必要があるからである。

四　なぜならば、われわれがこの戦争において示した沈着冷静な態度こそが、立派な軍人は革命に対して何ら恐れる理由のないことの最良の保証要件だからである。彼らに、犯罪行為と不面目によって軍服を汚した連中の悪行の罪をかぶることはさせない。

統一協約にはまだ他にも理解しがたい幾つかの側面がある。闘争戦略を詳述せずして、どうして協約を成立させられようか？　真正組織〔真のキューバ革命党〕のメンバーたちはいまだに首都での蜂起を想定しているのであろうか？　彼らは、早かれ遅かれ警察の手中に落ちることが確実な武器類を、今後も戦士たちに提供することなく山と貯めこみ続けるつもりなのか？　最後に、彼らは「七月二十六日運動」が唱導するゼネストの提案を受け容れたのか？

さらにわれわれはオリエンテ州における闘争の軍事的重要性が、痛ましくも過小評価されたとの印象を摑んでいる。現在われわれはシエラ・マエストラの地で、もはやゲリラ戦ではなく対戦ともいえる形態の戦争を展開している。兵数と武器の点では劣勢にある当方の軍勢は、できる限り地の利を生かして機動を迅速におこない、敵軍の監視を常時おこなっている。この闘争に付帯する道徳的要素の一種独特な重要性を強調するのは無駄なことではない。得られる結果は驚異的であり、その真相はいつか詳らかにされるであろう。

国民全体が叛旗を翻している。全国民が武装すれば、われわれの分隊は国中のいかなる小さな片すみにあっても心配は無用である。農民たちは敵を唯一人だって通過させはしない。独裁政権の諸々の敗北は、たとえ彼らが大規模な増援隊を派遣し続けても大惨事に転ずるであろう。大衆が勇気百倍する有り様については、私が貴下に何をどう伝えようともその現実には及ぶまい。独裁政権は野蛮な報復行為に狂奔している。農民層の大虐殺はヨーロッパでナチスが犯した殺戮行為にも匹敵する。彼らは自分たちが敗北を喫するたびに、無力な人民を懲らしめる。敵軍の参謀本部が叛乱軍の被害を列記するコミュニケを発表する前には必ず、彼らの手がける虐殺事件が勃発する。こうした彼らの手法は、人民が強烈な叛逆精神を覚醒される上で一役買っている。この人民に唯一挺のピストルを差し出す者もいないと思うだけで、また、無力な農民たちが自分たちの家を焼き払われ家族が殺害されるのになす術もないまま、ただひたすら深い絶望の思いをこめて銃を所望しているのに、キューバには卑劣なおべっか使いの一人をやっつけるためにも使用できない武器の隠し場所が、警察の没収あるいは独裁政権の崩壊あるいは叛乱者たちの根絶がいつあるとも分からないこの時期に、そのまま放置されていることを思うだけで、われわれの心は血を流し、魂は思い悩むのである。

われわれの仲間の市民の多くが、これ以上ないというほど卑劣な振る舞いに出た。彼らも、考えを入れ替えて闘っている者たちを支援すればまだ間に合うというものだ。われわれの個人的見地からすると、これは重きを占めない。私利私欲や自尊心がこうした言葉を書き取らせているなどと貴下は思うべきでない。われわれの運命は定められており、われわれはいささかの疑念に苦しめられてもいない。われわれは最後の一兵まで戦ってここで死ぬか、そして都市部では若者の世代が一人残らず非業の死を遂げるか、さもなければ想像を絶する形で障害を乗り越えて勝利するのだ。われわれにとって敗北は存在しないのだ。犠牲の歳月とわれわれの隊員が体験してきた諸々の果敢な行為は、何者によってもまた何事によってもその痕跡を消されることはないのだ。われわれの数々の勝利は本物であり、簡単に拭い去られはしないのだ。われわれの隊員はこれまで以上に士気を鼓舞して最後の血の一滴までふりしぼって闘う所存である。

われわれへの援助を拒絶した者たちは敗北するであろう。当初われわれと共にあって後にわれわれを見棄てた者たち、尊厳と理想に欠け、トリュヒージョ〔一九六一年に暗殺されるまでドミニカ大統領であった〕の独裁政権と恥辱にまみれた取引をした者たち、武器を実際には所持しながら自分らの臆病にそそのかされて戦闘の瞬間にそれを包み隠した者たち、大失敗をしでかしたのは彼らであり、われわれではない。

　われわれは一つだけ声を大にして明言できる。もしもわれわれが、自由のために戦っているキューバ人が追いつめられ、殲滅される瀬戸際にいるのを見たら、彼らが降伏しないで戦意を揺るがせることなく日々抗戦し続けているのを目の当たりにしたら、われわれは一抹の躊躇もなく彼らを救援するために急ぎ駆けつけ、必要とあれば死だって彼らと共にしたであろう。われわれはキューバ人である、そしてキューバ人はラテンアメリカのどの国にあっても自由のための闘争に心動かされないことはない。ドミニカ人は自国民を解放するために彼らの島国の軍隊に招集をかけたであろうか？　そこには一人のドミニカ人に対して十人のキューバ人がいた。ソモサの郎党がコスタリカを侵略していた？　キューバ人たちは参戦するために現場へと急いだ。祖国が自由のために勇を奮って決死の戦いを挑んでいるという今日現在、独裁政権によって母国から追放されたキューバ人の中に、戦闘下にある兄弟姉妹のために救援を拒否する輩がいるとは想像しがたいものがある！

　もしも彼らがわれわれに助力を応諾した場合、彼らはわれわれの面前に不当な条件を突きつけるのであろうか？　彼らの支援に報いるために、われわれは彼らに戦利品として共和国を差し出さなくてはならないのか？　われわれは自分たちの理想を打ち棄て、今回の戦争――同胞を殺め、母国を無意味な血の浴槽に放りこむ――にしても、払われた犠牲に対して国が受け取る褒美をわれわれのものとして償還してもらうことなく、別物として捉えなければならないのか？

　独裁政権に反対する闘争の指導部は、今後ともキューバ国内の革命戦闘員たちの掌中に存在し続ける。現在も将来も、革命の指導者と目されたい面々は国内に留まり、今日のキューバの状況が必要とする諸々の責務、危険、犠牲的行為を真正面から受けとめなくてはならない。

亡命者たちがこの闘争において演ずるべき役割は存在するが、彼らが海外からわれわれに、どの山頂を襲撃すべきだとか、どのサトウキビ畑なら焼討ちすることを許可するだとか、どのサボタージュ行為なら巧く運ぶだろうだとか指示し、ゼネストを呼びかける時期やその際の状況や形態を指定するなど、不条理の一言に尽きる。不条理を越えて滑稽ですらある。海外にあってわれわれを支援するなら、キューバ人亡命者やキューバ人移住者から基金を集めて欲しい、キューバ問題について広報宣伝工作を指揮して欲しい。しかし「七月二十六日運動」が、闘争、暴動、サボタージュ行為、ストライキ、その他膨大量の革命活動を軌道に乗せようと、キューバ島全域の都市および戦場にて展開中の革命を、マイアミから指揮しようとするのは止めて欲しい。

全国指導部は、独裁政権を転覆するにあたって有用と考えられる特定の作戦計画の調整を図って具体的な諸活動を展開するために、これまで再三告知してきたようにキューバ国内で、すべての反対組織の指導者と会談をおこなう準備がある。

ゼネストは、市民抵抗運動《レジスタンス》、全国労働者戦線およびその他の諸団体がセクト主義を放棄して、現在国内で唯一戦闘中の反政府組織である「七月二十六日運動」と連携しつつ努力の成果を効果的に調整し終えたところで、実施される手筈になっている。

「七月二十六日運動」の労働者部門はすべての工業センターに本部を設置して操業停止行為を支持すると共に、決定的瞬間が来ても姿を消しそうにない反対分子と連携してストライキ委員会を組織している。これらのストライキ委員会が全国労働者戦線を構成し、それが、「七月二十六日運動」の唯一正統と認めるプロレタリア代表になる。

独裁者の打倒は必然的に、恥ずべき議会、キューバ労働組合総同盟の指導部、全国市長、全国知事、またその他の、直接間接を問わず官職を獲得するために、一九五四年十一月一日の「総選挙」を当てにした役人たち、および一九五二年三月十日の軍事クーデターに連座した者たちの解任を伴う。そこにはまた、文官武官にかかわらず政治犯全員の即座の釈放と同時に、独裁政権による犯罪の全共謀者を裁判にかける行為も付随される。

新政府は一九四〇年憲法を基盤に置いて、そこに承認されるすべての権利を保障し、すべての政治的セクト主義を超越する立場を保持する。

行政部は、憲法が共和国議会に対して認定する法律上の職分を引き受けてその主要な任務となし、一九四三年の選挙規約および一九四〇年憲法に合致させる形で、またシエラ宣言の十項目最低限計画を実現させるための総選挙を実施する。

現在の最高裁判所は、クーデターがもたらした不法事態を解決する能力がなかったことの責任を取って解散するものとする。これは、憲法の原則を擁護し、犯罪、専制主義、ここ数年間の独裁政治の悪弊に対して断固たる立場を取ってきた幾人かの現判事の今後の再任を妨げるものではない。

共和国大統領は、新たな最高裁判所を設置する方法を決定する。次にその設けられた裁判所が全法廷および自治権をもつ諸機構を組織する任務を与えられる一方で、独裁政権との胡散臭い取引に関与した廉で有罪を認められた者たちを解任する。新たな官職の任命は法律に基いておこなわれる。暫定政府下の諸政党は次の権利だけを享受する。すなわち人民の前で彼らの計画を擁護する自由、われわれの憲法の範囲内で市民に動員をかけて組織する自由、そして総選挙に参政できる自由。

共和国大統領の地位を占むべき人を招いて指名する必要性についてはすでにシエラ宣言に明確にされているが、われわれの「運動」は、その人物はすべての市民機構が一致して推挙した者に限るとの意見を表明している。いずれにせよすでに五カ月が経過したというのに、この問題はいまだに解決されていない。この問題に対する解答を国民に与える時期が日々切迫している。誰がいったい独裁者の後を継ぐのか？　この大きな疑問符を前にしてもはや一日も待つことはできない。「七月二十六日運動」がその質問に答えよう。「運動」は、適法性が保証され、統一と暫定政府のための前提条件を発現させる唯一可能な解決策としてある案を国民の前に提起しよう。この人物は、あの、オリエンテ裁判所に勤務する高潔な判事マヌエル・ウルティア博士であるべきだ。彼を選抜したのはわれわれではなく彼自身の品行なのであり、われわれとしては彼が共和国に対するこの奉仕の行為を断らないことを期待する。

彼を任命する根拠は以下の通りである。

一　彼は憲法を最も尊重する裁判官として、グランマ号の遠征隊員らの裁判がおこなわれた際に法廷で次のように裁定した。政府に反対するために武装隊を組織する行為は犯罪の構成要件とはなり得なく、そのこと自体が完全に適法であり、憲法および法の精神とその字義に適ったものである。われわれの自由をめざす闘争の歴史において、この宣言は判事のものとして先例がない。

二　彼の、正義の真正なる守護人として捧げられた人生は、独裁政権が人民の手によって打倒された瞬間に期してすべての適法な権益間の均衡を保持する上で、職業的にも個人的にも十分に素養があることをわれわれに確信させてくれる。

三　マヌエル・ウルティア博士ほど党派心から解放されている者は存在しない。判事という職務上、彼はなんら政治団体に所属していない。彼ほど一市民として名声高く、活動歴がなく、彼ほど革命の大義に共鳴する者はいない。

もしもわれわれの諸条件――最大の犠牲的行為に殉じてきたにもかかわらず、自ら批准してもいない統一協約に事前の相談もなくその名義を利用された一組織の呈する私心なき諸条件――が却下された場合、われわれはこれまでもそうしてきたように、戦いのたびに敵から奪う武器以外の武器を持たずに、心底から信頼のおける人民の助力にのみ縋り、われわれの理想だけを支えに孤独の闘争を継続するつもりでいる。

結局、「七月二十六日運動」が、いやそれだけが、国内全土で積極的に闘争を繰り広げてきたのであり、また今後もそうし続けるであろう。オリエンテの荒涼たる山中からはるばると西方の各州へ叛乱の気運を運んできたのは他の誰でもない、「七月二十六日運動」の戦闘員たちなのだ。彼らだけが、サボタージュ行為を展開し、サトウキビ畑を燃やし、独裁政権の殺し屋を処刑したのだ。「七月二十六日運動」だけが、国内の労働者を、革命的手法をもって組織し得たのである。「七月二十六日運動」だけが、市民の抵抗運動の組織化に手を貸し、そこにおいてキューバのすべての地域ですべての市民団体が事実上結束したのである。

われわれが、官僚主義的掛かり合いや政権への参加から退いたことを理解して欲しい。しかしこれだけはどうしても分かって欲しい。「七月二十六日運動」の戦闘員は、地下から、シエラ・マエストラから、敵がわれわれの仲間の死体を放りこんだ墓穴から、人民を道案内し、先導することを断念してはいないのだと、そしてその心は将来も変わりないのだと。われわれがこのことを諦めないのは、われわれだけでなく全世代がキューバ人民に、彼らが直面する重大な問題を必ず具体的に解決すると誓ったのだから。

われわれは勝利するか、死ぬかのどちらかである、それもわれわれだけで。われわれがわずか十二名の仲間に過ぎなかったあの時以上に、戦闘生活に慣れた者たちの援助なしにシエラ・マエストラ山中に隊を組織したあの頃以上に、今日のように統率の取れた強力な全国規模の組織を持たなかったあの日々以上に、われわれの胸に永遠に生きているフランク・パイスが死んだ日に大衆が示威したあの凄まじいほどの支持を当てにできなかったあの頃以上に、われわれが峻烈な闘争の日々を迎えることはあるまい。

威厳のうちに死を迎えるために仲間は不要である。

フィデル・カストロ
シエラ・マエストラ
一九五七年十二月十四日

ピノ・デル・アグア戦 II

一九五八年が明ける頃、われわれの隊とバティスタの軍は一種の休戦状態にあった。それなのにバティスタ軍は、ある日は叛乱軍八名の死亡、その翌日は同じく二十三名の死亡――無論彼ら側は被害なしとして――などと報じるコミュニケを発表し続けた。これは彼らがよく使う戦術で、私の縦隊が機動中であった地域では特に目立った。そこではサンチェス・モスケラは叛乱軍相手に仮想の戦闘に猛進し、殺害した農民の数を自身の勤務評定簿に加えた。

一月下旬、検閲制度が解除され、戦争の終結を迎えるまで最後のものとなる新聞報道が幾つかのニュースを掲げた。休戦の風が政府の周辺を吹きぬけていた。バティスタの立法府〔すなわち議会〕の議員であるラミレス・レオンが、マンサニージョ出身議員のラロ・ロカとメネセスという名の「パリマッチ」誌のスペイン人記者――シエラ・マエストラで一連の取材をした――を同伴して、幾分自発的に足を運んできた。

アメリカ合衆国ではマイアミ協約を弾劾する長文の声明書が、「七月二十六日運動」の亡命者委員会――会長がマリオ・レレナ、会計がラウル・チバス――によって発表された。(この二人の代表は地球上のその一角が自分たちの健康に最適だとしてその地に就職先を見つけ、どうやらそこを終の住処と決めたらしい。解放戦争の最中に従事していたと同じ仕事についているらしいが、あの当時は彼らも誠実な人間たちに見受けられた)。

メネセスの書いたインタビュー記事は「ボエミア」誌に掲載され、国際的反響を呼んだ。しかし国内ではきわめて短期間ハバナの新聞に若干の記事が掲載されただけで、その一つはマスフェレルとラミレス・レオン間の興味深い討論を取り上げたものであった。

検閲制度が解除されたのは六つの州のうち五つにおいてであった。オリエンテ州では憲法上の諸権利の保障が依然として一時停止され、検閲制度も継続された。

一月半ば、「七月二十六日運動」の構成員の一団がシエラ・マエストラを退去中に捕捉され、記者団の前に連行された。一団には以下の者が含まれていた。アルマンド・アルト、ハビエル・パソス、ルイス・ブチュおよびエウレリオ・バジェッホという名の道案内。このニュースが多少関心を惹いた——同志の逮捕と殺害が日常茶飯事になっていたにもかかわらず——のは、すでに幾らか公然のものとなっていた「七月二十六日運動」内の二派間の論戦がついに表沙汰になったからであった。私が同志のレネ・ラモス・ラトゥールに送りつけたやや馬鹿げた手紙に、彼は返事を叩きつけてよこした。ところが私の書状のコピーは回覧された。アルマンド・アルトは私に論争を挑む短信を書きつけ、それをフィデルに会うために赴いていたシエラ・マエストラから私の許に届けるつもりでいた。しかしフィデルは、その手紙を出せば、それに対して抗議する返事が送りつけられ、そしてまた反論する書状が出て行き、そうこうするうちにある時点で手紙が敵軍の手に渡り、われわれにとって良い結果にならないと判断した。アルマンドは自制して命令に従ったが、短信をポケットに入れ忘れていたので逮捕時に携帯していた。

外部との連絡を断たれて獄中に収監されている間、アルマンド・アルトと同志たちの命は危機一髪のところにあった。ヤンキーの大使館が論争の根源を調査しようと人員を動員した。論争のたびに特定の述語が登場する事態から、敵は第六感を働かせて耳目をそばだてた。

この事件とは別に、フィデルは検閲制度が引き上げられた好機を利用して決定打を放つのが肝腎だと判断した。われわれはその準備に着手した。

その要所としてふたたびピノ・デル・アグアが選ばれた。われわれは過去［一九五七年九月］にそこを一度攻撃して勝利を収めていた。それ以降その地は敵の占領下にあった。軍隊がさほど機動していない時でも、彼らの基地がシエラ・マエストラの山頂にある以上われわれは大幅の迂回を余儀なくされ、その区域内の往来には常に危険がついてまわった。敵軍の前哨基地であるピノ・デル・アグアを攻め落とすことはわれわれにとって戦略上きわめて重要で、そうなればそのニュースは国内の新たな報道の条件を通じて全国に伝播して大反響を及ぼすに決まっていた。

二月に入って早々、その土地出身で現在われわれの軍の士官であるロベルト・ルイスとフェリックス・タマヨを中心に、熱の入った準備と現地の偵察が開始された。われわれは、「スプートニク」とも称される、われわれにとって最新の武器であるM－26の準備を急いだ。われわれはこの武器を特別重要視していた。そのブリキ製の小型爆弾を、当初われわれは水中銃の導管を利用して拵えた、一種の投石器のような複雑な装置を使って投げた。その後われわれはそれに改良を加え、ライフル銃と弾丸を用いて飛び立たせられるまで完成させ、銃弾の射程距離も大幅に伸ばした。

　この小型爆弾は大音響を発して恐怖心を煽り立てたが、ケーシングがブリキ板でしかなく殺傷能力はきわめて小さく、敵兵の身辺で爆発しても軽傷しか与えなかった。それに、最終的に弾道と爆発が完全に合致するように信管の着火のタイミングを計るのはかなり難しかった。投げる際の衝撃力のせいで信管が飛ぶこともしばしばで、そうすると小型爆弾は爆発しないでそのまま敵の手に渡った。敵は実体を見極めるともはや怖がらなかった。それでもこの最初の戦いで、爆弾は敵に対して心理効果を発揮した。

　われわれは周到な準備を重ねた末に、二月十六日［一九五八年］に攻撃をかけた。われわれの奮戦ぶりは「エル・クーバノ・リブレ《自由キューバ人》」紙に報道されたが、その記事の中でわれわれは戦闘の経緯をほぼ精確に組み立てて再現した。

　戦略計画はいたって単純なものであった。全歩兵中隊が製材所内にいるのを知っていたフィデルは、われわれの隊が野営地を強奪できるかどうか危ぶんでいた。われわれの目標は各哨所を襲って破壊し、野営地を包囲し、駐屯隊より行軍隊の方が油断ならないのを知っていたので増援隊の到来を警戒することであった。われわれは、敵軍の通過が予想される各要所に相当数の隊員を配置して、種々様々な待ち伏せをしかけ、その戦果を大いに期待した。

　フィデル自身が攻撃戦の指揮を執り、参謀隊は製材所を眼下に見おろせる北側の山上にいた。戦闘作戦。カミロがエル・ウベロから道路沿いにバヤメサを通過して前進する。第四縦隊の前衛を務める彼の隊が哨所を奪い、地形の許す限り前進したところでその地点に留まる。撤退する守備隊を阻止する役目は、バヤモへ通じる道路際に配置されたラウル・カストロ・メルカデル大尉の率いる小隊に任じられた。なお、敵軍がペラデロ川に出ようと試みた場合、ギジェルモ・ガルシアが約二十五名を率いて待ち伏せていた。

戦闘の火蓋が切られた時点で、砲弾をぴったり六発装塡した迫撃砲をキアラが作動させて参戦する。そして包囲攻撃が開始される。ビロ・アクーニャ中尉の率いる奇襲隊がエル・ウベロからやってくる敵軍をロマ・デ・ラ・ビルゲンで迎撃する。そしてさらに離れた北の地点では射撃手数名を伴うラロ・サルディーニャスが、ヤオからベガ・デ・ロス・ホボス経由で進軍してくる軍隊を待ち伏せていた。

この待ち伏せ戦でわれわれは地雷の特製品を試用したが、その結果、成功というにはほど遠い結果を招いてしまった。同志のアントニオ・エステベス（後にバヤモ戦で死亡）が、発砲の瞬発力を起爆装置の代りに使って軍機用の未発弾を爆発させる仕組みを考案した。当方の軍力の手薄な地域を敵軍が前進すると見越し、そこにその装置を設置した。嘆かわしい手違いが起きた。敵軍の到来を報せる役目だった同志が、あまりにも経験不足であった上に神経を極端に高ぶらせてしまい、民間のトラックが接近してきたところで合図を送ってしまった。地雷が作動して、運転手は、開発後に威力を発揮した新式兵器の罪なき犠牲者となった。

二月十六日未明、カミロが哨所を占拠するために隊を動かしたが、われわれの道案内たちは、敵の警備兵らが夜のうちに野営地のかなり至近まで退去していたとは予想していなかった。攻撃が始まるまでかなり遅延した。隊員たちは前夜の敵軍の動きに気付かずに、自分たちの方が陣立ての位置を間違えたと判断して、最大に警戒度を強めて先へと進んだ。カミロとその配下の二十名は、最初の哨所から次までの五〇〇メートルの距離を、一列縦列で行くのに一時間とかからなかった。

彼らは最終的に入植地に到達した。哨所には簡単な警報装置が取りつけられていた。地面に近いところで紐に缶が括《くく》りつけてあり、缶を踏むか紐に触れるかすると缶がガラガラと音を立てて鳴った。ところが敵兵らはそこで馬に草を食ませていたので、われわれの縦隊の前衛隊の歩哨が紐に軽く触ったところで馬の仕業としか思われなかった。こうしてカミロは彼らにかなり接近できた。

その反対側ではわれわれが、不寝番をしながら、久しく待ち望んだ戦闘を目前に時間が過ぎ行くのに不安を感じていた。ついに開戦を告げる最初の銃声が聞こえて、われわれは砲撃――迫撃砲六発――に着手したが、この軍事行為は被害とも名誉とも無縁のまま早急に終了した。

最初の攻撃者たちを確認したか、その物音を聞いたかして戦闘を開始した敵の警備兵らは、斉射をもって同志の［アンヘル］ゲバラを負傷させた、彼はその後病院で死亡した。わずか数分でカミロ隊が抵抗戦を封じこめ、武器十一個（機関銃二挺を含め）を分捕り、三名を捕虜にし、七、八名を斃した。しかし敵勢が早速兵舎内に立ちこもって抗戦を仕切り直したために、われわれの攻撃は押し止められた。

ノダ中尉とカポテ中尉およびライムンド・リエン戦闘員が前進を試みて次々に斃れた。カミロが大腿に銃弾を受け、ビレレは操作を任されていた機関銃を放棄して共に後退せざるを得なかった。カミロは負傷していたにもかかわらず武器を取り戻そうと夜明けに現場へ戻った。空が白む中、彼は銃撃を雨霰と浴びてふたたび負傷したが、幸いにも銃弾は彼の腹腔を貫通し、生命の維持に不可欠な諸器官に触れないまま脇腹から体外へ抜けた。カミロが機関銃を失ったまま救出される一方で、ルイス・マシアスという名の同志も負傷した。彼は仲間の同志たちが退去していくのとは逆方向の灌木の茂みへ匍匐し、そこで息絶えた。幾人かの戦闘員らが至近の孤立した位置からスプートニクやM-26をもって兵舎を猛攻撃して敵兵らを混乱に導いた。彼らは避難所から出てこようとしなかったので、今回の戦闘ではギジェルモ・ガルシアにまったく出番がまわってこなかった。われわれの予想通り、敵は即刻無線で救援を依頼した。

午前中半ば、地域一帯の戦況は静寂に包まれていたが、戦闘司令所にいるわれわれの耳に届いてきた叫び声にわれわれは地団駄踏んだ。

「カミロの機関銃がここをお通りだわい」

というセリフに続いて連射音が轟くのであった。三脚台付きの機関銃を放置してきたカミロはその脇に自分の名前が裏にある縁なし帽子も置き去りにしてきたので、警備兵らはそれを見つけてわれわれを揶揄《やゆ》しているのであった。その間、われわれは何事か起きたのを察知したが、反対側に陣取る隊とは一日中連絡が取れなかった。一方でカミロはセルヒヨ・デル・バレに付き添われたまま退却を拒否し、彼らは戦場に留まって戦況のさらなる展開を見守っていた。

フィデルの予言は現実のものになりつつあった。シエラ大尉の率いる歩兵中隊が、ピノ・デル・アグアで勃発した騒動を調べるためにオロ・デ・ギーサから警備小隊を送りこんできた。彼らを待ち伏せていたのは当方のパコ・カブレラ以下三十から三十五名を擁する小隊で、彼らは、乗物が登りにくい坂を楽に進めるようにケーブル線が張られているためにエル・カーブレと名付けられた山上の道路沿いに配置されていた。

われわれの中隊はそれぞれ［エディ］スニョル、アラモ、レエス、ウィリアム・ロドリゲス中尉らの指揮下にあった。そこにはパコ・カブレラも小隊長として詰めていたが、道路に面した位置で敵の前衛隊の歩哨の前進をくいとめる任務に就いていたのはパスとドゥケであった。少人数からなる敵隊が兵を進めてきたが全滅した。戦死兵十一名に捕虜になった負傷兵五名。捕虜は屋内で手当てを施された後、そのままそこに残された。現在われわれの仲間であるラフェルテ少尉もその時捕虜になった一人であった。M－1銃二挺、機関銃一挺、ジョンソン式銃一挺を含めて十二挺の銃を分捕った。

一、二名の兵士が逃亡に成功してオロ・デ・ギーサへ辿り着くと危急を告げた。オロ・デ・ギーサでは報せを受けて救援を求めたに相違なかったが、ギーサとオロ・デ・ギーサ間にはラウル・カストロが全隊を率いて配陣していた。われわれは、敵の守備隊が、ピノ・デル・アグアで包囲された味方軍を救助するためにこの方角から突進してくると見込んでいた。

ラウルは、フェリックス・ペナとその前衛隊の歩哨が敵の増援隊の進んでくる道路を封鎖するべく陣立てした。次はラウルの小隊とシロ・フリアスの小隊が敵を迎撃する番だ。そしてエフィへニオが間髪を容れず後方で包囲網を閉じる。

一つの細目が見落とされた。われわれの側の全哨所を、七面鳥を腕の下に抱えて通過していった悪気のなさそうな、途方にくれた顔つきの農民二名が、実は、道路の状況を偵察する目的でオロ・デ・ギーサから派遣された兵士たちだったのだ。彼らはわれわれの隊の配置を調べ上げてギーサの同僚に報告した。その結果、ラウルは居場所を知られて敵軍に攻撃の矛先を向けられるはめになった。ラウルは丘から軍に強襲をかけられて、長距離の行程を退却せざるを得ず、その間隊員一名が深手を負い、フロレンシオ・ケサダという名の者が死んだ。

バヤモから来てオロ・デ・ギーサを通過する道路は、軍隊が、前進を試みる際に唯一利用する道程であった。ラウルは不利な位置のせいで撤退せざるを得なかったが、道路沿いに進軍する敵軍の足は遅く、丸一日姿を現さなかった。

その日は終日、軍隊のB-26機がわれわれを空から猛攻撃した。彼らは山を機関銃で激射し続けたが、われわれは警戒を必要とした点で不便を蒙ったに過ぎず、敵は大して戦果を挙げなかった。

フィデルは戦闘の間幸福感に酔いしれていた。同時に彼は同志たちの運命を気遣うあまり、様々な場面でしてはならない以上に危険を冒した。数日後、このことが原因でわれわれ士官団はフィデルに連判状を差し出し、自分の生命を不必要に危険にさらさないで欲しいと革命の名において懇願した。この幾らか幼稚くさい書状は、最も利他的な動機に鼓舞されて書かれたものであったが、彼は一読すらしない、と私は決めていた。やはりいうまでもなく、彼は見向きもしなかった。

その晩、私は、カミロがかつて決行したと同類の突撃が今回も可能で、そうすればピノ・デル・アグアに配陣している守備隊は制圧できると主張した。フィデルはこの案に乗り気でなかったが、最終的にはやってみようと同意して、イグレシオ・ペレスおよびラウル・カストロ・メルカデル隊をエスカローナの指揮下に配属させて出すことになった。同志たちは近くまで行き、なんとか兵舎に到達しようと奮闘したが、猛射撃を浴びせられて再度の攻撃を試みないまま引き返してきた。私が隊の指揮を志願するとフィデルがしぶしぶ認めてくれた。

私の作戦は、製材所に貯えてある石油で作ったモロトフ・カクテル爆弾〔火炎瓶〕を抱えてできるだけ接近し、木造の家屋に放火し、その結果、兵士たちに投降させるか、あるいは少なくともわれわれの放った火炎で彼らがどっと飛び出てくるのを余儀なくさせることにあった。われわれが戦場に近づき、配置に付こうとしているところに私はフィデルから次の短い文書を受け取った。

一九五八年二月十六日　チェ

もしも万事が、カミロやギジェルモからの支援なしにこちら側だけの攻撃に頼るものであるなら、自殺的行為はいっさいしてはならないと私は思う。さもなければ、大勢の死傷者を出し、目的の達成に失敗する危険を冒す事態になる。
はなはだ本気で物申するが、今回は君に慎重を期して欲しい。戦闘に参加してはならない。これは厳命である。君には隊員たちを上手く指導する責任はあるが、この際それは命取りになる。F［フィデル］

メッセージ文を運んできたアルメイダも、私と差し向かいになると、文面にある条件が満たされるなら私の責任範囲で戦闘に参加してもよいが、彼（フィデル）は賛同していないと述べた。戦闘に加わらないようにとの厳命は私に重圧感を与えた。数人の隊員が戦死するのは、確定的ではないにしろありうることだ。兵舎を占領する可能性。離れ離れの状態にあるギジェルモ隊およびカミロ隊の所在地に関する情報不足。こうした状況のすべてと両肩に背負う諸々の責任はずっしりと重く、私は意気消沈して前任者エスカローナと同じ轍《てつ》を踏むはめになった。

翌朝、空爆が繰り返される中で、一斉撤兵命令が出された。隠れ場所から引き揚げつつある敵兵らに望遠照準器を定めて数発撃った後に、われわれもシエラ・マエストラの尾根沿いに撤退し始めた。

当時われわれが発表した公文書によると敵軍は十八名から二十五名の戦死者を出し、われわれは小銃三十三挺、機関銃五挺、それに大量の弾薬を奪った。負傷者名簿には、当時はまだ生死が不明であったルイス・マシアスや、長期戦中にいずれかの戦場で負傷したルイス・オラサバルやキロガたち同志の氏名も今となっては書き加えなければならない。「エル・ムンド」紙の二月号に以下の至急報が掲載された。

「エル・ムンド」紙　一九五八年二月十九日。叛乱分子十六名と兵士五名の戦死報告があった。ゲバラの負傷は確認されていない。

軍隊の参謀本部が昨日午後五時にコミュニケを発表し、バヤモ以南のピノ・デル・アグアにて叛乱軍との決戦があったことを否定した。その上で報告書は、「軍の巡回偵察隊と叛乱分子の集団の間で幾度か小競り合いがあった」こと、また当時点での報告によれば「叛乱分子側に負傷者十六名、軍隊側に負傷者五名」があったことを認めた。コミュニケにはこう加筆されている。「著名なアルゼンチン人共産主義者チェ・ゲバラの負傷の有無についてはいまだに確認されていない。これらの交戦に叛乱分子の指導者が参加していた有無についてもなんら情報は確認されていないが、彼がシエラ・マエストラの迷路に潜伏中であるのは周知である」

この少し後に、あるいはほぼ同時に、ソサ・ブランコ——一九五九年一月早々に鉄砲隊に処刑された人殺し——の指示でオロ・デ・ギーサの大虐殺がおこなわれた。独裁政権が、フィデルが「シエラ・マエストラの迷路に潜伏中である」ことだけを確認し得た一方で、フィデルの直属隊は彼本人に生命を不必要に危険にさらさないよう懇願したが、敵軍はわれわれの陣地へ登ってこようとしなかった。それからまもなく彼らはピノ・デル・アグアの基地を放棄し、われわれはシエラ・マエストラ西部地方の解放を完全に成し遂げた。

あの戦いの数日後、闘争における最重要な配置替えがおこなわれた。アルメイダ司令官指揮下の第三縦隊がサンティアゴ地区に移動し、ラウル・カストロの率いる「フランク・パイス」第六縦隊が東部の平原を越えてマンゴス・デ・バラグアに潜入し、そのままピナレス・デ・マヤリへ向かい、そこで「フランク・パイス」東部第二戦線を結成した。

「エル・クバーノ・リブレ」紙に掲載された第二次ピノ・デル・アグア戦に関する報告

ピノ・デル・アグアはシエラ・マエストラ山脈のバヤメサ峰に隣接する入植地である。ゲラ大尉の率いる歩兵中隊が防御する要塞化されて堅牢な同地は、シエラ・マエストラ山中で軍隊が到達しえた最も遠隔の地である。攻撃戦の目標は製材所の強奪ではなく、包囲陣を敷き、軍隊を、増援隊の派遣を依頼するまで追い込むことにあった。最も至近にいた軍隊の配置状況は次の通りである。

製材所から一二余キロのサン・パブロ・デ・ヤオにはサンチェス・モスケラの率いる歩兵中隊が、六キロほど離れたオロにはシエラ大尉の歩兵中隊が駐屯していた。一五キロ先にはエル・ウベロの海軍駐屯地があった。増援隊はギーサとバヤモからも駆けつける手筈になっていた。

これらの地点からピノ・デル・アグアに出る各道路には、敵軍の行軍を遮断するためにわれわれの軍勢が布陣していた。

二月十六日午前五時三十分、カミロ・シエンフエゴス大尉の率いる第四縦隊が戦闘の火蓋を切った。最初から猛攻撃であったため、各哨所は難なく陥落して、敵方に戦死者八名、捕虜四名、負傷者数名が出た。その後、敵方の反撃が激化し、その結果、わが方ではヒルベルト・カポテ中尉、オンリケ・ノダ中尉、そして同志ライムンド・リエンスらが戦死した。同志のアンヘル・ゲバラがかなりの深手を負い、数日後にわれわれの野戦病院で死亡した。

包囲期間は丸一日続き、オロから偵察隊が到着した。全部で十六兵。彼らに待ち伏せ戦をしかけて全滅させた。負傷兵を三名捕虜にしたが搬送が不可能であったために農民の家に置いてきた。隊長のエベリオ・ラフェルテ少尉を捕虜に取った。負傷したのが明らかな兵士二名のみが首尾よく逃亡した。その他の者は戦死した。

敵軍が陣地から出てこないので、ヤオおよびエル・ウベロからの道路を警備中であったわれわれの軍勢は手を拱《こまね》いているよりなかった。ラウル・カストロ司令官の率いる隊はきわどい状況での戦闘を余儀なくされた。彼の配下の者たちは敵に向かって発砲できなかった。敵兵らは農家の女子供を盾にして、その背後を行進した。同志のフロレンティーノ・ケサダがこの最中に戦死した。敵側が蒙った被害は不明である。

ラウル・カストロ司令官の隊が撤退した数時間後、敵軍がわれわれの陣地をめざして進撃してきた。そこには恐れおののく無防備な農民の一団が戦火を逃れようと避難場所を求めて小屋内にいた。避難していた者たち全員が表へ出され、冷酷にも機関銃の一斉射撃を浴びせられた。十三名が殺害されたがそのほとんどが女子供であった。この軍隊の「勝ち誇った」軍事行為のせいで負傷した者たちはバヤモで傷の手当てを受けたが、彼らの氏名は戦闘に関する非公式のコミュニケの第一報に記載されている。

霧の深い日であったにもかかわらず、戦闘の間中、われわれの陣容をめがけて敵機が機銃掃射をひっきりなしにおこなったが、当方に被害は出なかった。十七日金曜日の正午、ピノ・デル・アグアから撤退する途次、第六縦隊の分隊が締めくくりとしてオロに新たな攻撃を加えた。この交戦で敵側が蒙った被害は不明だが、わが方に死傷者は出なかった。

最終的な集計表は以下の通りである。敵の蒙った被害は十八名から二十五名の戦死者、ほぼ同数の負傷者および捕虜五名。その者たちはエベリオ・ラフェルテ少尉。以下兵士のエラスモ・エラ、フランシスコ・トラビエソ・カマチョ、セフェリノ・アドリアン・トリュヒージョ、ベルナルド・サン・バルトロメ・マルティネス・カラル（最後の者は負傷者）である。小銃三十三挺、機関銃五挺、大量の弾薬を強奪した。われわれ側は前述した死傷者に加えて軽傷者三名、うち一名はカミロ・シエンフエゴス大尉。

われわれの隊の参謀隊が思いついた野心的な作戦計画は必ずしも完璧な形で実行されなかったにもかかわらず、敵軍に対して圧勝を収めた。敵軍の減衰しつつある戦意に打撃を与えた上、全国民の前で革命とわれわれ革命軍の成長を誇示することができた。そしてわれわれ革命軍は勝利し続けるために平原に下る準備の最中である。

シエラ・マエストラ、一九五八年二月

フィデル・カストロへの連判状

シエラ・マエストラ
一九五八年二月十九日

同志殿

火急の必要に迫られ、またこの緊迫した状況においてわれわれの隊の士官および任務にある全隊員は、貴兄の戦闘への参加についてわれわれ全部隊員が憂慮している旨をお知らせしたいと存じます。

われわれは貴兄に、いつものやり方［戦闘に常時参加する］を止めていただくよう懇願します。それは思わず知らずの内にわれわれの武装闘争を危険にさらすものであり、さらには貴兄が目標とされている真正の革命をも危うくするものであります。

同志よ、このことの根底にはいかなる類の派閥主義も存在しないことを、そしてわれわれには何事も押しつけるつもりはないことをご理解下さい。われわれを唯一突き動かすのはいつなんどきにも、貴兄に対する理に適った愛情であり尊敬の念であり、われわれの祖国に対する愛国心、われわれの抱く大義、そしてわれわれの掲げる理想なのです。

貴兄はほんのわずかの利己主義すらご自身に帯びておられませんが、双肩に担っておられる責任、また過去、現在、未来の世代が貴兄に託した夢と希望について理解されるべきです。このすべてに鑑みて、この、幾らか命令的で、やや大胆で、要求度の強い嘆願の内容を受け容れて下さい。しかし、われわれのしていることはキューバのためなのです。そのキューバのためにもう一度、われわれは貴兄に犠牲を払って下さるようお願いしているのです。

闘争と理想を共にする貴兄の兄弟たち。

チェ、フアン・アルメイダ、セリア・サンチェス、ラウル・カストロ、シロ・フリアス、J・マルティネス・パエス、セルヒオ・バジェ、ホセ・ラモン・マチャド、ルイス・クレスポ、フエリックス・ペナ、パコ・カブレラ、ギジェルモ・ガルシア、イグナシオ・ペレス、マヌエル・ファハルド、ビタリオ・アキューナ、ラミロ・バルデス、デリオ・ゴメス・オチョア、エドュワルド・サルディーニャス、カミロ・シエンフエゴス、ラウル・カストロ・メルカデル、エフイヘニオ・アメイヘイラス、ルイス・オルランド・ロドリゲス、マリン、ウニベルソ・サンチエス、ホセ・キアラ、イデルフレド・フィヘレド・リオ、マルコス・ボレロ、ホラシオ・ロドリゲス、カリスト・ガルシア・マルティネス、R・ヒメネス・ラヘ、ホセ・ソトマヨール、エルネスト・カシージャス、フェルナンド・ビレジェス・イニグエス、アベラルド・コロメ・イバラ、ウンベルト・ロドリゲス・ディアス、J・ディス、エルメス・カルデロ、オルベイン・ボテジョ、F・ビジェガス、アルマンド・ベリス。

幕間劇

一九五八年の四月、六月にかけて、叛乱の波動が高まる中に二本のマストが見えた。ピノ・デル・アグア戦の後、二月に始まったこの波動はいっそう高まり、ついには支えきれない大津波の前兆を示していた。人民は独裁政権に反対して国中に叛乱の烽火《のろし》を上げた。それはオリエンテ州において特に目立った。「七月二十六日運動」が呼びかけた［四月九日の］ゼネストが失敗に終わった後、波動の勢いは低下し、独裁政権の軍隊が当方の第一縦隊の包囲網をさらにいっそう絞めつけた六月には底まで落下した。

四月に入って早々、カミロはシエラ・マエストラ地域の保護を離れてエル・カウト地域へ移り、そこで「アントニオ・マセオ」第二縦隊の指揮官を任じられ、オリエンテ州の平原において一連の印象に残る軍功を打ち立てた。平原に兵を進めたカミロは、当軍最初の指揮官として平原へ出て行き、シエラ・マエストラに駐屯する敵軍の士気と実動に戦いを挑み、四月九日［ゼネストを指す］が頓座した数日後まで独裁政権をきりきり舞いさせてからシエラ・マエストラに帰還した。

革命の波動が高まっている時機を利用して多くの野営地が、戦闘にあこがれている者たち、ハバナへ凱旋する暁に着用する軍服の手入れのことだけを考えているその他の者たちによって立ち上げられた。四月九日以降、独裁政権の反撃が強まるにつれてこれらの集団は自然消滅するかシエラの各隊に合流した。

士気がかなり落ちていると見た［敵］軍隊は、赦免を与える好機到来と判断し、ビラを作成して叛乱軍区域に空中から散布した。ビラには次のように書かれていた。

同胞諸君

もしも貴君が叛乱の謀議に関与した結果、いまだに田舎や山中に留まっているのであれば、貴君は今や更生して家族の許に戻る機会を与えられています。

もし貴君が武器を棄てて法の定めに従うのであれば、政府は貴君の生命と家族を尊重するよう命令を発布済みです。

州知事、地方自治体の長、知り合いの議員、至近の陸軍、海軍、警察本部、あるいは教会であればどこでも、責任者まで出頭しなさい。

もしも貴君が人里離れた場所にいるのであれば、武器を片方の肩に掛け、両手を挙げて出てきなさい。

都市部から出頭する場合は、貴君から報告があり次第回収できるように武器を安全な場所に隠匿してくること。

以上を即刻実行に移すこと。なぜなら貴君が現在いる場所においては全面的な鎮圧のための軍事行動がより集中的に、引き続き実施される予定であります。

そして彼らは偽物と本物をない交ぜにして投降者の顔写真を公表した。反革命の波動がうねり始めているのは確実であった。それはゆくゆくシエラ・マエストラ山頂を突撃するに相違ない。そして四月末から五月初めにかけてそれは上りつめる一歩手前にあった。

話し合いの最初の段階では、われわれの任務は、第四縦隊が占拠してミナス・デ・ブエイシトの町の郊外まで散開していた戦線の保持にあった。そこにはサンチェス・モスケラ隊が駐屯しており、彼らとわれわれとの戦闘は互に決死戦の危険を避ける、短い衝突の反復であった。夜になるとわれわれは彼らに向けてM－26爆弾を発砲したが、彼らはその武器の乏しい殺傷力をすでに知っていたので、防御用に大きな鉄条網を張り巡らしただけで、装塡されたTNTが網に接触するとコンデンスミルク缶で作った薬莢の中で爆発して、騒音を撒き散らすだけであった。

われわれの陣地は、ミナスから二キロほど行ったラ・オティリアという場所の、その土地の地主の屋敷内に設けられていた。われわれはそこを基点にサンチェス・モスケラ軍の動静を偵察したが、その間、連日のように奇妙な小競り合いが発生した。無頼の手下が明け方に出て行き、農民の小屋を焼き払い、所持品をすべて略奪し、われわれが介入する前に退却する。別の場面では、軍兵らは、地区全域に散らばる当方のライフル隊を襲撃して隊員らを逃走させる。われわれと通じていることを疑われた農民は全員が暗殺された。

私はサンチェス・モスケラがなぜわれわれを、木の茂みすらない比較的平らな土地の一軒家に安楽に定住するにまかせて、空軍に空襲を依頼しようとしなかったのか、その理由がいまだに解《げ》せない。われわれの推測では、戦意に欠ける彼は、自分たちがわれわれのあまりにも至近にいることを空軍に知られたくなかった。知られたらわれわれを攻撃しない理由を弁明しなくてはならなかったからだ。それでもわれわれと彼らの間では小競り合いが頻繁に繰り返された。

こうしたある日、私は副官を連れて当時エル・ヒバロにいたフィデルに会いに出かけた。それはほぼ一日を歩く長い道程であった。フィデルと共に終日過ごした明くる日、われわれはラ・オティリアの陣地に戻るために出発した。私の副官が、理由は憶えていないが後に残ることになり、新顔の道案内がやむなく付いてきた。行程の一部を道路沿いに歩くと起伏のある牧草地に出た。旅も終盤に差し掛かり、目的の家に近づいたところで、草原の盛り上がった部分に異様な光景が出現した。散在する椰子の木とその四囲を満月が煌々と照らす中に、数頭のラバの屍骸が、幾頭かは馬具をつけたままの姿で列になって浮かび上がった。

われわれが下馬して最初のラバの様子を調べに行き弾丸の痕跡を見つけた時に、私を見つめた道案内の表情は、まるで西部劇映画から飛び出てきたかのようであった。映画の主人公が連れと一緒にある場所に到着して、弓矢の突き刺さった馬の屍骸を発見する。

「スー族の仕業だ」

といったようなセリフを男は吐き、その場にふさわしい独特の表情を浮かべる。私と一緒だった男の表情がそうであったし、おそらく私自身も、わざわざ確かめなかったが似たような顔付きをしていたと思う。数メートル先には二頭目が、次は三頭目が、そして四頭目、五頭目とラバが息絶えていた。そのラバの一団はわれわれの許に生活物資を運ぶ護送隊で、それをサンチェス・モスケラの遠征隊が始末したのであった。道案内はこれ以上私に同行することを拒んだ。彼は地勢に不案内だと言い張ると、そのままあっさりと馬に跨《またが》って去っていった。われわれは友好的に別れた。

私はベレッタ銃の撃鉄を外したまま手綱を握り、最初のコーヒー畑に入った。人気のない家に辿り着いたところで大きな物音がしたので、発砲寸前までいったが、その正体は私の存在にやはり驚き脅えた一匹の豚であった。ゆっくりと、そして警戒を深めつつ、私は左側を数百メートル進んでわれわれの陣地に到達したが、もはや無人で打ち捨てられていた。方々を捜すと家の中で眠りこけていた同志を一名だけ発見した。

部隊の指揮を任せていたウニベルソが、夜半か明け方に敵が攻撃してくるのを見越して、屋敷から立ち退くように命令したのであった。われわれの部隊が一帯に手広く散開して防御を固めていたので、私はたった一人で横たわると眠りについた。その全体図は、私にすれば永遠に続くかと思われた旅の行程で、ようやくたった一人で恐怖を乗り越えて戦闘司令所に辿り着いたという満足感以外になにひとつ意義を有さなかった。私はその夜、勇敢な自分に心弾む思いでいた。

しかしサンチェス・モスケラ隊との最も苛烈な対戦があったのは、サンタ・ローサという名の、非常に小さな村というか村落においてであった。いつものようにその時も明け方に、サンチェス・モスケラ隊がその地にいるとの急報が入り、われわれは現場に駆けつけた。私は喘息の発作を起こしかけており、仲良しになっていた鹿毛色の馬に騎乗していた。戦闘はまとまりなく散発的に蔓延していった。私はやむなく馬を乗り捨てた。周囲にいた隊員らと一緒になって小さな丘に登ると、高低の異なる二、三の地点に散らばって陣容を敷いた。敵軍は迫撃砲を発砲してきたが当たりは悪かった。

瞬時に私の右方で銃撃が激化し、敵の位置を確認するためにそろそろと進んだが左方でも激しくなってきた。私は副官を他所へ行かせ、二本ある敵の防御線の中頃に単独で居残った。私の左側ではサンチェス・モスケラ隊の兵士らが迫撃砲を数回撃ちこみ終えると凄まじい怒声を行き交わしながら丘を登っていった。戦闘経験に乏しいわれわれの隊員は、一、二回散発的に銃を撃つのがやっとで、その後は丘を走り降りて立ち去った。広々とした平原に一人でいる私の目に兵士の鉄かぶとがちらほらと見え始めた。手下の一人がコーヒー畑へ向かっているわれわれの隊の戦闘員を追って丘を駆け降りだした。私は彼を狙ってベレッタ銃を撃ったが外してしまった。すると数名のライフル兵が私の存在に気付いて発砲してきた。私は敵軍兵士らが嘲笑の叫びを浴びせる中を、弾丸一千発入りのものすごい弾丸ベルトを両肩にかついだまま猛スピードでジグザグ走行を始めた。樹木の茂る隠れ場に接近したところで私のピストルが滑り落ちた。その惨めな朝の、私の唯一生意気な行為は、そこでいったん歩を止め、足跡を辿り、落としたピストルを拾い上げ、私の周りにあたかも投げ矢の如くにライフルの銃弾が蹴り立てる土埃りに見舞われてその場から疾走することであった。

危機を脱したと感じた時点で、私は同志たちの命運についても攻撃する側の戦果についても無知のまま、森の中央にある大岩を防壁にして休息を取ろうと歩を止めた。私の喘息は慈悲深いことに数メートルの走行を可能にしてくれたが、その後は復讐に出ているのか心臓が胸の中で跳躍し通しであった。誰か近づいてくるのか枝木の折れる音がしたが、それ以上逃避行を続ける（本当はそうしたかったのだが）のは無理であった。物音はやはり森に迷いこんだ同志のものであった。その入隊したばかりの新規補充戦闘員の慰めの言葉はおおむね次のような内容であった。

「指揮官殿、心配は要りませんよ、私が一緒に死んであげますから」

私は死ぬ気などなく、彼に母親のことでも話しかけてやろうと思った。そうしたという記憶はない。その日、私は自分を意気地なしに感じた。

夜になるとわれわれは起きたことすべてについて詳しく語り合った。素晴らしい同志――姓はマリーニョだった――が小競り合いの最中に斃れたそうであった。このことを除けば敵軍に戦果は乏しかった。口を撃ち抜かれた農民の遺体――殺害された訳は本人のみぞ知る――だけが敵軍の遺棄した陣地に残されていた。そこで、アルゼンチン人ジャーナリストのリカルド・マセッティ――彼はその時初めてわれわれをシエラ・マエストラに訪問中で、それ以降われわれは深い、永久の友情に結ばれた――が、殺された農民の写真を小型の箱型カメラに収めた。

こうした幾つかの戦闘があった後、われわれはラ・オティリアから少しばかり後退したが、その時すでに私は第四縦隊の指揮官の地位を、後継者として昇進したラミロ・バルデスに譲っていた。私は少数の戦闘員からなる一団を連れてその地を離れた。オリエンテからラス・ビラスへやってくる者たちを訓練する新規補充戦闘員用の教育機関の担任として赴くためであった。さらにまたわれわれは、切迫した敵軍の攻撃に備える必要があった。その後四月下旬から五月上旬にかけての日々の大半を、われわれはいつなんどき降りかかってもおかしくない大規模な攻撃を迎え撃てるよう、防御体制を固める準備と、最大限の食糧と医薬品を山中に運び入れる作業に没頭した。

それに平行してわれわれは、サトウキビ農園主および牧畜農場主から課金を取り立てようとしていた。レミヒオ・フェルナンデスがわれわれに会いに山へ登ってきた。牧畜農場主である彼は、われわれのためにたいそう法外な申し出をしてくれたが、いったん平原に戻ると約束を忘却の彼方に押しやった。サトウキビ農園主たちもわれわれにビタ一文よこさなかった。その後、われわれの力が磐石になると彼らとも互角に渡り合えるようになったが、それまでは必需品も持たずに攻撃戦の日々をやり過ごした。

それからまもなく、無数の宝物を擁するわれわれの狭小な領域を担当するのはカミロが良いとして彼が召還された。ここにはラジオ局、病院、軍需品の修理部兼兵站部、さらにその上、ラ・プラタの丘には軽飛行機が着陸できる臨時滑走路まで備わっていた。

フィデルは、問題にすべきなのは敵軍兵士などではなく、難攻不落の陣地を築くために必要な兵員数で、われわれとしてはそこに焦点を絞るべきだという持論に執着した。これがわれわれの戦術であり、われわれ戦闘員が戦闘司令所を囲んで参集し、緊密な前線を陣立てしているのもこのためであった。五月二十五日、予想されていた攻撃が開始した時、実際に役立つライフル兵はせいぜい二百名しかいなかった。たまたまそれはフィデルがコーヒー豆の収穫作業の進め方――〔政府の〕軍隊は日雇い労働者が入山してコーヒー豆を採取することを許さなかった――について諸条件を農民数名と相談している最中であった。

彼は三百五十余名の農民を一堂に呼び集めていたが、彼らは自分たちの収穫問題の解決に強い関心を寄せた。フィデルは労働者の支払いに充てるためにシエラ・マエストラで流通する貨幣の造幣、梱包用の麦わらと袋の用意、生産者と消費者からなる協同組合と監督委員会の設置を提案した。彼は、収穫時期には叛乱軍にも加勢させると申し出た。すべてが是認され、フィデルが会合を閉会しようとしていた正にその時、機関銃による銃撃が始まった。敵軍とアンヘル・ベルデシア大尉の率いる隊が衝突する最中《さなか》、敵の空軍が地域に猛烈な空爆をしかけてきた。

決定的な集会

一九五八年五月三日、シエラ・マエストラ山中のロス・アルトス・デ・モンピエで終日集会が開催された。この会合の存在は今日までほとんど知られていないが、実はわれわれの革命の作戦計画の路線を決める上できわめて重要なものであった。その日の早朝から翌日の午前二時まで開かれた集会において、四月九日が失敗に終わった結果について分析がなされ、敗北に至った原因が追及された。その他、「七月二十六日運動」の再編制と、独裁政権の勝利によってもたらされた当方の士気阻喪を克服するために必要な対策が練られた。

私は全国委員会の委員ではなかったが、同志ファウスティーノ・ペレスと、以前に私が強く非難したレネ・ラモス・ラトゥール（ダニエル）の要請により、集会に参加するよう招かれた。彼らの他にその場にいたのは、フィデル、ビルマ・エスピン（デボラ、地下潜伏中）、ニコ・トレス、ルイス・ブッチ、セリア・サンチェス、マルセロ・フェルナンデス（当時はソイロ）、アイデー・サンタマリーア、ダビッド・サルバドールと、正午になってわれわれに合流したエンソ・インファンテ（ブルーノ）であった。集会の参加者は、それまで「七月二十六日運動」の業務を事実上運営してきたリャノの同志たちの諸活動を査定審査しなければならなく、空気は張り詰めていた。

会議において、フィデルの精神的指導者としての権威、その議論の余地なき資質を確認すると同時に、出席する革命家たちの大半が自ら判断上の過ちを犯したことを自覚している旨を認める決議がなされた。リャノの指導部は敵の軍事力を過小評価する一方で、自分たちの力を発揮するために必要な方法を考えないまま自身の力を主観的に過大評価した。しかし集会で最も重要であったのは、革命戦争の前半を通して指導部内に存在した二つの相容れない概念について、あらためて討論がおこなわれ、評定が下されたことであった。この集会において、ゲリラの概念は意気揚々と台頭する気配を見せた。フィデルの地歩と権威は強化され、彼は市民軍──それまでリャノの指導部下にあった──を含めて全軍の総司令官に指名された。彼は「七月二十六日運動」の書記長にも指名された。

集会の一環として、議題に挙がっている諸活動における各人の参加を査定する段に至っては、熱のこもった討論が幾度となく重ねられた。しかし最も激論が交わされたのは、労働者代表らとの話し合いの場においてであった。彼らは闘争の組織に人民社会党が参加することに真っ向から反対を唱えた。ストライキの失敗を分析した結果、その準備段階から実施の時を迎えるまで、主観主義と暴動主義を意図する概念がすべてに浸潤していたことが論証された。それまで「七月二十六日運動」が、組織化された労働者の細胞として握っていると思われていた侮り難い組織は、作戦行動が実行に移された瞬間に瓦解していた。労働者の指導者たちが掲げた冒険主義的な施策は情け容赦ない現実に直面して霧散した。だが敗北に責任があるのは彼らだけでなかった。われわれの意見では、責めの大半は労働者の代表であるダビッド・サルバドールが負うべきである。ハバナの責任者であったファウスティーノ・ペレスが、そしてリャノ市民軍の指揮官であったレネ・ラモス・ラトゥールが負うべきであった。

最初の者の過ちは、彼が派閥的なストライキの概念を掲げてそれを決行した点にあった。それによって他の革命運動もわれわれの先導に押しまくられる事態を招いた。ファウスティーノの過誤は、市民軍の主だった者たちの反応を緻密に見極めずに、彼らを率いて首都を制圧できると考えるなど大局観を欠いたことであった。ダニエルも同様に先見性が欠如していたとして非難されたが、彼の場合はリャノに関連してであった。リャノはわれわれの部隊に相等する形で組織されたのだが、訓練は受けていなかった上、戦闘にかける意気込みも異なっていた。われわれのように実戦を通して切磋琢磨する経験も積んでいなかった。

シエラとリャノ間の分裂は事実であった。これにはゲリラ闘争が進展する中でシエラの者たちが大幅に成熟度を増す一方で、リャノの戦闘員らはそれほど成長しなかった点からしても、客観的な根拠が幾つかあった。またそこには職業にある偶然性とでもいうべきかなり重要な要素も存在した。本来の環境の中で任務に従事していたリャノの同志たちは、こうした状況の下で求められる仕事の手法を理想的、かつ「運動」のために唯一可能なものと見なすことに次第に慣らされていった。さらに彼らは、人間としてありがちなのだが、シエラよりリャノを重要視するようになった。

独裁政権の軍事力と対決して失敗した後に唯一浮上した有能な指導部はシエラにあり、それは具体的に唯一人の指導者であり、唯一人の総司令官であった。フィデル・カストロその人である。消耗させられる激論の末に、集会において、ファウスティーノ・ペレスが更迭され、［デリオ・ゴメス］オチョアがその後任に据えられ、ダビッド・サルバドールが解任されてニコ・トレスが後継することに決定された。この最後の人事は、闘争概念に関する限り実質的な第一歩にはならなかった。なぜなら集会において、次の革新的ゼネストを準備するために全労働者階級が結束する必要性を、シエラ・マエストラを基点にして呼びかける案が提起されると、ニコは、自分は直ちに紀律正しく、「スターリン主義者たち」と共同作業に入る用意があると表明する一方で、自分としてはこれはなんの解決にも結びつかないと思っているとも言い放った。彼は人民社会党の同志についても同様の言葉を用いて言及した。フィデルガリャノ市民軍の指揮を自ら執ることになったので、三番目のダニエルの人事は交替するに至らなかった。

さらに集会では、アイデー・サンタマリーアを「七月二十六日運動」の特別代表としてマイアミへ派遣して、亡命者社会での資金調達を担当させることが決められた。政治の領域では全国委員会がシエラ・マエストラに移転して、フィデルが書記長の地位に就任することになった。五人からなる書記局が設置され、それぞれが財務、政治問題、労働者問題を分担することになった。各部署に選任された同志の氏名は現在私の記憶にない。しかしそれ以降は武器の輸送、武器に関する決定事項、海外関係のすべてが書記長の責務の範囲となった。任務を解かれた三人はシエラ・マエストラへ赴いたが、ダビッド・サルバドールはそこで労働者代表の任務に就き、ファウスティーノとダニエルは指揮官となる。ダニエルは、近々に迫った敵軍の最後の攻撃で活躍することになる部隊の指揮を任じられた。その交戦において彼は、退却する敵軍を先頭に立って尾撃中に斃れた。彼は革命家としての功績により、われわれの殉教者名簿の中でも選り抜きの者たちの間にその名を記される栄誉を得た。

ファウスティーノは、指導者としての任務をいったん返上した上でハバナへ戻って「運動」の事務関係の仕事に携わり、後日シエラ・マエストラに戻って闘争に再合流したいと願い出て許可された。彼はその通り実行して、フィデル・カストロが指揮する「ホセ・マルティ」第一縦隊の隊員として終戦を迎えた。歴史は物事を起きた通りありのままに語るべきなのだが、「運動」内で一時期われわれと対立していたこの同志に、われわれが一貫して捧げてきた高い評価についてはこの際はっきりと言及しておく必要がある。ファウスティーノは常に非の打ち所がない実直な同志と目されていたが、図抜けた怖いもの知らずでもあった。彼は、マイアミからわれわれの許に武器を運んできた輸送機が敵機に発見されて損壊されると、その飛行機を焼き払う手段に出たが、私はその時の彼の豪胆さをこの目で見た。ファウスティーノは銃弾の飛び交う中で、輸送機が敵の手に落ちるのを防ぐためには銃弾孔にガソリンを注いで火をつけるなど、するべきことをすべて決行した。彼の全経歴がその革命的資質を表している。

集会ではより重要でない他の決定もなされ、その結果われわれの相互関係において曖昧にされていた一連の側面が明確にされた。われわれは都市部の活動組織についてマルセロ・フェルナンデスの報告に耳を傾けた。彼には「運動」の細胞について、全国委員会の集会における決定事項および決議内容を詳細に反映させた報告書をもう一本作成する仕事が割り当てられた。われわれは市民による地下抵抗運動、その組織と結成、その操業方式、その構造体、そしてそれをいかにして拡大し、また強化するかについての報告に耳を傾けた。

同志ブッチが亡命者委員会について報告した。マリオ・レレナの気乗りしない態度と、彼とウルティアの対立。われわれはウルティアを、われわれの運動の推挙する大統領候補として承認し、それまで亡命者社会における唯一人のプロの幹部構成員としてレレナが受け取っていた給費をウルティア宛に送金することに決定した。さらに集会において、もしレレナがこの先も口を出し続ける場合、亡命者委員会の会長職を解かれることが定められた。外国では問題が数多く発生していた。たとえばニューヨークでは、「アルナルド」バロン、「アンヘル」ペレス・ビダル、パブロ・ディアスが個別に動いており、時折互いに衝突し、干渉し合ってもいた。そこでフィデルが、「七月二十六日運動」の亡命者委員会を唯一の公式団体と認める内容の書状を移民からなる亡命者グループに宛て書き送ることが決議された。

集会では、当時ウルフガング・ララサバルが率いていたベネズエラ政府の支援を取りつけるためのすべての可能性が探られた。彼は「運動」を支持すると約束してくれ、事実その通り実行してくれた。ララサバルのことでわれわれが唯一抱いていた不満要素は、彼が、輸送機一機分の武器に添えて「お偉い」マヌエル・ウルティアをわれわれの許に送りこんできたことであった。しかしそうした嘆かわしい選択をしたのは誰でもないわれわれ自身だったのだ。

集会では他の懸案事項についても話がまとまった。マイアミへ赴くアイデー・サンタマリーア以外にもルイス・ブッチが、ウルティアに関する詳細な指示を携えてベネズエラのカラカスまで出張する段取りになった。カルロス・フランキはラジオ・レベルデ《叛乱》を指導する責任者としてシエラ・マエストラに赴任を命じられた。連絡はルイス・ブッチの考案した暗号を使用し、ラジオを通じて、ベネズエラ経由でおこなわれることになったが、この方式は戦争の終結まで継続された。

決定事項からも察しがつくようにこの集会はきわめて重要なものであった。運動が抱えていた種々の具体的な問題がようやく明らかににされた。第一番目に、にフィデルが、全部隊の総司令官と組織の書記長を兼務するという二重の立場で、革命闘争を軍事的また政治的に指揮することになる。武装闘争を他の地域へ拡大させ、ひいてはこの方策をもって国全体を統御するというシエラ路線を引き続き踏襲する。革命的なゼネストについては、その手の激発を誘導するには機も十分熟していない時節に、またあれだけ大規模な行事には必須である大切な下準備も抜きにそうしたことを試みるなどという種々の幼稚な幻想が廃棄された。

さらに、指揮部がシエラ・マエストラに留まることになったので、これまでフィデルに自分の獲得した権限の行使を阻んできたそうした幾つかの意思決定にかかわる実際的な問題が公平な形で取り除かれることになった。実は、これは一つの事実が正式に認められたというだけのことであった。シエラ戦闘員たちの出来事に対する正当な態度と認識が、結果として彼らに政治的優勢をもたらしたのだ。「運動」の勢力による革命的なゼネストの計画にしても、われわれの早い時期での懸念が正しかった旨を集会が確認した。われわれは四月九日〔ゼネスト決行日〕の前にあった会合の場で、ゼネストが下書通りに実行された場合は失敗する可能性があることを予告していた

非常に重要な仕事がまだ若干残されていた。それはなによりも切迫する敵方の攻撃に抗戦することであった。敵勢は革命軍の主要な要塞――フィデルの率いる第一縦隊の戦闘司令所――を環状に包囲する形で陣容を敷いていた。今後のわれわれの任務は平原に進撃し、主要な州を奪い、最終的に政権の政治的軍事的機構を全面的に壊滅させる。われわれがこれらの任務を完遂するには七カ月を必要とした。

最も火急の要件はシエラ・マエストラ戦線を強化し、あの小さな要塞がキューバ人民に向かって語り続け、人民の間に革命の種を蒔き続けることを確実にする。海外との交流を保持することも重要であった。二、三日前に私は、フィデルとフスト・カリージョがラジオで対談しているのをこの耳にしていた。フストはモンテクリスティ団の代表であったが、すなわちそれはカリージョ自身や「ラモン」バルキンらのような帝国主義の代理人らを含む野心的な悪漢連中からなる一団であった。フストは甘言を大盤振る舞いする一方でフィデルに、「純粋な」軍隊を支持する旨を宣言するよう求めた。フィデルは、それ自体不可能ではないが、他方で、われわれの「運動」にとってこの種の呼びかけを理解するのは困難なところがあると返答した。われわれの隊員らは兵士たちの餌食にされているが、われわれは彼らを十把ひとからげと見なしており、その彼らを善人悪人とは識別しにくい。結局宣言の提案は立

ち消えになった。私の記憶ではレレナ、ウルティアとも対談があった。共通点のない人間たちの寄り集まる薄弱な集団［カラカス協約］が瓦解するのを防止しようと、結束を呼びかける試みがなされた。カラカスにおいて彼らは、自分たちの利得のために武装化運動を担ごうと企んだが、彼らには、われわれの国際的に認知されたい切望を請け負ってもらっている以上、われわれとしても注意深く応対する必要があった。

集会が終了するのとほぼ同時に参加者たちは四散した。私は全区域を視察しつつ、われわれ少人数の軍勢をもって敵軍の攻勢を押し返すべく防御線を敷設する任務を与えられた。最も苛烈な抗戦は、クレセンシオ・ペレスの率いる小さくて貧相な武装隊が配陣するあの荒涼たる山岳地帯のカラカス峰から、ラミロ・バルデス部隊が散開するラ・ボテラまたはラ・メサにかけて展開されることになった。

われわれとしてはこの狭い領域を、実働兵二百名足らずのライフル隊だけに頼って防御しなくてはならなかった。そして数日後、バティスタ軍は「包囲して殲滅する」ための攻撃戦を開始した。

最後の攻撃そしてサンタ・クララの戦い

［一九五八年］四月九日［ゼネスト］は完全な敗北を喫し、政権の安定性はびくともしなかった。さらにいうならその悲劇的な日を境に、政府は軍隊を移動させると徐々にオリエンテ州に陣容を敷き、彼らの壊滅作戦をシエラ・マエストラにまで拡大することに成功した。われわれの防御線がシエラ・マエストラの中へ中へと後退せざるを得なくなる一方で、政府はわれわれの各陣地に対抗して配置する連隊の数を増やし続け、ついにその兵数は一万を数えるまでになった。これだけの軍勢をもって敵軍は五月二十五日、われわれの前線陣地のあるラス・メルセデスの町で攻撃戦の火蓋を切った。

バティスタ軍が無能な戦闘を露呈する一方で、当方は武器や軍備品が不足する実態を見せてしまった。実動力二百挺の小銃でありとあらゆる種類の武器一万に抗う――それはあまりにも不利な条件であった。われわれの軍勢は一対十から十五という不利な条件を負わされて二日間、果敢に戦った。さらには迫撃砲、戦車、空軍にまで応戦し、ついにわれわれの小隊は町から退却せざるを得なくなった。隊の指揮を執っていたアンヘル・ベルデシア大尉はその一カ月後、壮烈な戦死を遂げることになる。

その頃、フィデル・カストロは裏切り者のエウロヒオ・カンティージョから一通の手紙を受け取っていた。彼は政治工作に夢中なペテン師の態度をもって革命軍の司令官に、敵軍の作戦本部長としてこう告げてきた。とにかく攻撃戦は開始されるが、「その男」(フィデル)は最終結果を心して待つべきだと。攻撃戦は既定路線を辿り、二カ月半に及ぶ激戦の末に敵軍は死傷兵、捕虜、脱走兵を数えると総勢一千以上の兵を失った。彼らはわれわれの手中に戦車一台、迫撃砲十二門、三脚台付き機関銃十二門、軽機関銃を二百挺以上、また無数の自動装置つきの武器を含む六百の武器を残してくれた。その他膨大量の弾薬とあらゆる種類の軍備品、そして捕虜四百五十名。捕虜は交戦が終わったところで赤十字社に引き取られた。

シエラ・マエストラでの最後の交戦を終えた時点でバティスタ軍は腰骨を砕かれたが、まだ完全に敗北した訳ではなかった。戦闘は続行した。ここにおいて三カ所を攻撃するという最終作戦が立てられた。包囲が曖昧であったサンティアゴ・デ・クーバ、私が出陣することになったラス・ビラス、そして島の向こう端に位置するピナル・デ・リオにはカミロ・シエンフエゴスが、一八九五年時の偉大な指導者として勇壮な武勲――それはマントゥアで絶頂に達した――を立てた「アントニオ・マセオ」の歴史的侵攻を記念して命名された第二縦隊の指揮官として進軍することになった。しかしカミロ・シエンフエゴスは戦争の緊急事態のためにラス・ビラスに留まることを余儀なくされ、作戦計画の第二工程を果せなかった。

シエラ・マエストラに強襲をかける連隊をひとたび掃射してしまうと、戦線は本来の強さを盛り返し、隊も武力と気力を増進させたので、ラス・ビラスの中央部をめざして兵を進める決定がなされた。私が受けた指令には、わが方の主たる戦法に沿った各種の任務が具体的に列挙されていた。島の両端を結ぶ連絡線を組織的に寸断する。さらに私は、その地方の山岳地帯で活動している可能性のある全政治組織との連絡網を構築するように命じられると共に、任務地を軍事上統轄するために広範な権限を付与された。

われわれは以上の指令事項を懐に、現地入りに四日を要すると想定して、一九五八年八月三十日にトラックで出発する手順を整えた。そこに予想外の事態が勃発してわれわれの計画は中断させられた。夜半、こんなことにならなければすでに準備されたトラックに積むために隊員の制服やガソリンを積載した集配用の無蓋小型トラックが到着する予定であった。空輸されてきた武器入りの貨物も道路脇の臨時滑走路に到着した。ところが闇の中を着陸したにもかかわらず、輸送機が敵に目撃されてしまい、滑走路は午後八時から午前五時まで計画的な猛爆の餌食にされた。その時点でわれわれは、輸送機が敵の手に渡らないようにするため、また空爆が日中まで延長されて被害が甚大になるのを防ぐために、自分たちの手で飛行機を炎上させた。敵軍は滑走路に進入してくると、ガソリンを運んできた当方の集配用の無蓋トラックを取り押さえたので、われわれは歩かなければならなかった。

そこでわれわれは八月三十一日、トラックも馬もなく、マンサニージョからバヤモへ向かう幹線道路を越した地点でそれらを手に入れられたらと、願掛けして行軍を開始するはめになった。実際に道路を横断したところでわれわれは一台のトラックに行き会ったが、その同じ九月一日、一帯が猛烈なハリケーンに見舞われた。そのためキューバのその地域における唯一の舗装路である主要幹線道路を除いてすべての道路が通行不可能になり、車両を使っての交通手段を断念せざるを得なかった。それ以降われわれは騎乗するか自分の足で歩くしかなかった。隊は大量の弾薬、四十発の砲弾入りのバズーカ砲一門、長期の行軍と迅速に野営地を設営するための諸々の必需品からなる重装備を背負っていた。

数日間を経ると友好的なオリエンテ州の領域を通過中であったにもかかわらず、すでにきつい日々が始まっていた。氾濫する川や、川ともいえるほど増水した小川を、弾薬、武器、砲弾が水を被らないようにして渡った。途上で馬を見つけると疲弊した馬を放ち乗り替えた。東部地方から遠ざかるにしたがって居住地区を迂回した。

われわれは歩行しづらい、浸水した地域を進んだが、休息のたびに蚊の大群に襲われるのは耐え難かった。食事は内容が貧しく少量で、飲み水も沼のような川か、さもなければ沼そのものから啜《すす》って喉奥におさめた。一日の行程は日ごとに長く酷なものになっていった。野営地を発って一週間後、オリエンテ州とカマグエイ州の境を流れるホバボ川を渡る頃には全隊員が疲労困憊していた。この川も、これまで出会った川も、後々渡る川も、すべてが氾濫していた。隊員は靴が不足していることにも苦しめられていた。大勢の者がカマグエイ南部地方の泥地を素足で歩いていた。

九月九日の夜、われわれがラ・フィデラルという地点に接近しつつあったところで、前衛隊の歩哨が敵の仕掛けた待ち伏せ戦に遭遇し、大切な同志二名が殺害された。しかし最も嘆かわしい結果はわれわれの存在を敵軍に知られたことで、それからの彼らは猶予しなかった。短い衝突の後、少人数からなる敵の守備隊はその場で降伏し、われわれは四名を捕虜にした。

そこからは行程をおおむね空軍から見抜かれていたので、非常に警戒を強めて進軍しなければならなかった。一両日後、われわれはカミロの隊――当隊よりずっと良装備の――と連れ立ってラグーナ・グランデ《大潟》という地点に達した。その地域は蚊が異常といえるほど大量に群棲することで知られており、蚊帳《かや》なしには一刻たりとも休息できなかったが、その蚊帳を全員が所持している訳ではなかった。

　消耗しきった体を引きずりながら、水たまりと泥土だけが果てしなく広がる荒地を延々と歩く日々が続いた。われわれは空腹で、喉が渇き、足が鉛のように感じられ、武器がたとえようもなく重くのしかかり、なかなか先へ進めなかった。われわれは、トラックで先発したカミロの縦隊が残していってくれた、それまで騎乗していたのより上等な馬に跨《またが》って行軍したが、それもマカレーニョ精糖所の近くで乗り捨てなければならなかった。彼らがよこしてくれる筈であった道案内が到着しなかったので、われわれは自分たちだけで冒険行を続けるはめになった。

　当方の前衛隊の歩哨と敵軍の前哨部隊がクアトロ・コンパネロス《四人の仲間》という地点で出くわし、消耗戦の発端となった。ちょうど夜が明け白む頃で、われわれは大奮闘の末になんとか味方の隊の大半をその近辺で最もうっそうとした森に終結させた。しかし敵軍がその森のはずれを行軍しており、われわれとしては隊伍から遅れた数人の者たちが鉄道線路を越えて森の中へ駆けこんでくるまで、激戦をもちこたえなくてはならなかった。そこで空軍がわれわれを照準に定めてしまい、B－26機、C－47機、C－3大型偵察機、軽軍用機が、われわれのいる幅二〇〇メートルにも満たない地点を狙って空爆を開始した。最終的にわれわれは爆撃で死んだ一名を後に残し、数名の負傷者――今回の侵攻戦の間中肩を骨折したまま、通したシルバ大尉を含め――を担いで退却した。

翌日の光景は、隊伍から遅れた者たちの多くが追いついてきたので惨さをより減していた。そしてわれわれは、カミロの縦隊に合流してヤグアハのラス・ビラス州の北部戦線へ赴くことになった十名を除く全隊員を首尾よく集結できた。

様々な艱難に出会ってもわれわれには常に農民たちの激励という味方がついていた。いつも農民の誰かが案内に立ってくれ、食べ物を差し入れてくれたが、それがなければわれわれはとうてい先へ進めなかった。当然ながらわれわれは、オリエンテ地方の住民の全員一致の支援を享受していた訳ではなかったが、常に誰かが助けてくれた。われわれが農場を横切っただけで敵軍へ報告が行くこともあったが、これは農民がわれわれを敵対視しているからではなかった。そうではなく、彼らは生活環境からして地主の奴隷同然で、日々の糧を失う恐れから、われわれがその地域を通過したことを主人に報告するのであった。そこで後者はご丁重にも、軍当局に通報する任を執るという按配であった。

ある午後、われわれが軍用ラジオに耳を傾けていると、フランシスコ・タベルニジャ・ドルス将軍が悪漢に典型的な威張りくさった態度で、チェ・ゲバラの大軍を全滅させたと報告した。彼は、当方の死者、負傷者、彼らの氏名その他のありとあらゆること――二、三日前の敵軍との攻防戦でわれわれの背嚢から奪った物品を元に――について長々と詳述した。そここには得た情報と、敵軍の最高司令部の捏造によるガセネタが混ざり合っていた。われわれの「通過行」がニュースに取り上げられたことが隊を陽気に賑わせる一方で、隊員らの間には徐々に悲壮感が浸透していた。空腹と喉の渇き、極度の疲労、敵がわれわれに対する包囲陣を狭めていることへの無力感、そしてなによりも農民たちがマサモラ——一歩進むたびに耐えがたい激痛を伴う——と呼ぶ恐ろしい足の病気のせいでわれわれは幽霊のような軍隊に下落していた。前進は困難に輪をかけるものになった。隊員らの体調は日増しに衰え、糧食——今日はあったが明日はなし、明後日はあるかないか——もわれわれの経験していた辛苦を軽減する足しにはまったくならなかった。

われわれはバラグァ精糖所近くの、悪疫の巣窟のような沼地の中で、一滴の飲み水もなく、敵軍に包囲されたまま実に苦しい日々に耐えた。空軍がのべつまくなしに空襲をかけてきた。殺風景な湿地を越えるために衰弱した者を乗せる馬の一頭も引いていなかった。履いている靴は泥混じりの海水で完全にいかれており、裸足は草木で傷だらけであった。悲惨の極みにあったわれわれは、それでもバラグァの地でなんとか敵軍の包囲網を突破して、独立戦争時にキューバ憂国の士とスペイン軍との血戦場となった歴史を偲ばせる、有名なフカローモロン道に到達した。

鋭気を養うために費やせる猶予は少しもなく、土砂降りの再来が、悪天候が、敵の攻撃が、あるいは敵軍の存在を告げる報告が、われわれを先へと駆り立てた。隊列はますます消耗しきって意気消沈していた。しかし、緊迫する戦況にあって疲労困憊する隊員たちを前進させる手立てが、侮辱的な行為、泣き落とし、情け容赦のない暴言だけになっている時に、はるか彼方の情景が彼らの表情を明るくして、ゲリラたちに新たな生気を吹きこんでくれた。それは西の方角にかすかに見える青い縞状の線で、隊員たちが初めて目にするラス・ビラス山脈の青い稜線であった。その瞬間からわれわれは、それまでと変わらない、あるいは同類の苦難も我慢できるようになり、万事が上首尾に運びそうに思えてきた。われわれは包囲網の最後の部分を、カマグエイとラス・ビラス両州を分断する形で流れているフカロ川を泳いで脱出したが、その時すでにわれわれは新たな光明に照らされているような気持ちに満たされていた。

二日後、われわれはトリニダッド—サンクティ・スピリトゥス山脈の奥深くに無事到達して、戦争の次の段階に突入する気構えができていた。われわれはもう二日間だけ休息した。われわれは直ちに出立して、十一月三日に予定された選挙を妨害する準備を整えなければならなかった。十月十六日、ラス・ビラスの山岳地帯に入った。与えられた時間は短く、仕事は大きかった。カミロは北部にあって独裁者の軍隊を相手に恐怖の種を蒔いて攪乱するという、彼に課された任務を遂行中であった。

エスカンブライ山脈に初めて足を踏み入れた時点でわれわれが着手すべき仕事は明確に定められていた。独裁政権の軍事機構を、とりわけその兵站線を繰り返し襲撃する。そして直近の目標としては選挙の実施を阻止する。ところがこの任務は時間不足と革命部隊間の軋轢《あつれき》が原因で難儀にさせられていた。そしてこれはその後、人命をもまきこんだ、われわれにとって大いに犠牲を払わされる内部抗争にまで発展した。

われわれは選挙の実施を阻止する目的で近在の町々を攻撃する手筈になっており、島中央部の肥沃な平原にあるカバイグアン、フォメント、サンクティ・スピリトゥスの市街でも同時に決行する作戦が入念に練られた。その間、グィニア・デ・ミランダ――山中の――に駐屯する少人数からなる守備隊が白旗を掲げてきた。その後、バナオ守備隊を攻撃したが戦果は薄かった。選挙の予定された十一月三日前の数日間はてんてこ舞いであった。われわれの隊は四方八方で動員され、周辺の地域で選挙人が投票所へ出向くことをほぼ全面的に阻止した。州の北部ではカミロ・シエンフエゴスの率いる部隊が選挙の茶番劇を麻痺状態に陥らせた。基本的にはバティスタ軍の兵隊の輸送から商業輸送まで、すべてが停止状態にあった。

オリエンテでは事実上選挙がおこなわれなかった。カマグエイの投票率はややましであった。そして西の地域では万事にかかわらず大量の棄権者が出たのが歴然としていた。この棄権という行為は、大衆の受け身のレジスタンスをゲリラ活動に合体させるためには時間不足であったにもかかわらず、好都合なことにラス・ビラスでも自然発生的になし遂げられた。

オリエンテでは第一戦線、第二戦線において戦闘が展開される一方で、第三戦線では「アントニオ・ヒテラス」第九縦隊が、州都のあるサンティアゴ・デ・クーバに切れ目なく重圧をかけていた。オリエンテには市議会の議席以外に政府の拠点はなにひとつ残されていなかった。

ラス・ビラスでも交通連絡機関への攻撃が激化して、戦況は緊迫していた。われわれはラス・ビラス入りした時点で、市街で展開する闘争の手法を一変させた。われわれは町出身の市民軍の中でも最優秀な成員たちを大至急訓練基地へ派遣して、都市部で効果を発揮することがすでに実証済みのサボタージュ行為を学習させた。

一九五八年の十一月から十二月にかけて、われわれは幹線道路を次々に封鎖していった。シルバ大尉がトリニダッドからサンクティ・スピリトゥスへ通じる幹線道路を完全に封鎖した。一方で島内の中央幹線道路は、トゥイニク川に架かる橋を爆破した際に、全壊とまではいかないがかなり破損していた。中央鉄道線路は数カ所で封鎖された。さらに南環状線は第二戦線によって寸断され、北環状線はカミロ・シエンフエゴスの部隊によってすでに閉鎖されていた。島は二つに分断された。最も大激変に見舞われているオリエンテは海と空だけに頼って政府から支援を受けていたが、これも覚束なくなる一方であった。敵の崩壊の兆しは目に見えてはっきりとしてきた。

革命の結束を固めるためには、きわめて強烈な方面作戦をエスカンブライ山中において展開する必要があった。そこではすでに［エロイ］グティエレス・メノヨ司令官の率いる一団（エスカンブライ第二国民戦線）、革命幹部会の一団（ファウレ・チョモンとロランド・クベラ指揮官らの率いる）、より少人数の真正組織〔真のキューバ革命党〕からなる別の一団、人民社会党（［フェリックス］トレスが指揮）の一団、それにわれわれが活動中であった。換言すれば、同じ州内に五つの異なる組織がそれぞれ異なる指揮下で動いていた。それぞれの指導者との話し合いに腐心した末にわれわれは一連の合意に達し、幾らか共同戦線を張ることが可能になった。

橋梁やその他の様々な交通連絡手段が組織的に分断された十二月十六日以降、独裁政権は前衛陣地も、さらには中央幹線道路沿いの陣地も防衛しきれなくなった。その日の早朝、中央幹線道路上のファルコン川に架かる橋が破壊され、ハバナとラス・ビラス州の州都であるサンタ・クララ以東の町々との連絡と交通が事実上途絶した。さらに、幾つかの町村——一番南をフォメントとして——がわれわれの部隊によって包囲攻撃された。町の指揮官は、なんとか数日間は自分の陣地を守り通した。空軍がわれわれ叛乱軍を懲らしめたにもかかわらず、あまりにも士気阻喪する独裁政権の軍隊は、同志を救援するために陸路前進してこようともしなかった。彼らはそれ以上の抵抗は無駄と見きわめてわれわれに降伏し、百名以上のライフル兵が自由のために戦う部隊に鞍替えした。

敵軍に息つく暇を与えないうちにわれわれは、即刻中央幹線道路の麻痺化に乗り出し、十二月二十一日には中央幹線道路に共に接するカバイグアンとグアヨスを同時に襲撃した。グアヨスは二、三時間で白旗を掲げ、九十兵を擁するカバイグアンもその数日後に降参した。(解放領域を立ち去るという条件で兵士たちを自由の身にするという政治原則に基いて、兵営を明け渡す交渉がなされた。この方法によって彼らは所持する武器を差し出すのと引き換えに生命拾いするチャンスを与えられた)。独裁政権の無能ぶりがカバイグアンにおいても露見した。彼らは包囲されている味方を応援するために歩兵部隊を派兵しようともしなかった。

ラス・ビラスの北部地方ではカミロ・シエンフエゴスが幾つもの町を攻略して制圧し、独裁政権の軍隊の最後の要塞地であるヤグアハイに包囲攻撃をかけていた。ヤグアハイで指揮を執っていた中国系の大尉は十一日間抵抗戦を持ちこたえ、その地区に革命軍を足止めした。同じ頃、われわれの隊は州都サンタ・クララへ向かって中央幹線道路沿いに進軍していた。

カバイグアンの陥落後、われわれはプラセタスを攻撃するために——革命幹部会の部隊と積極的に組んで——出立したが、そこはわずか一日の対戦で降伏した。プラセタスを奪った後、われわれは北部海岸沿いのレメディオスと主要港カイバリエンを相次いで手早く解放した。独裁政権の先行きは暗くなりかけていた。なぜならオリエンテでの快勝に引き続き、エスカンブライ第二国民戦線が複数の小規模の兵営を打ち破っており、カミロ・シエンフエゴスが北部を制圧中であった。

敵軍が抵抗することなくカマファニから撤退すると、次はわれわれがラス・ビラス州の都に決定戦をしかける番であった。（人口十五万を擁するサンタ・クララは島の中央平原の中心に位置し、国内の鉄道路線および全交通網の中枢地点であった）。草木もまばらな小さな丘に囲まれていたが、そこは以前独裁政権の軍隊によって占領されていた。

われわれの部隊はそれまで数カ所の陣地を奪ったついでに重装備用の武器——砲弾の手持ちは薄かったが——を手に入れていたので、攻め入った当初は手持ちの武器も比較的増えていた。われわれはバズーカ砲を保有していたが砲弾を持ち合わせておらず、それでいて十数台の戦車に立ち向かわなければならなかった。戦闘を最も有利に運ぶためには、戦車があまり効率良く移動できない、人口の密集する市街区に突入するべきであるのも承知していた。

革命幹部会の戦闘隊が地方守備隊の第三十一兵営の占領を手がける間、われわれはサンタ・クララのほぼすべての要塞陣地を包囲する側にまわった。しかしわれわれの本来の目標は、カマファニ道路の入口に配置された装甲車両〔甲鉄板を張った車両〕におさまる警備隊を集中攻撃することであった。装備を固めている敵軍は陣地を粘り強く固守した。

十二月二十九日、われわれは戦闘を開始した。当初、大学の建物がわれわれの作戦基地の役割を果した。その後、われわれは参謀隊の本部を町の中心部に設置した。われわれの隊員たちは装甲車を盾にした部隊と対決して、彼らを敗走に追いこんだが、中には大胆すぎて生命を犠牲にする者たちも多くいた。死者と負傷者が、間に合わせの墓地や病院に続々と運ばれていった。

そうした戦争の最後の日々にわれわれの隊に漲《みなぎ》っていた士気を際立たせる一つの逸話が思い出される。私がある時、戦闘の真っ最中に眠りこけていた同志を叱ったところ、彼は手持ちの武器を暴発させたために武器を取り上げられたのだと答えた。私は持ち前の冷淡な口調で返答した。

「丸腰で前線へ出て行って自分用にもう一挺小銃を奪ってきたまえ……君にできるのなら」

その後サンタ・クララのサングレ病院で負傷者を見舞っていると、一人の男が息も絶え絶えに私の手に触れてきてこう言った。

「憶えておられますか？　指揮官、レメディオスであなたは私に武器を見つけてくるように命じられました……その結果がこうなのです」

彼は自分の武器を暴発させたあの時の戦闘員であった。彼は数分後に息を引き取ったが、自分の勇敢さを立証できたことに満足していたと、私は思う。われわれの革命軍はこんな風であった。

カピロの丘は抵抗し続け、十二月三十日もわれわれは終日攻勢に転じると同時に町中の異なる地点を徐々に占領していった。その頃には、サンタ・クララの中心部と装甲車両との連絡は断ち切られた。装甲車両内の者たちはカピロの丘上に包囲網を敷かれている事態を見取ると、自分たちの立派な積み荷をすべて携えて逃亡しようとした。支線に辿り着いたがそこはわれわれの手ですでに破壊済みで、機関車と幾台かの客車も脱線させられていた。非常に興味深い戦闘が始まった。われわれがモロトフ・カクテル《火炎ビン》を放りこむと装甲車両から男たちが飛び降りてきた。彼らは、十分に防護されていたが、植民地主義者たちが北アメリカの西部地方のインディアンを相手に戦う時のやり方で、遠く離れた安楽な位置に居座って、実際は素手同然の敵方、つまりわれわれに防戦をしかけてくる気力しか持ちあわせていなかった。当方の隊員らが至近距離から、連結車両から、炎を上げるガソリン入りのビンを投げて攻撃したので――おかげで甲鉄板を張られた車両は燃え盛る竈《かまど》と化した。一、二時間で全員が、二十二台の車両、高射砲、同種の機関銃、そしてわくわくするほど大量の弾薬（わくわくするほど大量の、とはいうまでもなくわれわれの貧弱な支給量と比べて）もろとも降伏した。

われわれは発電所と町の北西部全域の奪取に成功した。われわれはラジオ放送を通じてサンタ・クララのあらかたが革命軍の手に落ちたことを宣言した。私は、ラス・ビラス方面の総司令官として自らこの発表をおこなった際に、キューバ人民に向かって悲しみと共に、ロベルト・ロドリゲス大尉の戦死を告げたことを思い出す。「バケリト」は小柄な、年若い、「決死隊」の指揮者であった。彼は自由を勝ち取るために死に神を相手に千と一回、戦いに挑んだのであった。「決死隊」は当時の革命軍の士気を物語る一例で、志願しても選抜されなければ加われなかった。決死隊の隊員が一名戦死すると――それは戦ごとの出来事だった――そして大志を抱く者が新たに指名されると、選ばれなかった者は悲嘆に暮れて涙までこぼした。彼らのような威厳のあるベテラン兵たちが、戦さと死の前線に並ぶ名誉を与えられなかったからといって絶望の涙を流し、青春に立ち返って絶望に涙するところを見せるとは不思議な光景であった。

次は警察署が、そこを防御していた戦車をわれわれに引き渡して陥落した。引き続き早々に第三十一守備隊がクベラ司令官の手に落ちる一方で、監獄、裁判所、州庁舎、グランド・ホテル――その十階には射撃手が詰めており戦闘がほぼ終焉するまで発砲し続けていた――がわが方に降伏した。

その時点でまだ降参していなかったのは、キューバ島中央部最大の要塞、レオンシオ・ビダル駐屯地だけであった。しかし一九五九年一月一日には、そこを守備する軍隊も踏みこたえられなくなっている気配を濃厚にしていた。その日の朝、われわれは［アントニオ］ヌニエス・ヒメネスおよび［アルフォンソ］ロドリゲス・デ・ラ・ベガ両大尉を兵営に派遣して、降伏の交渉に当たらせた。

報告された内容は矛盾だらけの呆れたものであった。その日、バティスタは、軍隊の最高司令部を完全な混乱状態に陥れたまま逃亡した。当方からの二名の代表がカンティージョ［エウロヒオ将軍］と無線連絡を取って、降伏するよう申し入れた。しかしカンティージョは、提案の内容が最後通牒の性質を帯びていること、また自分は指揮官フィデル・カストロからの明確な指示に従って軍を統率しているので、降伏の提案は受け容れられないとほのめかした。われわれはすぐさまフィデルに連絡してこの新情報を伝えると同時に、カンティージョの油断ならない態度についてわれわれの意見――この意見にはカストロもまったく同感であった――を述べた。（この決定的な数時間を利用してカンティージョはバティスタ政権の主だった者たちの全員を逃亡させた。彼が士官然としてわれわれに連絡してきたことを思うと、その態度がいっそう情けないものに感じられた。われわれは彼のことを、名誉を重んじる軍人として信用していた）。

その後の結果についてはあまねく知られている通りである。カストロ、カンティージョの権限を認めることを拒否。ハバナ市内へ向かって進撃するようにとのフィデルの命令。ピノス島の牢屋を出獄したバルキン大佐が軍隊の指揮権を奪取。カミロ・シエンフエゴスによるコルンビア要塞地の、われわれ第八縦隊によるラ・カバーニャ要塞の強奪。そしてこの一両日中にフィデル・カストロが最終的に暫定政府の首相として任命される。このすべてが国家の現在の政治史に属することである。

現在われわれは一国家の単なる機関より以上の立場にある。今のわれわれは名誉を挽回できないアメリカ諸国の希望の星である。彼ら全員の目――悪名高き圧政者のそれも、また希望に満ちた者たちのそれも――がわれわれをしっかりと見据えている。ラテンアメリカにおける大衆運動の発展は、そのおおむねが将来われわれが示す態度、山積する難題を処理するに当たってわれわれの発揮する力量にかかっている。そしてわれわれが踏み出す一歩一歩には、巨大な貸し方の常に油断ならない目が、そしてラテンアメリカにおけるわれわれの兄弟姉妹の楽観的な目が、観察を怠るまいとして注がれているのだ。

われわれはしっかりと地に足を付け、汗水たらして働いて、革命の最初の任務を実らせつつある。われわれは最初の壁にぶつかる。しかしキューバが抱える主要な問題は何なのか？いやそれはラテンアメリカ全土のみならず、あの数百万平方キロの国土を誇る、驚くほど素晴らしいものがぎっしりとつまった、それ自体が一つの大陸でもあるブラジルにおいても同じ共通した問題なのである。それは一毛作に頼る経済だ。キューバにおいてわれわれは、サトウキビ――われわれを北部の大市場に縛りつけているへその緒――の奴隷にされている。われわれは農業生産を多様化して工業を振興しなければならない。わが国の鉱物と農産物、そして近い将来にはわれわれの工業製品が、われわれ自身の輸送手段を経て、われわれにとって最適の市場へ運ばれて行く道を確保しなければならない。

政府が最初、大々的に闘争を挑まなければならないのは農地改革であり、それは徹底して大胆なものになるが、さりとて柔軟性も加味される。改革によってキューバ国内の広大な土地屋敷は姿を消すが、キューバの生産手段が失われる訳ではない。それは人民と政府にとって、この先数年間にわたって精力の大半を吸い取られる戦いの場となるのだ。土地は無償で農民に付与される。所有地を正直に申告した地主は長期債権を通じて補償がなされる。一方で農民層には技術援助が与えられる。自分の土地から収穫した農産物には販路が保証される。そして生産工程は土地改革をめざす大いなる闘争と連携し、開発へ向けた視野の広い国民感覚を味方につけて活路を開くのだ。これによってキューバの未熟な諸産業は、資本主義がその発展段階において最高レベルに達した諸国の巨大産業とも、短期間で競合できるようになるのだ。同時に、農地改革によってもたらされる新しい国内市場の誕生と、拡大する市場を充足させるための新たな産物の流通に伴い、幾らかの産物を輸出することが、そしてそのためにそれらの産物を世界の此処其処《ここそこ》の土地へ輸送するための道具が必要になる。その道具は、すでに承認されている海洋開発法に則して予想される通り、商船団となる。

　これらの初歩的な武器を盾にわれわれキューバ国民は、われわれの領土の完全なる自由を手にするための闘争を開始する。それが容易でないことは、われわれ全員が承知している。しかしまたわれわれ全員が、「七月二十六日運動」、キューバ革命、国民全体に対する大いなる歴史的責任を踏まえて、ラテンアメリカの全人民の前で模範例を示さなくてはならないことを十分自覚している。われわれは彼らを落胆させてはならないのだ。

　不屈の大陸におけるわれわれの友人たちには確信して欲しい。われわれは、自分たちの活動がいかなる経済的結果をもたらそうとも必要が生じた暁には戦い抜くことを。そしてたとえ戦闘が長引いても、われわれはこの土地に主権の確立され、幸福で民主主義的な国家にふさわしい真正なる象徴がすべて具備され、またラテンアメリカの兄弟姉妹としての同胞愛に満ち満ちた共和国が建立されるためには、革命の血の最後の一滴がしたたり落ちるまで戦う所存である。

追記

フィデル・カストロへ（侵攻について）

一九五八年九月三日

フィデル、私は貴兄に、この風の吹き渡る平原から手紙を書き送ります。あたりに敵機の姿かたちはなく、蚊もあまり飛び交っていません。そして私はまだ食事をし終えていませんが、それは単にわれわれが速いペースで行軍しているからなのです。貴兄に手短に報告します。

われわれは八月三十一日の夜中に、トラックで出発できなかったために四頭の馬と共に出立しました。その理由は、マガダンがガソリンを残らず持っていってしまった上、ヒバコアで待ち伏せ戦をしかけられるのを懸念したからです。われわれはその地域――敵軍はそこを放棄しました――を無事に通過しましたが、二レグア以上は進めなく、幹線道路の向こう側の小さな樹木の茂みの中で眠りにつきました。私は、これまで警戒の厳しかったこの地域からの必要物資を出荷できるように、ヒバコアに小隊を常置させることを提案します。

九月一日、われわれは幹線道路を通過した際、警報装置を使用し過ぎたために故障した車を三台奪いました。そこからカヨ・レドンドという地点に出ましたが、ハリケーンが接近していたためそこに一日逗留しました。四十を数える兵が近くまで来ましたが、交戦することなく退却していきました。われわれはトラックを四台のトラクターに牽引させて先へ進みましたが、それができなくなったので翌九月二日には乗り捨て、二、三頭の馬を引いて徒歩で行軍し、カウト川岸に達しましたが、水位が上昇していたので夜は渡れませんでした。翌日、われわれは八時間かけて川越えすると、計画通りの道順を経てその晩、「大佐」「アルカディオ・ペラエス」の家に到着しました。われわれは馬を連れていませんが途上でさらに手に入れることは可能ですし、私としては全隊員を騎乗させた格好で作戦任務地に到着するつもりです。この極悪な道程を行く際に蒙らされる無数の不便のせいでわれわれがどれだけ遅延させられるか、精確な見通しはつきません。

効率の良い郵便の仕組みを立ち上げて行軍中も貴兄への連絡を滞らせないようにしますし、今後出会う人たちについても報告書を送ります。この地区で推薦できる者は二人しか見当りません。ペピン・マガダン、彼は弱点も持っていますが、意外にやり手で必需物資と資金の調達を任せられます。それにコンセプシォン・リベロ、これまで見てきたところでは大変実直な男です。

以上です。ここからだと遥か彼方に辛うじて霞んで見えるだけの遠い世界を抱擁します。

一九五八年九月八日
午前一時五十分

心身共に疲労困憊させられる夜間の行軍を終えた今、ようやくカマグエイの地から貴兄に手紙をしたためます。毎日平均して三から四レグアしか前進していない行軍の速度に、ここでいきなり拍車をかけるのは無理です。隊員の半数は騎乗していますが鞍なしの状態です。カミロがこの地区にいるので、われわれはここバルトレスの米農場で彼を待っています。いいまだに到着していませんが、平原には手強いところがあります。蚊があまりいなく、兵士の姿はまったく見当たりませんし、飛行機は無害の鳩のように見えています。ベネズエラ経由で受信するラジオ・レベルデは聞き取るのに大変苦労します。

敵が不戦の気分でいるのは万事から窺えますが、それはわれわれとて同じです。白状しますが、私としてはこの不案内な土地で、百五十名の未熟な新規補充戦闘員らを連れて退却するのは考えるだけでぞっとします。とはいえ、三十名からなる武装ゲリラ部隊がこの区域で驚異的な力を発揮して革命思想を鼓吹することは可能です。通過する途次、私はレオネロを相手に米栽培者組合を設置するための下工作を試みて税金問題についても話してみましたが、案は立ち消えになりました。農園主に屈服するつもりはありませんが、私には割当量が度を越しているように感じられます。彼らには相談の余地があると告げ、次に訪れる人間の課題にしました。社会的意識のある者ならこの地区で奇跡をおこなえます。それに当地には身を隠すことのできる木が沢山生えています。

　われわれの道程について先の計画はご報告できません。なぜなら自分でも分かっていないからです。それはむしろある特殊な状況の成否と幸運次第なのです。われわれは馬から自分たちを解放できないものかと目下トラックを待ち伏せているところです。飛行機の存在しなかった［アントニオ］マセオの時代には最適だった騎乗の旅も、今日だと空中から丸見えなのです。馬さえいなければわれわれも日中平穏裏に先へ進めるのです。

　そこら中が泥だらけで水浸しで、われわれが砲弾を良好な状態に保って任地に到着するために、懸命になってフィデル主義を振りまわす私の様子といったら映画の場景《シーン》そのものでした。われわれは水流を何本も泳いで渡らなければなりません――野蛮人のやる事――でしたが、隊員たちは行儀良く振舞っています。但し処罰対象者で構成される集団は早々に団員数を増やしており、縦隊の中で最多数になることは請け合いです。次の報告は、それが可能であればカマグエイの町から電波に乗って貴兄の許に届くでしょう。

　もはやわれわれの視界から消えたシエラ・マエストラの皆さんに友愛をこめて繰り返し抱擁を送ることを除けば、これで以上です。

一九五八年九月十三日
午後九時五十分

無計画な進軍を幾度か繰り返した末に、私はまだカマグエイのど真ん中にいて貴兄に手紙を綴っています。われわれは本日、道中で最も危険な、あるいは最も危険な難所二カ所のうちの一カ所を通過することになります。昨晩はカミロがその同じ場所を、幾つか技術上の問題はあったものの軍事面では厄介ごとなしに通過して行きました。

私が最後に貴兄に報告を送って以来、われわれは幾つか苦い経験をしました。道案内を連れていなかったためにラ・フィデラルのレミヒオ・フェルナンデス所有の農場で待ち伏せ戦に引っかかってしまい、大尉のマルコス・ボレロが戦死しました。われわれは八名の兵士をやっつけましたが、そのうち三名を斃し、四名を捕虜に取りました。捕虜は好機を捉えて解放してやるまで手許に置くつもりです。一人が逃げて警戒警報を鳴らしました。およそ六十兵が駆けつけてきましたが、われわれは付近にいたカミロの忠言を容れてほとんど抗戦することなく退却しましたが、それでも隊員をさらにもう一名喪いました。シエラ・マエストラ出身のダルシオ・グティエレスです。〔マーク〕ヘルマンが足に軽傷を負い、エンリキト〔エンリケの愛称〕・アセベドは両腕を幾分負傷しました。その同じアセベドが名を上げましたが、アンヘル・フリアス大尉とバケリト、ロベルト・ロドリゲス中尉も同じです。

その後、敵が再び前進を試みてきたので、われわれは隊員四名だけで待ち伏せ隊形を陣立てして一台のトラックを不意討ちして、彼らに少なくとも二名の死傷者を蒙らせました。われわれはラ・フィデラルへ退却した後、エンリケを運んで手当するために早々に現地を出発しました。翌日B－26機が飛来して機銃掃射をしていきました。カミロが思ったより足早に追いついてくれ、今われわれは、私が持ってくるようにと命じたトラック数台の到着を待っているところです。

ここでは、経験豊かな「不屈の」指導者が即刻この周辺に出現するのが無駄ではないことを窺わせる変事が頻発しています。三十兵以上の武装兵の必要はまったくありませんし、必需品――あらゆる意味で――はすべて当地で揃います。フランシスコ精糖所の利権故に景色の大変良いナボアス地方で作戦活動を展開することにはそれなりに利点があると思われます。植生〔野菜のこと〕についても、これだけの人数の隊員に十分な量をサンタ・ベアトリスから、また遠くはサンタ・クルスから、定期的に供給させることも可能です。誰でも受け容れると約束しまくっているカマグエイの指導部の言動から目を離すべきでありません。われわれの許にも入隊を求めて非武装の男たちが殺到しています。私はあのクレージーな奴《やっこ》さんの一件を調査してみました。彼は、実はひどい戦争病を病んでいます。

他にも貴兄まで挙げたい多くの質問事項がありますが、当方には時間の制約があり、出発時刻が迫っています。途上には敵軍兵士が大勢いるとのことですが、それについてはこの報告書が貴兄の手許に届くまでに別のルートで情報が入るかと思います。

革命の罪過

過激で急進的な社会改革である革命は、そのどれもが特殊な状況の下で遂行される。それらはまずほとんど円熟した状態で出現しないし、その詳細のすべてを科学的に予見することもできない。それは社会的変革を求めて闘う人類の熱誠を素地に、その即興的行為をもって成し遂げられる。そしてそれは、決して完全無欠でない。われわれの革命も例外ではなかった。それは過ちを犯したし、その幾つかはわれわれに高い代償を払わせた。現在、そうした過ちの一つの例証がわれわれの前に示されている。それは、これまで撥ね返りがなくて済んでいるが、「類は友を呼ぶ」そして「そうです!!　三つ子の魂百まで」という大衆的な格言にある通りの真実を証している。

侵攻する縦隊の隊員らが四十五日間に及んだ行軍——化膿して血まみれになった足を引きずり疼痛と辛苦に耐えて気力だけで踏破した——の末にエスカンブライ山麓に達すると、一通の予想外の書簡が彼らを待ち受けていた。カレラ司令官の署名があるその書状には、私〔ゲバラ〕の指揮下にある叛乱軍の縦隊は、わが方としての作戦意図が明確に説明されない限りエスカンブライ入りを禁じる一文が連ねてあった。山に入る前に行軍を中断して私自身が説明をおこなうようにとの指示であった。遮蔽物のない平原、見た目通りのわれわれの状態で、いつなんどき、素早い機動によってのみかわすことのできる敵方の包囲戦が勃発するかもしれない状況下で行軍の停止を命ずるとは！　それが長文の、横柄な書状の本旨であった。

われわれは当惑して、また自らを共闘する同志だと自己紹介する彼らの意に沿えないことを済まないと思いながら先を急いだが、なにか問題が生ずればそれを解決して、フィデル・カストロ総司令官に委託された火急の指令事項を実行に移す決意は固かった。全戦闘員を結束させるという任務を、われわれは彼からはっきりと命じられていた。

エスカンブライ山に達すると、頂上の十字架がサンクティ・スピリトゥスからも見える、デル・オビスポ峰に野営した。われわれはこの地に首尾よく最初の野営地を張ると、その足で、ゲリラにとって最重要品――靴――を購入できる手筈になっていた家に出向いた。靴は見当たらなかった。靴は、「七月二十六日運動」がすでに買い取っていたにもかかわらず、エスカンブライ第二国民戦線が持ち去っていた。暴風が吹きすさびかけていた。それでもわれわれはなんとか冷静を保ち、第二国民戦線の大尉と話し合った。後に彼は自分が、第二戦線を離れて「七月二十六日運動」の隊列に鞍替えを希望した戦闘員四名を殺害したとわれわれに知らせた。われわれはカレラ司令官とも意見を出し合った。彼は友好的ではなかったが、興奮してはいなかった。すでに酒びんを半分まで空けていたが、それは彼の一日の酒量のおよそ二分の一であった。彼は数日前に受け取った信書から想像するより粗野でも攻撃的でもなかったが、それでもわれわれの目には敵のように映った。

その後、われわれはその地域で農民の所有する牛馬を盗むことで知られたペーニャ司令官に面会した。彼はわれわれのグイニア・デ・ミランダ攻略に断固反対した。なぜならその村は彼の区域に属していた。われわれが、地域は皆のものであり、戦いは必須であり、われわれはより数多くの良質の武器を持っており、経験も豊富だと反論したが、彼は、われわれのバズーカ砲は散弾銃二百挺に匹敵し、散弾銃が二百挺あればバズーカ砲一門と同じだけの戦果を挙げられるとの一点張りであった。討論の幕引き。グイニア・デ・ミランダを奪うのは第二戦線で、われわれは手をつけてはならない。当然ながらわれわれは聞く耳をもたなかったが、危険な「盟友」と対面していることだけは知れた。

多くあり過ぎて語り尽くせないほどの試練と辛苦を潜り抜けた後に、その過程でわれわれの忍耐力は徹底的に試された訳なのだが――同志フィデルの最も公平なる批評眼からすると、われわれはそこまで我慢するべきでなかった――われわれは「休戦協定」を結んだ。彼らに税金の取立てを任せれば、われわれにエスカンブライ第二国民戦線下の全地域で農地改革の作業を任せるというのだ。税金の徴収――それが彼らの合言葉だったのだ！

話は長くなる。血なまぐさい容赦のない戦闘の末、われわれは革命幹部会の素晴らしい盟友たちの支援に頼って国内の主要都市を占領した。彼らは数少なく、経験も豊富でなかったが、双方の共通の勝利のために可能な限りの協力を惜しまなかった。革命軍の指揮権は一月一日付の指令をもって、全部隊をサンタ・クララの私の指揮下に結集させた。エスカンブライ第二国民戦線も指導者グティエレス・メノヨの一喝の下に、直ちに私の統率下に入った。一糸乱れずにであった。そしてわれわれは彼らに、われわれとしては征服した最初の大都市で、幾らか整備しなければならない行政面での作業があるので、それまで現地に留まって待機しているように命じた。

当時は指揮監督すること自体が困難な日々で、たちまちわれわれは第二戦線が、カミロ・シエンフエゴスの後に続いて「英雄然として」ハバナ入りしたことを知った。われわれはそれを彼らの、箔をつけるための、位官を獲得するための、あるいは挑発を目的とする一種の術策であると判断した。われわれはすでに彼らを知っていたが、日増しに良く知るようになった。実は彼らは、彼らの観点からすると戦略上最重要な部署を独占していった……数日後、ホテル・カプリからフレイタスと署名のある第一枚目の請求書が届いた。利用者が少人数であるのに、飲み食いで一万五千ドルと計上されていた。

任官の話になると、常に一蓮托生のメノヨとフレイタスから推薦されて国家機構の種々様々な職務を切望する「選抜された」一団に加えて、百名近い大尉たちとかなりの人数の指揮官が安楽な政府の任務に就きたがった。職務も仕事も特に高給取りのポストではなかったが、そこには一つだけ特徴があった。そのすべてが革命前の体制における汚職の出所であった。金銭が右から左へ、それを渇望する手指を経て流れてゆく要所であった——これらのポストが彼らの野望の対象であった。これもわれわれが共存せざるを得ない叛乱軍の一面であった。

当初から深刻な意見の相違が持ち上がり、時にそれは激論を招く結果になった。しかしわれわれの場合、明らかに革命の分別が万事に優先して、結束という名の下に譲歩を見た。根本方針は固守した。われわれは盗みを許さなかったし、少しでも裏切る可能性があるように見える者は重要な地位に就けなかった。一方で彼らを粛清することはしなかった。われわれは漠然として理解されにくい、結束という理念の側に立って手加減した。これも革命の一つの罪過であった。

　われわれはその同じ罪過に手引かれて、バルキン、フェリーペ・パソス、テテ・カスーソ、そしてその他の、革命がその者たちとの軋轢を避けて暗黙の了解のうちに彼らの沈黙を買収しようと、国内外に囲っていた居候たちに多額の給金を支払うはめになった。その給金それ自体がすでに寄生質のものであり、受取人らが裏切ろうと待ち構えている当の国家から出ていた。しかし敵方は人民が所持するより多額の資金と賄賂の伝《つて》を握っていたのだ。すべてが語り尽くされ、し尽くされたとなると、われわれとしては一人のフレイタス、もしくは一人のメノヨに、任務と犠牲で固めた地位以外にいったい何を差し出せようか？

　自らはなにひとつ貢献しなかった闘争の物語を食《く》いものにした者たちは、人民を欺き、就職先を探し求め、金のなる木のかたわらにその実を捥《も》ごうと擦り寄り、閣僚という閣僚を扇動した。純粋な革命家たちの全員が彼らを軽蔑したが、われわれは革命の中で機能を果す彼らを、歯ぎしりしながらも見逃してやった。彼らはわれわれの革命の良識を辱めた。彼らの存在は常にわれわれの罪過を映し出す鏡であった。革命精神の欠如に対して、裏切る可能性を帯びた者たちに対して、意志の虚弱、臆病、窃盗、「牛馬泥棒」に対して、これらすべてに対して融通をきかせる態度に出たことの罪過。

われわれの良心の呵責の対象は今やさっぱりと消え失せてしまった、なぜなら彼らは神が遣わし給いし小船に乗りこんで揃ってマイアミへ去《い》ってしまった。第二戦線の「牛馬泥棒さんたち」よ、有難う。あんた方のおかげでわれわれは、手盛りの指揮官たち、とんでもない大尉たち、戦闘の過酷さには馴染みがなくても農家を差し押さえることには慣れている英雄気取りの方々の、嫌悪すべき存在から解放してもらえて礼を言おう。与えてくれた教訓には感謝しよう。革命の寛大さをもっても良心は買えないことを、誰に対しても厳しく、要求を緩めてはならないことを、過誤、弱さ、そして不誠実に対して断固たる態度を取るべきことを明示してくれたことに、またどこであれ革命の崇高な理念に背いた悪徳が発生した場合はわれわれをそれに向かって立ち上がらせ、告発させ、懲罰させてくれたことに感謝しよう。

　第二戦線の例、そしてわれわれの親愛なる良友こと元泥棒のプリオの例が、われわれを現実に立ち返らせてくれる。泥棒を泥棒と呼ぶことを怖れないにしようではないか。なぜならわれわれ自身が「革命戦術」とおおざっぱに呼称した事々に栄誉を与えて、今はわれわれを「賤しむべき共産党ども」と呼ぶが、当時はわれわれを「キューバの救い主」と称していたこの泥棒をかつては「元大統領」と呼んだのだから。

　泥棒はあくまでも泥棒で、彼は泥棒のまま死を迎える――少なくとも泥棒の達人たちはそうである。彼は、ある国々に存在するような、子供たちに食べさせようと追いつめられて一片のパンを盗む、そんな人間ではない。そうではなく、自分のために女、麻薬、酒を手に入れるために、あるいは本能的な衝動を満たしたくて窃盗を働く者なのだ――そいつは生涯盗みを働き続ける。

われわれの良心を非難していた者たちは揃って向こう側にいる。たとえばフェリーペ・パソスは自身の節操を、「堅い」組織が自在に使える金貨一枚のごとくに売り渡した。ルフォ・ロペスとフスト・カリージョ、彼らはさらにもう少し上《のぼ》って自分たちを好都合な足場に付けようと、ヨチヨチ歩きの第一歩を踏んだ。〔ホセ〕ミロ・カルドナのような永遠の日和見主義者たち。人民の殺害を共謀する救い難い泥棒たち。「牛馬泥棒たち」はエスカンブライで多数の農民たちを虐殺しただけでなく、「偉業」〔家畜の強奪〕をも実行し、バティスタ軍勢にも増して恐怖の種を播き散らした。彼らもわれわれの良心の呵責の一部である。彼らは二度と繰り返してはならない革命の罪過をわれわれに思い起こさせる。それはわれわれとしても学ぶべき教訓である。

革命家の品行は、革命家の信条を映しだす鏡そのものである。革命家を自称する者がそれにふさわしい振る舞いをしなければ、彼はペテン師以外の何者でもない。全員が同じ穴のムジナなのだ。始終喧嘩し合っているベントゥラスとトニー・バロナス、プリオとバティスタ、グティエレス・メノヨスとサンチェス・モスケラのような連中。目前の欲望を満足させるために人殺しをする殺人鬼たち、また自由の名においてそうする者たち。正真正銘の泥棒たちと裏切り者たち。ありとあらゆる類の日和見主義者たち。目麗しいセット商品に過ぎないだけの大統領候補たち。

われわれは君らからどれだけ多くを学んだことか！　礼を言おう。

リディアとクロドミラ

私がリディアに出会ったのは、われわれが革命活動を始めて六カ月が過ぎた頃であった。第四縦隊の指揮官に任官してまだ日も浅かった私は、シエラ・マエストラ山のふもとの、バヤモに近いサン・パブロ・デ・ヤオという小さな村に食糧を求めて電光石火の襲撃をかけた。村に入ってすぐの、何軒かの家の一軒はパン屋の一族の持ち家だった。四十五歳位のリディアという女性がパン屋の主の一人で、彼女の一人息子がわれわれの縦隊に所属していた。彼女は最初から情熱と模範的な忠誠をもって革命の任務に身を投じた。

彼女の名前が脳裏をかすめるたびに、私はこの非の打ちどころのない革命家に対して単なる愛情をこめた感謝以上のものを感じる。彼女は私に特別に傾倒しているところを露わにして、私がどこの戦線に任命されようと構うことなく、なにがなんでも私の命令下で仕事をしたがった。リディアは幾度となく私のために、また「運動」のために、特別の配達人の役目を果してくれた。彼女はサンティアゴへ、そしてハバナへ、彼女の身を危うくする複数の書類、縦隊のコミュニケ文書、われわれの新聞「エル・クーバノ・リブレ」紙を配達してくれた。われわれの許には書類、医薬品、つまり、われわれが必要とするすべてを必要時に運び入れてくれた。

彼女の大胆不敵さはあまりにも天井知らずで、男性の配達人は彼女に同行したがらなかった。私は彼らの一人が私に告げた彼女の評判——称賛と憤慨が半々——がいまだに耳に残っている。彼はこう言った。

「あの女傑は［アントニオ］マセオに勝ります……でもわれわれは彼女のせいで全員が殺されてしまいますよ。彼女のすることはクレージーですが、今はゲームをやっている場合ではないのですよ」

それでもリディアは敵の最前線を幾度も幾度も突破し続けた。

私がラス・ベガス・デ・ヒバコア〔ヒバコア平原〕のミナス・デ・フリオ区域に移動させられると、彼女は追いかけてきた。それは彼女が、それまで女性から命令されることに不慣れなキューバ人男性群の憤懣を買いながらも、雄々しく、そしてやや暴君めいたやり方で支配してきた補助野営地から立ち去ることを意味した。ヤオとバヤモの中間のラス・クエバスに位置する彼女の野営地は革命軍の最前線にあった。そこはあまりにも危険な基地なので、われわれは彼女をそこの司令部から他所へ移したかった。敵軍がそこを突きとめて以来、隊員らは出入りのたびに銃火を浴びせられることがしばしばであった。私はリディアがここに二度と戻ってこられないよう移動させようとした。しかしそれも、彼女が私に付いて新たな戦線に移ったことで初めて実現した。

リディアの人となりを表す逸話で私の記憶にあるのは、われわれの最も優秀な戦闘隊員の一人——カルデナス出身のまだ年端のいかない少年——ヘイリンが戦死した日のことである。

当時彼は、リディアのいる野営地の哨所に配置されていた。ある任務を終えての帰途、リディアは数人の敵軍兵士がこっそりと哨所へ向かっているのを目撃した。誰か情報提供者が内通したからに相違なかった。リディアの反応は素早かった。彼女は所持していた三二口径の小型ピストルを取り出すと、警戒警報の空砲を二発ばかり撃ち上げようとした。しかし親しい者の手が彼女の動きを、ここで撃ったら隊員全員の命取りになりかねないとして寸前に押し留めた。一方で兵士たちは前進すると、歩哨に立っていたヘイリンを不意討ちした。ギジェルモ・ヘイリンは勇敢に立ち向かったが、深手を二カ所に負った時点で、この殺し屋たちの手中に落ちた場合の自分の行末を承知していたので自ら命を絶った。敵軍兵士たちはそのまま進み行き、燃えるものすべてに火を放った上で立ち去った。

その翌日、私はリディアに会った。彼女の表情から、うら若い戦闘員の死を悲しむ深い絶望感と、彼に警告を発することを阻止した人間への憤りが窺えた。

「私は敵兵に殺されたかもしれませんでしたが」

と彼女は言った。

「少年は助かった筈です。私はもはやおばあさんですが、彼はまだ二十歳にもなっていませんでした」

彼女は幾度となくこの話題を蒸しかえした。彼女がしばしば死を軽蔑して口にする言い回しには、時折ある意味で自慢する風すら感じられた。だが、彼女は割り当てられた使命をいつも完璧にやってのけた。

リディアは私の子犬好きを知っていて、ハバナから一匹連れてきてくれると約束しながら、結局それは果たせずじまいになった。

軍隊が攻撃を度重ねていた日々、リディアは文書の運び人としての任務を遂行した。彼女はシエラ・マエストラへの往来を繰りかえしては重要な文書類の受け渡しをおこない、われわれと外界との連絡をしっかりと実行してくれた。彼女には、私が名前だけを知る、同類の度量を持つもう一人の戦士がいつも同行していた。その名クロドミラは全叛乱軍にあまねく知られ、崇敬を集めていた。リディアとクロドミラはその頃からお互いに離れられない、危険を分かち合う相方であった。彼女らは出て行く時も戻って来る時も常に一緒であった。

私はリディアに、ハバナとシエラ・マエストラにいる参謀隊の首席連絡員になってもらおうと考えていたので、私がラス・ビラスの侵略を終えて戻ったら直ぐ出頭してくれるように頼んでいた。帰任した私を彼女からの一通の手紙が待っており、その中で彼女は、私にくれる一匹の子犬が見つかったので次回連れてくると告げ知らせていた。

リディアとクロドミラはその行程を全うできなかった。それからほどなくして私は、一人の男性――戦闘員としても革命家としても彼女らより百倍劣る――の失策のせいで、リディアとクロドミラの居場所が突き止められる結果になったことを知らされた。われわれの二人組の同志は決死の抵抗をした。リディアは捕まった時点で負傷していた。リディアとクロドミラの遺体は消えてしまった。彼女たちは、自由のための大闘争の最後の日々を戦っていた時と同じように寄り添って、永遠の眠りを共にしているに相違あるまい。

いつの日か、ひょっとしたら、巨大な墓場と化してしまったこの島のどこかの寂しい野原で、彼女たちの遺骸が見つかるかもしれない。

しかし、あの女性たちの記憶は、叛乱軍に参加してあの苦難に満ちた日々を共に戦い、犠牲を捧げた者たちの間で永久に生き続けることになる。彼女たちが連日危険を冒してくれたおかげで、島の他の地域との連絡が可能にされたのである。われわれ全員――第一戦線にいた者たちにとって、とりわけ私自身にとって――の胸のうちにリディアは愛顧の場を占めている。そのために私は、かつては喜びに満ちていたが今や広漠たる墓地と化してしまったこの島に一輪のささやかな花を捧げるつもりで彼女に尊敬の意を表し、これらの追想の言葉をしたためるのである。

小事典

アクーニャ・ヌニェス、フアン・ビタリオ（ビロ）（一九二五―六七）
グランマ州に生れる。シエラ・マエストラの農民で第一縦隊の第一戦線にゲリラ戦闘員として入隊。第四縦隊の第一戦線に移った後、第三縦隊の第三戦線に移る。叛乱軍指揮官に昇格。

アコスタ・フェラルス、クロドミラ（一九三七―五八）
ヤラに生れる。「七月二十六日運動」の構成員。叛乱軍に連絡役として所属。クロドミラとリディア・ドセは常に行動を共にした女性の同志であった。一九五八年九月十二日、ハバナへ任務で赴く途上、クロドミラは逮捕され、拷問された後に殺された。

アセベド・ゴンサレス、エンリケ（エンリキィート）（一九四二―）
ラス・ビラスに生れる。叛乱軍第四縦隊の第一戦線に入隊。第八縦隊の隊員。大尉。

アメイヘイラス・デルガド、エフィヘニオ（一九三一―）
ラス・トゥナスに生れる。グランマ号遠征隊の隊員。第一縦隊に次いで第六縦隊の第二戦線に所属したゲリラ戦闘員。指揮官に昇格。

アルト・ダバロス、アルマンド（一九三〇―）

ハバナに生れる。弁護士。国家革命運動のメンバー。「七月二十六日運動」の創始者。一九五六年十一月三十日の蜂起を組織した。逮捕され、革命の勝利の日までピノス島（その後青年《フベントウド》島と改名）に投獄された。

アルベンソ・ハコボ（一九一四―七一）

民主的に選挙された後、一九五一年より五四年までグアテマラの大統領であった。一九五四年、CIAが背後で操作するクーデターにより転覆させられる。

アルメイダ・ボスケ、フアン（一九二七―）

ハバナに生れる。一九五三年七月二十六日のモンカダ兵営の襲撃に参加した後、投獄される。グランマ号遠征隊の隊員。指揮官に昇格。第三縦隊隊長。現在革命軍指揮官。

イグレシアス・レイバ、ホエル（一九四一―）

サンティアゴ・デ・クーバに生れる。ゲリラ軍の第一縦隊に入隊後、第四縦隊に移り、その後「シロ・レドンド」第八縦隊に所属する。チェ・ゲバラの指揮下、ラス・ビラス攻略戦で戦った。指揮官に昇格。

インファンテ・ウリバソ、エンソ（ブルーノ）（一九三〇―）

サンティアゴ・デ・クーバに生れる。サンティアゴ・デ・クーバにおける「七月二十六日運動」の州委員会のメンバー。「七月二十六日運動」のカマグエイの責任者でもあり、国内広報活動を担当した。一九五六年十一月三十日の蜂起で闘った後、一九五九年一月まで投獄される。

ウエストブルック・ロサレス、ホセ（ジョー）（一九三七—五七）

ハバナに生まれる。革命幹部会のメンバー。一九五七年三月十三日の大統領宮襲撃戦に参加した。同年四月二十日、裏切り行為があった後に殺害された。

ウルティア、マヌエル（一九〇二—八一）

逮捕されたグランマ号遠征隊員らの裁判がおこなわれた法廷の判事。法廷ではバティスタ政権を公然と非難した。彼は一九五九年一月にキューバ大統領に就任したが、同年七月に辞任してアメリカ合衆国へ去った。

エスカローナ・アルフォンソ、デルミディオ

叛乱軍の第二戦線に入隊した。ブランキサル戦およびピノ・デル・アグア戦で武勲を立てる。一九五八年、オルガノス山中のピナール・デル・リオでゲリラ戦線の陣立てを任命された。終戦時には指揮官の位にあった。

エスピン・ギロイス、ビルマ（デボラ）（一九三〇—二〇〇七）

サンティアゴ・デ・クーバに生まれる。フランク・パイスの指揮下で「七月二十六日運動」の全国指導部の指導者のメンバー。「運動」の東部方面責任者。一九五八年、叛乱軍第六縦隊の第二戦線に加わる。

エチェベリア、ホセ・アントニオ（マンサニタ）
　大学学生連盟議長。一九五七年三月十三日、革命幹部会が大統領宮およびレロホ・ラジオ局を襲撃した際、警察隊との銃撃戦で死亡した。

エル・ウベロ
　一九五七年五月二十七日より二十八日までオリエンテ州のこの場所で戦闘がおこなわれた。十分要塞化された敵軍の前哨基地を叛乱軍が侵略した。

「エル・クーバノ・リブレ」新聞
　叛乱軍によりシエラ・マエストラで創刊された新聞名。植民地時代、スペインに独立を求めて闘ったマンビ戦士たち〔キューバの独立運動の志士〕も同名の新聞を発行していた。

エルナンデス、メルバ（一九二一―）
　一九五三年のモンカダ兵営の襲撃に参加した弁護士で、後に投獄される。「七月二十六日運動」の全国指導部のメンバーで地下運動の指導者。シエラ・マエストラの叛乱軍に合流する。

オルトドクソ党〔真正党〕
　一九四七年、エドゥワルド・チバスによって誠実な綱領に基づく政党として結成される。一九五一年のチバスの死後、フィデル・カストロの指導の下に、青年部の者たちが最初の幹部候補構成員として「七月二十六日運動」に参加した。オルトドクソ党の公の指導権は右傾化した後に分散した。

革命幹部会

一九五五年、ホセ・アントニオ・エチェベリアおよび大学学生連盟の指導者らによって結成された。革命幹部会は一九五七年三月十三日、大統領宮の襲撃を指揮したが、この襲撃事件は発生した日付によってその後知られることになる。一九五八年二月にはエスカンブライ山中でゲリラ縦隊を組織した。一九六一年、「七月二十六日運動」および人民社会党と合体した。

カシージャス、ホアキン（一九五九年に死亡）

残虐行為で悪名高い陸軍士官。革命後、裁判にかけられた上で処刑される。

カスティジョ・アルマス、カルロス（一九一四―五七）

グアテマラ人大佐。一九五四年、アメリカ合衆国が支援してアルベンソ大統領の転覆を図ったクーデターに、独裁者として差し向けられた。

カストロ・メルカデル、ラウル（一九三七―）

ラス・トゥナスに生れる。「七月二十六日運動」の構成員。フランク・パイスによってシエラ・マエストラへ派遣された最初の増援分遣隊員。第一および第四縦隊の第一戦線要員。チェ・ゲバラの率いる縦隊で大尉に昇格した。

カストロ・ルス、フィデル（一九二六―）
　一九五三年七月二十六日、モンカダ兵営の襲撃を指揮した後に投獄される。大衆による抗議デモの結果、一九五五年に釈放される。「七月二十六日運動」を組織し、メキシコへ渡航して叛乱軍隊を結成する。グランマ号遠征隊員、革命軍の最高司令官。一九五九年二月より一九七六年十二月までキューバ国首相。現在は国家評議会、閣僚評議会の議長、キューバ共産党の第一書記。

カストロ・ルス、ラウル（一九三一年―）
　一九五三年のモンカダ兵営の襲撃に参加して投獄される。グランマ号遠征隊員、叛乱軍の東部第二戦線の指揮官。一九五九年より現在まで革命軍担当大臣。一九五九年より一九七六年まで副首相。一九七六年、国家評議会および閣僚評議会の第一副議長になる。一九六五年以降キューバ共産党の第二書記。フィデル・カストロの実弟。

カラカス協約
　反対政党の流れを一本化した協約書として一九五八年七月二十日に発表され、「七月二十六日運動」を代表するフィデル・カストロを含め、反バティスタを唱える反対党が広い範囲で合意した。協約書の内容は、暫定政府を樹立してバティスタ独裁政権の背後に控えるアメリカ合衆国の支援を断ち切るために武装蜂起を呼びかけた。

カリージョ、フスト

モンテクリスティ団を一九五六年に結成。革命後はアメリカ合衆国へ逃亡し、反革命活動の組織結成に手を貸す。

ガルシア・フリアス、ギジェルモ（一九二八―）

グランマ州に生れる。最初に支援を申し出た農民たちの一人で、叛乱軍の第一縦隊に入隊した。第三戦線を組織した。革命政権における指揮官に昇格。

ガルシア・マルティネス、カリスト（一九三一―）

マタンサスに生れる。バヤモのカルロス・マヌエル・デ・セスペデス駐屯地の襲撃に参加。国外追放になった後、グランマ号遠征隊員になる。叛乱軍の第一縦隊の指揮官。

キューバ革命党

一九三四年に結成された。ホセ・マルティの党が十九世紀の対スペイン独立闘争において使用したと同じ党名。一九四四年より五二年まで政権を維持した。バティスタと対立した後、革命政府とも対立した。

クエルボ・ナバロ、ペラヨ（一九〇一―五七）

グアンタナモに生れる。オルトドクソ党員で著名な弁護士であり戦闘士。一九五七年三月十三日の大統領宮襲撃の数時間後に殺害される。遺体はエル・ラギト・カントリークラブ〔上流階層の出入りする社交クラブ〕の敷地内で発見された。

グランマ号
一九五六年十一月から十二月、革命家たちがメキシコからキューバに航海する際に使用したヨットの船名。

クレスポ・カストロ、ルイス（一九二三―二〇〇二）
マタンサスに生れる。グランマ号遠征隊員。叛乱軍第一縦隊第一戦線の隊員。指揮官に昇格した。チェは彼をグアヒロ〔キューバでは田舎者を指す〕のクレスポと呼称した。

コンテ・アグエロ、ルイス（一九二四―）
ジャーナリストでオルトドクソ党員。バティスタ政権に対して反対の立場を取ったが、革命闘争には異を唱えた。一九六〇年アメリカ合衆国へ渡った。

サルディーニャス・メネンデス、ギジェルモ（一九一六―六四）
叛乱軍に入隊したカトリック神父で大尉に任官される。

サンタマリーア・クアドラド、アイデー（エイイェ）（一九二二―八〇）
ラス・ビラスに生れる。一九五三年のモンカダ兵営襲撃に参加した。その後逮捕され、裁判にかけられ、投獄された。「七月二十六日運動」の全国指導部のメンバー。「七月二十六日運動」より、革命闘争の支援に関連する諸任務を遂行するためにキューバ国外へ派遣された。

サンチェス・アルバレス、ウニベルソ（一九一九―）
マタンサスに生れる。「七月二十六日運動」の構成員でグランマ号遠征隊員。指揮官に昇格。

サンチェス・ホワイト、カリスト（一九二四―五七）
ヌエバ・エスコシアに生れる。第二次世界大戦で闘った飛行士であり機械工。マイアミに亡命。自ら組織して率いた遠征隊は一九五七年五月二十八日、コリンティア号からマヤリに上陸したが、参加したほぼ全員が虐殺される結果に終わった。

サンチェス・マンドゥレイ、セリア（一九二〇―八〇）
グランマ州に生れる。「七月二十六日運動」支部をマンサニージョに創設した。グランマ号遠征隊員らの上陸を支援した。シエラ・マエストラへ派遣された第一次増援分遣隊をフランク・パイスと共に組織した。シエラ・マエストラ闘争に加わり、フィデル・カストロの下で叛乱軍の参謀隊員となった。

サンチェス・モスケラ、アンヘル
バティスタ軍の大佐。農民に対する残虐行為で悪名高かった。

シエラ
「七月二十六日運動」を参照のこと。

シエラ宣言
フィデル・カストロ、フェリーペ・パソス、ラウル・チバスらによって一九五七年七月十二日に発表された。一致団結してバティスタ政権を打倒し、叛乱軍を支持する連携運動を呼びかけた。農地改革の基本を概説する一方でキューバ問題への外国の干渉に反対を表明した。

シエンフエゴス・ゴリアラン、カミロ（一九三二―五九）
ハバナに生れる。グランマ号遠征隊員。「アントニオ・マセオ」第二縦隊の指揮官。一九五九年一月、叛乱軍の指揮官に指名された。一九五九年十月二十八日、飛行機事故により死亡した。

「七月二十六日運動」
一九五五年にモンカダ兵営襲撃に参加したゲリラ兵およびオルトドクソ党の左派に属す青年活動家らによって創立された。一九五六年三月にオルトドクソ党と正式に袂を分かった。革命戦争当時、この運動は山中にあった叛乱軍（シエラ）と都市部の地下網状組織（リャノ）によって構成された。一九六一年、人民社会党および革命幹部会と結合して革命統合組織連合（ＯＲＩ）を結成した。

真正組織（**真のキューバ革命党**）
バティスタ政権に反対するブルジョワ階層の一部で、キューバ革命党（アウテンティコ党）の党員らによって結成される。一九五九年、指導者らは革命に異を唱えてキューバを去った。

人民社会党（PSP）
一九二五年にキューバ共産党として結成され、その後一九四四年に人民社会党と党名を改名した。革命の勝利後、一九六一年に「七月二十六日運動」および革命幹部会と合体した。

スアレス・マルティネス、ラウル（一九三五―五六）
シエンフエゴスに生れる。地下の学生運動に参加した。メキシコに亡命後、グランマ号遠征隊員になった。一九五六年十二月八日、ボカ・デル・トロにて殺害された。

スニョルリカルド、エディ（一九二六―七一）
オルギンに生れる。フランク・パイスの指揮下にサンティアゴで「七月二十六日運動」に参加した。第一縦隊に所属する戦士で後に第十四縦隊の第四戦線隊長になった。指揮官に昇格。

一九五七年三月十三日
この日、バティスタを暗殺する目的で革命幹部会の武装部隊がハバナの大統領宮を襲撃した。計画は失敗し、幹部会の指導者であったホセ・アントニオ・エチェベリアを含めて複数の革命家が殺害された。

一九五七年八月一日
七月三十日にフランク・パイスが暗殺されたことに抗議してゼネストがサンティアゴで勃発す

る。七月三十日、サンティアゴへ向かうパイスの葬列行進にキューバ人六万人が参加。八月一日の抗議運動はオリエンテ州に、そしてキューバ島全土にまたたくまに広がった。

一九五八年四月九日

「七月二十六日運動」がキューバ全土にゼネストを呼びかけた年月日。準備が十分でないうちにスト宣言がおこなわれた結果、ストライキは失敗した。バティスタ軍の抑圧と攻撃に拍車がかかる。

一九五六年十一月三十日

「七月二十六日運動」はフランク・パイスの指揮の下に、グランマ号の到着予定に合わせてサンティアゴ・デ・クーバで一斉蜂起を計画した。叛乱の試みは粉砕され、これを契機にバティスタ政権の警察による逮捕と暗殺の波動が高まり、特にサンティアゴとオリエンテ州全域ではその動きが目立った。

ソト・アルバ、ペドロ（ペドリン）

グランマ州に生れる。「七月二十六日運動」の構成員でグランマ号遠征隊員。アレグリア・デ・ピオ戦の後、地下活動を経て、シエラ・マエストラへフランク・パイスが送りこんだ第一次分遣隊員として叛乱軍に再入隊した。第一縦隊の第一戦線に所属した。一九五八年六月二十六日の戦闘で戦死。ラウル・カストロによって死後指揮官に昇進した。

チバス、エドゥワルド（一九〇七―五一）

一九四七年にオルトドクソ党を結成する。一九五〇年に国会議員に選出される。一九五一年、政権の汚職に抗議するラジオ演説をおこなった後に自殺した。

チバス、ラウル

オルトドクソ党員でエドゥワルド・チバスの実弟。一九五七年のシエラ宣言に署名した後、「七月二十六日運動」の亡命者委員会において会計を務める。革命後はアメリカ合衆国へ逃亡した。

チョモン・メディアビラ、ファウレ（一九二九―）

革命幹部会の指導者。一九五七年三月十三日の大統領宮襲撃に参加。一九五八年、スカパデ号に乗船する武装遠征隊に加わってキューバに帰還後、ゲリラ分隊を組織してエスカンブライ山中の叛乱軍に合流した。

ディアス・ゴンサレス、フリオ（フリト）（一九二九―五七）

ハバナに生れる。一九五三年のモンカダ兵営の襲撃に参加する。メキシコに亡命した後、グランマ号遠征隊員となる。一九五七年五月二十八日、エル・ウベロ戦で大尉として戦死した。

「ディアリオ・デ・ラ・マリーナ」

キューバで発行されていた右翼系の日刊紙。一九六〇年三月十三日、革命政府の手によって廃刊となった。

デル・バジェ・ヒメネス、セルヒオ（一九二七―）

「七月二十六日運動」の構成員。ゲリラ軍第一縦隊の第一戦線に入隊した医師。第二縦隊の医務担当指揮官。

ドセ・サンチェス、リディア（一九一二―五八）

オルギンに生れる。「七月二十六日運動」の構成員。叛乱軍の第一および第四縦隊に連絡役として入隊する。一九五八年九月十二日、拷問の末に殺害された。

トリュヒージョ、ラファエル（一八九一―一九六一）

一九三〇年から暗殺されるまでドミニカ共和国の独裁者。

ヌニェス・ヒメネス、アントニオ（一九二三―）

ハバナに生れる。叛乱軍の戦闘員。一九五八年四月九日のストライキの準備に助力する。エスカンブライ戦線の創設に携わった。

ハーマン、マーク

叛乱軍の第一戦線に入隊したアメリカ合衆国市民。一九五八年当時、ミナス・デル・フリオの新規補充戦闘員訓練学校にて教官を務める。第八縦隊隊員。大尉に昇格。

パイス・ガルシア、フランク（ダビッドまたはカルロス）（一九三四―五七）
　サンティアゴ・デ・クーバに生れる。サンティアゴにおける「七月二十六日運動」の軍事活動およびサボタージュ行為担当班の創設者であり長であった。一九五六年十一月三十日の蜂起を指揮した。一九五七年七月三十日、故郷の町で同志ラウル・プホルと共に殺害された。

パイス・ガルシア、ホスエ（一九三七―五七）
　サンティアゴ・デ・クーバに生れる。フランク・パイスの実弟。「七月二十六日運動」の地下の市民軍の大尉。一九五六年十一月三十日の蜂起で見事な闘いぶりを見せた。六月三十日、故郷の町にて殺害された。

バティスタ・フルヘンシオ（一九〇一―七三）
　一九三四年にキューバ政府の支配権を奪った軍曹。彼は一九四四年に軍務を離れ、一九五二年三月十日、クーデターを指揮してカルロス・プリオ・ソカラス政権を転覆させる。一九五九年一月一日、キューバから逃亡した。

バルデス・メネンデス、ラミロ（ラミリト）（一九三二―）
　アルテミサに生れる。モンカダ兵営襲撃に参加後、逮捕されて裁判にかけられた。メキシコに亡命後、グランマ号遠征隊員になる。ゲバラがミナス・デル・フリオで第八縦隊を指揮した際に第四縦隊隊長を務めた。現在、革命政権の指揮官である。

パルド・ゲラ、ラモン（ギレ）（一九三九―）

一九五七年以来叛乱軍の戦闘員。第四縦隊の第一戦線隊員。後に第八縦隊に合流した。

叛乱軍

バティスタ政権に反対する革命戦争で活動した「七月二十六日運動」の武装勢力。一九五九年に革命武装隊となった。

ピッグス湾

一九六一年四月十七日、アメリカ合衆国の支援を受けて侵攻事件があった場所。最後の侵略兵が四月十九日、プラヤ・ヒロンにて降伏した。

ファハルド・ソトマヨール、マヌエル・エンリケ（一九三二―九五）

グランマ州に生れる。一九五六年、第一戦線に入隊した最初の農民の一人で、その後、第二戦線に移った。指揮官に昇格。

ファハルド・リベロ、マヌエル・エウヘニオ（ピティ）（一九三〇―六〇）

グランマ州に生れる。医師。最初は叛乱軍の第一縦隊に、後に第十二縦隊の第五戦線に所属する。指揮官に昇格。

フェルナンデス・フォント、マルセロ（ソイロ）（一九三二―二〇〇四）
ハバナに生れる。ハバナにおける「七月二十六日運動」の責任者。

プリオ・ソカラス、カルロス（一九〇三―七七）
キューバ革命党の指導者であり、一九四四年より四八年までキューバの労働大臣。一九四八年、大統領に選出されるが、一九五二年、バティスタによるクーデターで失脚。革命に反対して一九六一年、アメリカ合衆国へ出国した。

ペーニャ・トレス、エルメス
叛乱軍兵士。第八縦隊隊員。

ペレス・エルナンデス、ファウスティーノ（一九二〇―九二）
ラス・ビラス州のカバイグァンに生れる。医師。国外追放になって渡ったメキシコでグランマ号遠征隊に加わる。都市部のレジスタンス運動で中心的役割を演じる。「七月二十六日運動」においてて作戦およびサボタージュ行為を担当する国内の最高責任者であった。一九五八年四月九日のストライキ後はシエラ・マエストラで戦闘に加わり、その地で指揮官に昇格した。

ペレス・モンタノ、クレセンシオ（一八九五―一九八六）
グランマ州に生れる。「七月二十六日運動」の創設者。彼はセリア・サンチェスと共にグランマ号の上陸を支援した。第一縦隊の第一戦線の隊員となり、後に第七縦隊を指揮した。指揮官に昇格。

ボルドン・マチャド、ビクトル（一九三〇―）
ケマド・デ・ギネスに生れる。オルトドクソ党青年部党員で、後に「七月二十六日運動」の構成員。一九五八年四月九日のストライキに参加。ラス・ビラス州のサグア・ラ・グランデ地方にてゲリラ団を結成した最初の一人。一九五八年十月に第八縦隊に入隊した。

ポンセ・ディアス、ホセ（一九二六―）
ハバナに生れる。モンカダ兵営襲撃に参加した。グランマ号遠征隊員。

マイアミ協約
一九五七年十一月一日、真正組織（真のキューバ革命党）、キューバ革命党、オルトドクソ党、革命幹部会その他を含む勢力によって発表された協約。彼らは、文書には「七月二十六日運動」の公認された代表らの署名もあると偽りを主張した。この協約のもとにカルロス・プリオ・ソカラスの牛耳るキューバ解放評議会が創立された。この協約は、フィデル・カストロの起草した書状を通じて叛乱軍および「七月二十六日運動」に公然と非難された。

マス・ロペス、カルロス（カルリトス）（一九三九―一九五八）
グランマ州に生れる。ゲリラ戦闘員らに協力した農民。叛乱軍の第四縦隊の第一戦線に入隊する。大尉に昇格する。ナランホ戦にて致命傷を負い、一九五八年七月十四日にラ・プラタ病院にて死去。

マセオ、アントニオ（一八四五―九六）

三度のキューバ独立戦争における卓越した指導者で戦略家。第一次独立戦争を終結させた一八七八年の条約に反対した。一八九五年より九六年まで、キューバ島の東から西まで行軍を率いた。戦死。

マセッティ・ブランコ、ホルヘ・リカルド（セグンド）（一九二九―六四）

アルゼンチン生れのジャーナリスト。彼は山中にゲリラ戦闘員らを訪ね、フィデル・カストロとチェ・ゲバラを取材訪問した。彼とチェ・ゲバラは長い間深い友情によって結ばれていた。アルゼンチン北部でゲリラ部隊を率いている最中に殺害された。

マチャド・ベントゥラ、ホセ・ラモン（マチャディート）（一九三〇―）

「七月二十六日運動」の構成員。叛乱軍の戦闘員で医師。第六縦隊の第二戦線に所属する。指揮官に昇格。

マトス、ウベルト

叛乱軍の指揮官。一九五九年十月、彼は反革命を目的とする叛乱をカマグエイ州にて企てた。その後逮捕され、一九七九年まで獄中にあった。

マルケス・ロドリゲス、フアン・マヌエル（一九一五―五六）
ハバナに生れる。「七月二十六日運動」の構成員。グランマ号遠征隊の準備に際して重要な役割を果し、副司令官を務めた。一九五六年十二月十六日、ラス・コロラダス海岸でグランマ号から下船した後にラ・ノルマ農場にて暗殺される。

マルティ、ホセ（一八五三―九五）
キューバの国民的英雄。著名な詩人、作家、演説家、ジャーナリスト。一八九二年、スペインの圧政とアメリカ合衆国の策略に立ち向かうためにキューバ革命党を結成した。一八九五年に独立戦争を開戦した。戦死。

マンビ
キューバがスペインの植民地であった時代の独立戦争の戦士。

ミロ・カルドナ、ホセ（一九〇二―七四）
バティスタ政権に反対するブルジョワ層の指導者で、一九五九年一月より二月までキューバ首相。一九六〇年にアメリカ合衆国へ向けて出国し、革命に反対の立場を取る亡命者らによるキューバ革命会議の議長を務めた。

モラ・モラレス、メネラオ（一九〇五―五七）
ピナル・デル・リオに生れる。マチャドの独裁政権に刃向かった果敢な戦闘員。一九五七年三月十三日の大統領宮襲撃事件で殺害される。

モラレス・エルナンデス、カリスト（一九二九―）

カマグエイに生れる。グランマ号遠征隊員で叛乱軍の第一および第八縦隊に所属し、大尉に昇格する。

モンタネ・オロペサ、ヘースス（一九二三―九九）

ピノス島のヌエバ・ヘロナに生れる。一九五三年のモンカダ兵営襲撃事件の指導者の一人で、その後逮捕されて裁判にかけられる。国外追放されてメキシコへ赴き、グランマ号遠征隊に参加する。ゲリラ隊員らがアレグリア・デ・ピオで四散した後、彼は一九五六年十二月十二日に逮捕され、革命が勝利するまで獄中にあった。

モンテクリスティ団

一九五六年、フスト・カリーリョがバティスタ政権打倒をめざして軍事クーデターを起こす目的で結成した一団で、団員にはバティスタ軍兵士らも含まれていた。

ラ・プラタ

一九五七年一月十七日、オリエンテ州で叛乱軍がバティスタ軍を最初に破った戦場名。

ラフェルテ・ペレス、エベリオ

バティスタ軍の少尉。ピノ・デル・アグア戦の後半戦で叛乱軍の捕虜になった。一九五八年、フィデルに命じられてゲリラ部隊に加わり、その後大尉に昇格。

ラモス・ラトゥール、レネ（ダニエル）（一九三二—五八）

オルギンに生れる。「七月二十六日運動」の構成員としてマヤリ、カウト、アンティリャ、ニカロなど北部地域で任務に携わった。運動の軍事活動およびサボタージュ行為担当班に属し全国指導部のメンバー。一九五七年、第一縦隊と共にシエラ・マエストラに到着した。指揮官に昇格。

ラモッテ・コロナド、ウンベルト（一九一九—五六）

メキシコへ国外追放され、その後グランマ号遠征隊員となった。一九五六年十二月五日、アレグリア・デ・ピオ戦にて戦死した。

リャノ

「七月二十六日運動」を参照のこと。

レドンド・ガルシア、シロ（一九三一—五七）

ハバナに生れる。モンカダ兵営襲撃に参加して逮捕され、裁判にかけられる。メキシコに亡命した後、グランマ号遠征隊に加わる。第四縦隊の参謀幕僚隊員となり大尉に昇格する。一九五七年十一月二十九日のマル・ベルデ戦で殺害され、死後指揮官に昇進した。

ロケ・ヌニェス、ロベルト（一九一五―八九）
シエンフエゴスに生れる。海軍軍人で「七月二十六日運動」の構成員。グランマ号遠征隊の大尉。ゲリラ隊員らがアレグリア・デ・ピオで四散した後に逮捕され、革命が勝利するまで獄中にあった。

ロドリゲス・クルス、レネ（エル・フラコ）（一九三一―九〇）
カルデナスに生れる。「七月二十六日運動」の構成員でグランマ号遠征隊員。第八縦隊の戦闘員。

ロドリゲス・コルドビ、ヘオネル（一九三四―五八）
パルマ・ソリアノに生れる。「七月二十六日運動」の構成員。第四縦隊第一戦線の大尉。一九五八年七月十一日、ナランホで迫撃砲に直撃され、七月十二日、ラ・プラタ病院にて死亡した。

ロドリゲス・デ・ラ・ベガ、アルフォンソ（クコ）
叛乱軍の戦士。第八縦隊の大尉としてラス・ビラスの軍事行動に従事する医師であった。

ロドリゲス・フェルナンデス、ロベルト（バケリト）（一九三五―五八）
サンクティ・スピリトゥスに生れる。第一および第四縦隊の第一戦線隊員。第八縦隊の「決死隊」の隊長。一九五八年十二月三十日、サンタ・クララ警察署の襲撃戦で戦死した。

ロドリゲス・ペレス、フルクトゥオソ（一九三三―五七）
　ラス・ビラスに生れる。大学学生連盟の副議長。一九五七年三月十三日の大統領宮襲撃戦に参加する。アントニオ・エチェベリアの死後、大学学生連盟の議長および革命幹部会の事務局長に就任した。裏切り行為があったために一九五七年四月二十日に暗殺された。

ロペス・フェルナンデス、アントニオ（ニコ）（一九三四―五六）
　ハバナに生れる。カルロス・マヌエル・デ・セスペデス駐屯地の襲撃を指揮した。国外追放された身でグアテマラに滞在中、チェ・ゲバラの知己を得る。「七月二十六日運動」の全国指導部のメンバー。グランマ号遠征隊員。一九五六年十二月八日にボカ・デル・トロで暗殺される。

訳者あとがき

本書は、チェ・ゲバラ著 Reminiscences of the Cuban Revolutionary War（在ハバナのチェ・ゲバラ研究センターによる英文認定版二〇〇六年刊行）の邦訳です。人名地名の表記につきましては、ハバナ（ラ・アバナ）、アルゼンチン（アルヘンティーナ）などの慣用を除き、これまでのゲバラ関連の既刊書を参考に、概ねスペイン語による発音に準じました。なお、スペイン語では ll に母音が続く綴りを、ヤ行あるいはリャ行に近い流音をもって発声しますが、南米ではそれがヤ行音、また地域によってはジャ行音に転化します。本書では人名・地名についてジャ行を用いて表記してあります。出版に際し、大変お世話になりました登張正史氏に改めて厚く御礼申し上げます。

二〇〇八年一月

平岡　緑

解説――永遠の正義派チェ・ゲバラ

伊高浩昭

本書は、一九六三年にキューバで出版された原書『革命戦争の経過』（Pasajes de la Guerra Revolucionaria）の内容を補足し拡大した英訳書『キューバ革命戦争回想録』（Reminiscences of the Cuban Revolutionary War）の新版（二〇〇六年刊行の「authorized edition」）を訳したものである。著者エルネスト・チェ・ゲバラ（エルネスト・ゲバーラ・デラセルナ、一九二八―六七）は、一九五六年一二月のキューバ革命戦争開始時から、ボリビアで逮捕される前日にして処刑される前々日の一九六七年一〇月七日までの一〇年余りの間に、自ら関わったキューバ革命の戦場と銃後《じゅうご》、革命政府高官としての革命建設、世界周遊外交、コンゴ内戦、ボリビアでのゲリラ戦や、革命論、反帝国主義論などについて多種多様な著作を残している。著者が常に置かれていた限界に近い激忙状態を考えれば、著作は「膨大な量」と言って差し支えない。メキシコで準備段階にあったキューバ革命の運動に参画するまでの日記、手紙、紀行文、随筆、論文などを加えれば、著作の量はさらに増える。

私は、数多いゲバラの著作のなかで最高傑作は、一九六八年にキューバで公開され出版された『チェのボリビア日記』（El Diario del Che en Bolivia）〔邦題『ゲバラ日記』〕だと思う。間近に迫っていた死を意識することも予見することもなく執筆し結果的に「遺書」となってしまったこの『日記』は、生前と死後のゲバラをつなぐ懸け橋であると同時に「来世への出発点」

であり、死後、今日まで世界中の人々の間で「存在する不在《アウセンシア・プレセンテ》」もしくは「不在なる存在《プレセンシア・アウセンテ》」として、「正義派の聖人」と呼べるような役割を演じ影響力を維持してきたゲバラの「神話化ないし伝説化の原点」とも言うべき著作である。

そして、『日記』に次ぐ傑作が本書だろう。先訳書が何点か刊行されているが、ゲバラ没後四〇周年（二〇〇七年一〇月九日）を経て、ゲバラ生誕八〇周年（二〇〇八年六月一四日）を迎えようとしている時期の新訳書刊行は、まさに時宜《じぎ》を得ていると言うべきではないか。ゲバラの娘で小児科医のアレイダ・ゲバラの序文が巻頭を飾っているが、アレイダは二〇〇八年五月に初来日が予定されており、この点でも時宜に叶っている。

革命家への道

ゲバラは本書を、メキシコ市でキューバ革命の最高指導者フィデル・カストロ（現国会評議会議長、八一歳）と歴史的な出会いを果たしたころから書き起こし、革命勝利で締めくくっている。本書の内容について少しばかり触れたいが、その前に、ゲバラのキューバ革命参加に至るまでの過程を簡単にたどることにしよう。

ゲバラは、アルゼンチンのサンタフェ州都ロサリオ市の中産階級の家に一九二八年に生まれた。子供の時から喘息《ぜんそく》にとりつかれ、これが持病となってゲバラを終生悩ませることになるが、少年時代に転地療養のためコルドバ州内の田舎町に引っ越したこともある。そのころ親戚に、共産主義者でスペイン内戦（一九三六—三九）を取材したジャーナリストらがいて、後にゲバラが述懐したところによれば、これら左翼知識人から影響を多少なりとも受けたという。やがて、この国の最高学府であるブエノスアイレス大学の医学部に進学して医学を修め、ハンセン病専門医になる。学生時代と修業後に二度にわたり南米周遊旅行に出かけるが、アンデス諸国で先住民族の農民らの極貧生活や、ひどく搾取された鉱山労働者らの打ちひしがれた姿を目の当たりにする。当時、第一期ペロン政権時代にあった母国アルゼンチンは、ラテンアメリカ（以下、ラ米）で最も豊かな国であり、エリート医大生として世に出ようとしていたゲバラにとって、同じ南米大陸に生きる圧倒的多数の人々の日常に垣間見た苦悩と苦境は強烈な衝撃だった。これは一種のトラウマとなってゲバラの脳裏に刻み込まれ、将来克服すべき最大のテーマになる。

南米中央部にあるボリビアでは一九五二年四月、鉱山労働者の人民軍が正規軍を撃破して民族主義政権を樹立する「ボリビア革命」が起きた。主役の労働者層はブルジョア民主主義者である政府指導部に圧力をかけて変革政策の実施を迫り、鉱山国有化、農地改革などで大きな成果を収めることになる。翌五三年七月、二度目の周遊旅行で同国を訪れたゲバラは、この国が歴史的にもつ革命的な資質と五二年革命の後の問題点を大まかながら把握する。またカリブ海のキューバで同月、その後の革命の原点となるカストロらのモンカダ兵営襲撃蜂起が起きたのをニュースで知る。ボリビア訪問後に、変革政策を推進する中米グアテマラのハコボ・アルベンス政権の存在を明確に意識したゲバラは旅行計画を変更して五三年一一月グアテマラに行き、政権の末端で変革のための活動に参加する。翌五四年六月、米政府が仕立てた反乱軍が隣国ホンジュラスからグアテマラを侵攻し、流血の戦闘を経てアルベンス政権は崩壊した。

ゲバラは、危険が身に迫りつつあるのを察知して地下に潜り、同年九月メキシコに逃れ、キューバから亡命してきたカストロに翌五五年七月メキシコ市で邂逅《かいこう》する。カストロの革命指導者としての能力と人間としての器の大きさを見抜いたゲバラは、意気投合して革命への参加を決意し、五六年一一月、メキシコの港からキューバ島にヨット「グランマ号」で革命の遠征に出発したゲリラ部隊に「従軍医師」として加わった。ゲバラは、南米南部の方言で「ねえ、きみ」といった意味の呼び掛けの言葉として使われる「チェ」を乱発していたが、このためカストロ以下のキューバ人同志は、いつしかゲバラを「エル・チェ」という渾名《あだな》で呼ぶようになっていた。

グアテマラとメキシコに滞在した計三年間は、ゲバラにとって思想を体得するうえで豊饒《ほうじょう》な時代だった。最初の妻になる左翼民族主義者のペルー人イルダ・ガデア、カストロらキューバ人同志らとの出会いから、マルクス主義、実存主義、ラ米文学などの本に接する機会が増え、もともと読書好きであったことも手伝って、かたっぱしからむさぼり読んだ。その後、革命戦争の本拠となるキューバ東部のマエストラ山脈の陣地でも乱読は続き、終生、本から身を離すことはなかった。チリの詩人パブロ・ネルーダ、ペルーの詩人セサル・バジェホらの詩集がいつも背嚢《はいのう》に収められていた。大いなる読書は文章力を鍛える。ゲバラの多作と巧みな文章が豊かな読書に支えられていたのは言うまでもない。

本書の内容に戻るが、「アレグリア・デ・ピオ」（22〜27頁）に、医者の天職と革命戦士としての義務のどちらを選ぶかで悩み、医薬品を置き弾薬入りの箱を手にして前進する、という場面がある。このころから早くもゲバラは、医師であることよりも革命家としてのアイデンティティーを優先させるようになっていく。だが「増援部隊」（72〜77頁）で、外国人でありながらキューバの革命に参加したことから来る特殊観念《コンプレックス》にさいなまれているのを告白する。この観念は伏線として敷かれ、一九六五年の「キューバ離脱」につながっていく。「最後の攻撃そしてサンタ・クララの戦い」（321～339頁）では、革命戦争終盤の決定的な四ヵ月間に挙げた多大な軍功をさり気なく描き、実戦部隊の司令官として成長したことを客観的に印象づける。

一九五九年元日、キューバ革命は勝利し、カストロ体制が始まる。本書の最後のページの後に来る革命体制初期のゲバラに関する事実関係を紹介すれば、ゲバラは中央銀行総裁、工業相の要職に就き、工業化五カ年計画（一九六〇―六五）を策定したのをはじめ、主として経済建設面で革命体制建設に尽力する。五九年七月にはアジア諸国を含む世界周遊の途上、日本に立ち寄り通商交渉をするが、米国に気兼ねする日本政府の横槍で思うような成果は挙げられなかった。ゲバラは自由意思で広島を訪れ、一四年前の原爆投下の惨劇の傷跡を見る。これが、ただ一度だけの訪日で得た最大の成果だったようだ。

〈副産物〉から主役へ

ゲバラは一九六五年三月、ウルグアイの首都モンテビデオで刊行されていた週刊誌「マルチャ（行進）」に掲載された「社会主義と人間」と題した論文で、「新しい人間《オンブレ・ヌエボ》」という革命的人間像を掲げる。この概念は、カリブ海の仏領マルティニク島出身でアルジェリア解放・独立戦争（一九五四―六二）の闘士であり理論家であったフランツ・ファノン（一九二五―六一）が一九六〇年ごろまでに打ち出していたものであり、フランス語ができたゲバラがファノンの著作を読み影響を受けた可能性は十分にある。だがここで重要なのは、誰が最初に「新しい人間」という概念を唱えたかということではなく、一九五〇年代末に勝利したキューバ革命と、アフリカ諸国が多数独立し「アフリカの年」と呼ばれた一九六〇年に依然独立戦争のさなかにあったマグレブ（アフリカ大陸北部）のアルジェリア、あるいは激動期のアフリカが思想的、状況的に密接に絡んでいた事実を、「新しい人間」という共通の概念が象徴していたことだろう。革命キューバは一躍、「第三世界」ないし「非同盟」の運動でラ米を代表する立場に身を置くことになり、革命体制の出発点からして世界的な変革運動の重要な一角に位置づけられたのだ。

一九六〇年代前半のキューバは、キューバと断交した米国がカストロ体制打倒のために侵攻して撃破された六一年四月の「ヒロン浜侵攻事件」（★註1）と、その直前にカストロが行なった「社会主義革命宣言」を経て、当時の東西冷戦で対峙していた米ソ両核大国が核戦争の瀬戸際まで陥った六二年一〇月の「キューバ核ミサイル危機」に至ったのに示されるように、自らの革命によって米州（南北両米大陸とカリブ海）にまで拡大した冷戦に翻弄《ほんろう》されつづけた。カストロは、対米平和共存政策を重視するソ連がキューバの頭越しに米国と妥協してミサイルを撤去したのを裏切りと受け止めて怒り、キューバ革命の実戦体験に根差す「キューバ革命路線」を以前にも増してラ米諸国に広めていく。

当時の共産主義陣営はラ米では、「米国と張り合いながら米国と意を通じる」ソ連、これに従う東欧、ソ連と厳しく対決する毛沢東路線の中国、地元の新興勢力キューバと色分けされていた。カストロはソ連の平和共存路線に抵抗しつつ、「米帝国主義がラ米に武力介入しているから、キューバは対抗上、革命を支援する」との立場から、ラ米の革命運動を支援していた。

革命建設で経済畑の責任者だったゲバラには、ソ連の援助の仕方や思想的介入に対する怒りが鬱積《うっせき》していたが、一九六五年二月アルジェリアの首都アルジェで開かれたアジア・アフリカ人民連帯機構の経済会議での演説でそれが爆発し、ソ連を「搾取する米帝国主義の共犯者」と激烈に非難する。ゲバラは農村から都市を包囲するという毛沢東革命路線に親近感を抱いていたが、ゲバラの対ソ非難は米ソ両国を「東西の帝国主義」と捉えていた中国の立場とも一致していた。

カストロは革命路線ではソ連と一線を画していたが、急進的な変革政策と人材不足に加え、米国による経済・外交封鎖の悪影響もあって経済建設はままならず、ソ連からの援助なしには革命体制を維持できない困窮状態に陥っているのを強く認識していた。ソ連は、ゲバラの演説を許すわけはなく、ソ連からの援助を計算に入れた「砂糖増産五カ年計画」（一九六五―七〇）の開始に際して、カストロにゲバラを政権中枢から外すよう圧力をかける。アルジェリアから戻ったキューバにもはやゲバラの居場所はなく、ゲバラは一九六五年四月「別れの手紙《ウルティマ・カルタ》」をカストロに送り、コンゴ（★註2）でゲリラ戦を始める。これが事実関係を踏まえた一般的な解釈だ。

だがカストロが、イグナシオ・ラモネーとの共著『フィデル・カストロ――対話で綴《つづ》る伝記』（★註3）で明らかにしたところでは、一九六四年末から六五年初めの数カ月にわたってゲバラの外交活動が目立っていたとき、すでにゲバラのボリビア行きは決まっていた。ゲバラは肉体的に厳しい山岳地帯でのゲリラ戦に耐えるには年齢的に限界に近づいており、すぐにもボリビアに行きたがっていたが、カストロは、ボリビアでの準備が整うまでは、キューバにとってすでに支援した実績のあるコンゴで任務に就くべきだと説得した。ゲバラはカストロの提案に従って、まずコンゴに行ったという。一般的解釈とかなり異なっている。

事実関係をたどると、ゲバラは「別れの手紙」で革命勝利後に与えられていたキューバ国籍と要職をすべて返上し、「諸国人民が私の支援を求めている。キューバの指導者としての責任をもつがゆえに君（カストロ）にはできないことがあるが、それをするのは私には可能だ。私たちの別れの時が来た」、「もしも私が人生最後の時間を異国の空の下で過ごすことになったとしても、私の最後の思いはキューバとキューバ人民、とりわけ君に向けられるだろう」と記し、キューバに残した家族の生活が保障されることを確信して、手紙を結んだ。新たな戦地での死さえ覚悟し、二度とキューバに戻らない決意をしていると読み取れる内容だった。終わりには、このときからゲバラの「革命標語」として有名になる「アスタ・ラ・ビクトリア・シエンプレ」の言葉と「チェ」の署名がある。この手紙は、ゲバラがコンゴでの戦いが行き詰まっていた一九六五年一〇月にハバナで開かれた新生キューバ共産党の中央委員会発足式典の場で、カストロによって公表された。これによって、ゲバラが居場所はわからないがキューバの国外のどこかで革命運動を支援していることがわかってしまった。と同時に、ゲバラにとっては不都合な事態が生じた。

アフリカ統一機構（OAU、現在のアフリカ連合＝AU＝の前身）は、キューバ人部隊に国外退去を要求し、一九六五年一一月、ゲバラ以下の部隊はコンゴを去る。だが手紙が、ゲバラの予期せぬ間に、しかも意に反してあのような形で公表されてしまった以上、ゲバラはおめおめとキューバには帰れない。実はゲバラは、手紙の最後を「私は勝利するまでキューバに戻らない。だが私の心の中にはいつも〈祖国か死か、勝利するのだ〉という言葉がある」と書いていた。カストロの革命標語を心に秘めることでカストロに忠誠を誓い、コンゴを経て到達するボリビアで勝利することができたら一旦キューバに帰るとの希望を表していた。だが死を覚悟した「遺書」であることには変わりなく、勝利できない場合、すなわち死ぬ場合、その死が確認されてから公表されるべき内容だった。

ところがカストロは、この最後の文章から「勝利するまで＝アスタ・ラ・ビクトリア」という副詞句と「いつも＝シエンプレ」という副詞を抜き出してつなぎ、「アスタ・ラ・ビクトリア・シエンプレ」という意味不明の「革命標語」に仕立ててしまった。強引に解釈すれば、「勝利するまで常に」を意訳して「永遠に勝利を目指して」がいいところだろうか。ともかく、原文にあった「勝利したら帰ってくる」という万が一の可能性が消し去られてしまったのだ。カストロの胸中に、ゲバラを排除するという対ソ約束を徹底して守る意思があったのは想像に難くない。カストロはときとして、非情なまでに徹底した現実主義者になる。また、革命建設に果たすべきゲバラの役割は一九六〇年代半ばで終わったという認識もあっただろう。勘ぐりになるが、キューバ革命の絶対的主役カストロにとって、脇役の筆頭であるゲバラがあまり目立ちすぎるのは面白くないという感情の問題もあったかもしれない。

私は以前から「別れの手紙」の「革命標語」部分に疑問を抱いていた。副詞句「勝利するまで」と副詞「いつも」が結びつかないからだ。「シエンプレ」が形容詞「エテルナ」ならば、「永遠の勝利まで」で意味をなすのだが、副詞では意味が成り立たない。そこで一九九八年にハバナで娘アレイダにインタビューした際、「アスタ・ラ・ビクトリア・シエンプレ」の疑問を質問として訊ねたところ、カストロが一方的に文章の意味を消し、「革命標語」に圧縮してしまった事実がわかったのだ。

コンゴを離れたゲバラは、タンザニア、チェコスロヴァキア（現在はチェコ）などで失意の日々を過ごし、ようやく一九六六年七月、極秘裏にキューバに帰り、ゲリラ部隊を組織しゲリラ戦の訓練をしてから、あらためてカストロらキューバ指導部と家族に別れを告げ、同年一一月ボリビアに入る。皮肉なことだが、「勝利するまでキューバには戻らない」という原文が手紙から消されたため、コンゴでの失敗の後でも、勝利が定かでないボリビア行きの前でも一時的にキューバに戻ることができはした。ただし、表玄関からでなく裏口からの超極秘裏の帰国で、必要最小限の滞在だった。

キューバ革命の絶対的指導者はカストロであり、ゲバラはカストロに忠誠を誓い、そのてのひらで動く副官の一人だった。だが本書の記述からもうかがえるように、際立って有能な副官だった。この意味で私は、ゲバラを「キューバ革命の偉大な副産物」と捉えている。思えば「別れの手紙」は、ゲバラが「副産物」から南米の革命家としての主役の座に挑む決意の書簡だったと言えるだろう。

ゲバラが一九六六年に書いたと見られる論文「世界人民へのメッセージ」は、一九六七年四月、ハバナのアジア・アフリカ・アメリカラティーナ人民連帯機構（ＯＳＰＡＡＡＬ《オスパアアル》）事務局から発表されたが、ゲバラは世界情勢を鳥瞰《ちょうかん》し、米帝国主義を正面の敵に据えて世界革命を唱え呼び掛ける自信に満ちた革命家になりきっている。時代はヴィエトナム戦争のさなかで、ゲバラは「第二、第三のヴィエトナム、多数のヴィエトナムを世界につくろう」と訴えた。

死と再生

ゲバラは、一九六六年一一月にボリビアの作戦地域に入り、ゲリラ部隊「人民解放軍」（ELN）を編成して設営、行軍、戦闘を繰り返し、六七年一〇月捕らえられ処刑された。その過程を綴る『チェのボリビア日記』には、（読む者には結末がわかっているため）悲壮感が漂っている。作戦の失敗、すなわち敗北の理由や原因は幾つか指摘することができる。武闘を肯定したがらないソ連派のボリビア共産党（PCB）主流派から支援が得られず関係がこじれたこと、協力を期待していた貧農層が一九五二年革命の農地改革の恩恵を受けて政府支持に傾斜していたことや政治的意識の低さから当てにできなかったうえに逆に軍隊に通報される羽目に陥ったこと、協力が相当期待できた政治意識の高い鉱山労働者層は遠隔地に固まっており連絡がつかなかったうえ軍政から虐殺などの弾圧に遭い彼ら自身が動きにくくなっていたこと、活動拠点に選んだアンデス前衛山脈の嶮《けわ》しい山間の渓谷地帯ニャンカウアスーの自然環境が厳しく物資補給や移動や脱出が困難だったこと、米政府の諜報・謀略機関「中央情報局」（CIA）が早くからボリビア軍に協力しゲバラ部隊の動向を細かく追跡し時間をかけて袋の鼠に追い詰めていったこと――などが挙げられるだろう。ゲバラは、ボリビアでの主戦場をアンデス前衛山脈東部の裾野と、そこから始まる低地密林地帯を想定し、何年もかけての長期の革命戦略を描き、いずれは自分の祖国アルゼンチンで革命の戦いを起こす計画だった。だが、主戦場に行く前に、壊滅させられてしまった。一九五三年七月にゲバラが初めて訪れたボリビアで「革命への閃き」を得ていたとするならば、それは結果的に徒花《あだばな》に終わってしまった。
『日記』に見られる数少ない救いの一つは、五月一六日の「私は激しい腹痛に見舞われ嘔吐し下痢をした。赤ん坊のように糞にまみれた。体や服を洗うための水はなく、一レグア（約五六〇〇メートル）先まで臭いが行き渡った」という趣旨の記述だ。「一レグア先まで臭った」というのは、まさしくラ米流の「魔術的現実主義《レアリズモ・マヒコ》」ないし「魔術的隠喩《メタフォラ・マヒカ》」である。ゲバラは何編か、小説や物語を試作しているが、本格的に小説を書かせたとしたら、どのような作品が生まれただろうかとつい思ってしまう。しかし著作に関して何よりも惜しまれるのは、ゲバラの早世によって、独自の革命理論が未完成に終わってしまったことだ。このため、フランス人レジス・デブレ（★註4）らによるゲバラ思想の解釈が盛んに行なわれることになる。その解釈論議は、いまも続いている。

ゲバラ部隊が打倒しようとしていた当時のレネ・バリエントス軍政は、いち早くゲバラの処刑を決めて執行したが、それには二つの大きな理由があった。一つは社会主義革命を本気で恐れていたため、その芽を急いで摘み取ったということだ。もう一つは、敗北ばかりが続いていたボリビア軍の対外戦争の歴史に関わる。ボリビアはチリとの太平洋戦争（一八七九年）で海岸領土を奪われて内陸国に封じ込められ、アクレ地方をブラジルの武力侵入（一九〇二年）で奪われ、パラグアイとのチャコ戦争（一九三二―三五）で平原地方を失った。このようなボリビア軍にとって、国際的に有名な革命家ゲバラの率いるELNとの戦いは「立派な対外戦争」であり、敵の最高指揮官ゲバラを殺すことで極めて希な勝利を確信できたからだった。ボリビア政府が一九九七年まで三〇年間、ゲバラの遺骨の在処《ありか》を明かさなかったのも、「輝かしい勝利」の首級《しるし》を失いたくなかったからだ。

ところが、処刑は誤算だった。軍政を支持していたボリビアの有産階層だけでなく、ラ米各国の支配層や米政府にとっても望まない結果が生じることになる。ラ米では、キューバ革命の直後から全域で武力革命運動が台頭していたが、ゲバラの悲劇的な死は英雄主義と結びついて、ラ米の左翼青年らを新たな変革運動やゲリラ戦に駆り立てた。農村ゲリラに加えて都市ゲリラの活動が激化し、左翼政党や労働運動が息を吹き返し、変革思想は軍部内にまで及んだ。このような変革の潮流がうねる、ゲバラの死から東西冷戦が大方終結した一九八九年までの二二年間に、ベラスコ・ペルー軍事革命政権、トリホス・パナマ民族主義軍事政権、トーレス・ボリビア人民主義軍事政権（★註5）、ウルグアイ左翼拡大戦線台頭、アジェンデ・チリ社会主義政権、ペロン・アルゼンチン政権復活、サンディニスタ・ニカラグア革命政権、エル・サルバドール革命戦争、グアテマラ内戦激化、コロンビアゲリラの勢力拡大などが相次いで登場したり起きたりした。その間、伝統的支配階層は米国と組んで激しい巻き返しに出て、ピノチェト・チリ軍政、ビデラ・アルゼンチン軍政などに代表される圧政が次々に現れては、時代を後戻りさせようと躍起になった。

ゲバラは、変革を希求し圧政に抵抗し社会正義を打ち立てようとこいねがうラ米人民の象徴として、生前をはるかに上回る影響力を行使するようになる。それはさらにラ米の彼方へ、世代を超越して広がっていった。ゲバラは世界中で展開されたヴィエトナム反戦運動、労働運動、学生運動などに欠かせない時空を超えた偶像的存在になっていった。

カストロは、ゲバラの死の翌年一九六八年を「英雄的ゲリラの年」と定め、ゲバラを幼稚園から大学までの教育課程に「期待される革命的人間像」として導入した。ゲバラは死によって、キューバ革命の建設過程で新しい役割を公式に担うことになったのだ。社会正義、勤労、克己《こっき》、清貧、無私無欲、自己犠牲、不正義との闘い、帝国主義に対する抵抗と戦い、同志愛、国際主義などを体現した偉人として、精神・思想教育の中心に位置づけられたのだ。

一方でカストロは、ソ連の意向を汲んでラ米諸国のゲリラ支援を打ち切ったり制限したりし、一九六八年八月、ソ連軍が民主化運動を弾圧するためチェコスロヴァキアに軍事侵攻すると、世界に先駆けてソ連を支持した。これによりソ連との蜜月時代が始まり、キューバは一九七二年、ソ連圏の経済相互援助会議（コメコン）に加盟し、一九七六年からはソ連型の政治機構に移行することになる。政経両面で急速にソ連に歩み寄っていったわけだが、だからこそなおさら、ゲバラをキューバ革命の「操」、象徴と位置づけ、教育や革命文化のソフトパワーとして全面的に押し出す必要があったわけだ。

革命支援活動の中心は一九七〇年代半ばからアンゴラになり、カストロはもはやゲリラ戦争ではなく、キューバ正規軍を大量に派遣してアンゴラの反政府右翼ゲリラ勢力と、その背後にいた南アフリカ正規軍を撃破する。これにより事実上の南ア植民地だったナミビアが解放され、南ア・アパルトヘイト体制の崩壊が早められた。「ゲバラがもし生きていたならば」という空しい仮定をあえてすれば、キューバ軍派遣部隊の現地司令官としてアンゴラ南部の戦場で南ア軍と戦ったのではないかと想像したくなる。

東西冷戦は一九八九年のベルリンの壁崩壊を境に終焉《しゅうえん》に向かい、やがてソ連が消滅する。超大国・米国の一極支配が猛威を振るい経済封鎖が強化されていく一九九〇年代、カストロは非常事態に等しい「平和時の特別期間」を敷き、社会主義体制の防衛と延命に全力を傾注する。ゲバラはさらに新しい役割を与えられ、キューバ経済を支える花形産業に躍り出た観光の目玉商品として、外貨獲得のために奮闘する。著作、映画、音楽、絵画、彫刻、写真、Tシャツ、絵葉書などのゲバラグッズは飛ぶように売れ、ゲバラゆかりの革命拠点は名所となって観光客を引きつけている。娘アレイダもにわかに多忙となり、「友好大使」のような立場で世界中を訪問することになる。

一九九〇年代には、一九七〇年代半ばからラ米を中心に広がりつつあった米国主導の新自由主義経済政策が大手を振って闊歩し、勝負の土俵にも上がることなく一方的に「敗残者」の憂き目を押しつけられたラ米や世界中の人民、貧者大衆は、苦境からの解放と新しい正義の樹立を目指して、ゲバラを象徴に掲げた。時代が、ゲバラをあらためて必要としはじめたのだ。

二一世紀初頭のラ米では、ベネズエラのチャベス・ボリーバル主義革命政権、先住民族大統領モラレスのボリビア変革政権、コレア・エクアドール改革政権、サンディニスタ・ニカラグア復活政権など左翼陣営と、ブラジル、チリ、ウルグアイ、ペルー、ハイチ、グアテマラなどの中道左翼陣営が幅を利かせている。ラ米を凌駕《りょうが》しつつある変革の大波は、米国支配と新自由主義への嫌悪感と怒り、そしてラ米側の自立精神の高まりと経済力の向上によって起きている。ウーゴ・チャベス大統領は二〇〇七年三月、一八二三年の「モンロー宣言」以来、ラ米を「裏庭」視していた米国の絶対的なラ米支配の時代は終わったと宣言した。

ボリビア先住民族アイマラ人のエボ・モラレスは二〇〇五年末の大統領選挙で圧勝し、二〇〇六年初め政権に就いた。モラレスは鉱山労働者の拠点の一つオルーロ州の出身だが、一九八〇年代の鉱山民営化で失業した多くの労働者たちとコチャバンバ州チャパレに移住し、コカインの原料ともなるコカ葉を栽培するコカレロ（コカ葉栽培農民）の指導者になった。それを基盤として政界に進出し、国会議員を経て政権を射止めることになる。モラレスの先住民族としての出自、元鉱山労働者のコカレロの指導者という立場が労働者と農民を結びつけるのに好都合だったこと、強烈なカリスマと巧みな弁舌と果敢な反政府戦術が相乗効果を発揮して、政権の座に上り詰めた。「異邦人」ゲバラが構築したくても叶わなかった労農連帯を十数年かけて実現させたのだ。先に紹介した「世界人民へのメッセージ」には、「従属大陸ラ米が平和的手段を通じて自身を解放する可能性はないか、慎重に検討する必要はある」という注目すべき記述がある。モラレスは、まさにその可能性を追求したのだ。ゲバラが決して武闘一辺倒ではなく、平和手段をも肯定する洞察力に富んだ革命家であったことを物語る。

二〇〇七年一〇月のゲバラ没後四〇周年記念行事は、ゲバラの戦功の地でゲバラ像と霊廟《れいびょう》のあるキューバ中央部のサンタ・クララ市と、ゲバラ処刑の地ラ・イゲラ村に近く遺体が隠されていたボリビア南東部のバジェグランデ町で特に盛大に催された。この町での式典に出席した大統領モラレスは演説し、「私はゲバラ主義者で、社会変革におけるゲバラの理想主義と我々のそれとは同じだ。だが我が政府は、社会変革を民主的に実行している」と強調した。一九五二年革命が風化しつつあったボリビアの大地にゲバラが蒔いた種は、四〇年後にモラレス政権となって結実した。ゲバラは、（悲劇的に終わりはしたが一九七〇年のアジェンデ・チリ社会主義政権の誕生や、）モラレス政権の自由選挙による登場を洞察していたと言えるのだ。

渇望する理由

ゲバラの死後四一年目に入っているのに、ゲバラはなぜこれほどまでに人気が高いのだろうか。世界中の多くの人民、民衆、大衆、市民から愛されているため人気が高いのだが、その理由は何なのか。答は簡単だ。正義のない現代社会が以前にも増して、社会正義実現のために不正義と闘う正義派の象徴としてゲバラを必要としているということだろう。正義という理想主義的価値観の体現者として、世界共通のほとんど唯一の象徴がゲバラなのだ。ラ米人と世界中の人々を震撼《しんかん》させたゲバラの悲劇的な死は、二一世紀に入ってなお人々の心を揺さぶりつづけ、心情的ながら正義の実現と変革を人々に志向させているのだ。つまり「震撼の記憶」は世代を超えて伝わり、浸透しつづけているということだ。キューバの写真家アルベルト・コルダが一九六〇年三月に撮影した、見果てぬ夢を追いつづけるような遠い視線を彼方に向けるゲバラの精悍《せいかん》な風貌を捉えたあの素晴らしい写真が、三九歳という若い死の衝撃と余韻を何億倍にも増幅して、「記憶」の拡散と浸透にいまも拍車をかけているのだ。

人々が世界を見渡せば、あまりにも強大な米国の存在と新自由主義の威力ばかりが目につき、まったく無力な一人一人の自分がやるせなく切なくなる。一極支配と利益追求至上主義は戦火を広げ環境破壊を促進し、文化を陳腐なものに画一化させようとしている。ゲバラのかつての標的がこれほどまでに巨大になったいま、人々は絶望的なほどにゲバラを抵抗の象徴として渇望せざるをえないのだ。ここに人々の共感が生まれ、共感は流行を呼ぶ。かつて政治的だった「人民」は金権主義経済に支配されて、小さな孤立した「孤独な個人」に細分化、矮小化され没個性になって、動きがとれない。そんな人々にとってゲバラは「共通の個性」として重宝がられているのかもしれない。

ゲバラは、世界中の多くの人々にとって自分たちの「代理の革命家」なのだ。現代の戦いはテロリズム、国家テロ、大量虐殺、大規模な生態系破壊と残忍極まりない。それらとは趣を異にする往時のゲリラ戦の主人公として若くして死んだハンサムなゲバラには、共鳴できそうな価値が備わっている。だが、ゲバラが生きていたならばこのように行動したはずだと想像をたくましくしても、人々に行動はできない。そこで理想の行動を、なおもゲバラに託し代行してもらおうとする。こうしてゲバラは「存在する不在」、「不在なる存在」でありつづけてきた。

ここで忘れてはならないのは、革命キューバが二〇〇八年元日に四九周年を迎え、いま二〇〇九年元日の五〇周年＝半世紀に向けて謙虚な日々をひたすら歩んでいることだ。ラ米革命の総本山キューバが依然健在であるからこそ、そこから世に出たゲバラも長らく「存在」しつづけてこられた。カストロは二〇〇六年七月末、腸内出血で倒れ大手術を受けて以来、国家評議会議長などの実権を実弟ラウール・カストロ第一副議長に代行させ、ラウール議長代行の下で集団指導体制が機能している。カストロ兄弟は自分たちの死後の革命体制継続を目指して、後継体制づくりを進めている。カストロは、自分に対する個人崇拝を自分にも他人にも厳しく戒めてきた。だから、代わりにゲバラを「期待される革命的人間像」に位置づけてきたとも言える。もしカストロが死んだとすれば、ゲバラの「存在」と、ラ米および世界の革命史における位置づけと評価はどうなるだろうか。死後もカストロが主役だとゲバラは認めるのだろうか。この点だけは、その時になるまではわからない。

ゲバラの生涯を「ただの長旅だったように思える」と、逆説的、警句的ながら喝破《かっぱ》した人がいる。だが「ただの長旅から生まれた革命家」は、ロマンと激動の時代だった二〇世紀第三・四半期に精一杯戦って死に、「不滅の革命家」になった。そのゲバラが発しつづけている究極のメッセージは「見果てぬ夢を見よう」ということだと私は受け止めている。だからこそゲバラは、日常性のなかで想像力を大いにかき立ててくれるのだ。現代人がゲバラを渇望する理由はここにあると思う。

革命キューバ五〇年目、ゲバラ生誕八〇周年の二〇〇八年正月　東京にて

（イダカ・ヒロアキ＝ジャーナリスト）

★註1　米政府が編成した反カストロ派亡命キューバ人部隊は、キューバ島南海岸（カリブ海）に面したコチーノス湾ヒロン浜に上陸したが、いち早く反撃したキューバ軍に撃破された。米メディアは、ひょうきんな名称コチーノス（豚）湾を強調して「ピッグス湾」事件と命名し、その影響で日本でも「ピッグス湾」とする者が多い。だが正確にはヒロン浜であり、キューバの命名に従うのが妥当だろう。

★註2　旧ベルギー領コンゴ＝キンシャサコンゴ。一九六〇年コンゴ共和国として独立した。六五年米国とベルギーに支援されたモブツ大佐のクーデターで内戦が激化。七一年ザイ

ール共和国に国名を変更。九七年現在のコンゴ民主共和国に国名を再変更。

★註3　二〇〇四年の初版および二〇〇七年九月の拡大版。拡大版の邦訳書は二〇〇八年に刊行される見通し。ラモネーはスペイン人で、フランスのルモンド・ディプロマティク誌編集長。

★註4　フランス人で、一九四〇年生まれ。六五年からハバナ大学で哲学を講義。カストロらとの議論を基に『革命の中の革命』を書き六七年に刊行。この本で、少数の前衛が中核となって革命を起こしていく「中核拠点主義」（フォキズモ）理論を打ち出す。カストロとゲバラの連絡役として六七年三月、ジャーナリストとしてボリビアに入るが、ゲバラと会った後に逮捕され、軍事法廷で禁固三〇年の実刑を科せられるが、トーレス政権（註5）による恩赦で七〇年末に釈放され、チリに滞在してからフランスに七一年帰国した。ゲバラのボリビア作戦を分析した『チェのゲリラ』（一九七四年）など多数の著作がある。一九八〇年代にフランソワ・ミッテラン仏大統領の外交顧問を務めた。

★註5　ゲバラ処刑を決めたボリビア軍最高幹部の一人だったファンホセ・トーレス将軍が一九七〇年一〇月、人民蜂起に合わせてクーデターを打ちオバンド軍政を倒して政権に就いた。七一年労働者代表で構成する人民議会を設け、五二年革命時のような人民軍結成を図ろうとするが、米国とブラジル軍政に支援されたウーゴ・バンセル大佐のクーデターで七一年八月流血の戦闘の末に崩壊した。ボリビアは、バンセル体制下で冬の時代に入る。トーレスは一九七六年六月、亡命先のアルゼンチンで暗殺された。

関連写真

上：シエラ・マエストラにおけるフィデル・カストロ

左下：アイデー・サンタマリーア（左）とセリア・サンチェスにライフル銃の使い方を教えるフィデル・カストロ

右下：シエラ・マエストラにおけるチェ・ゲバラとセリア・サンチェス

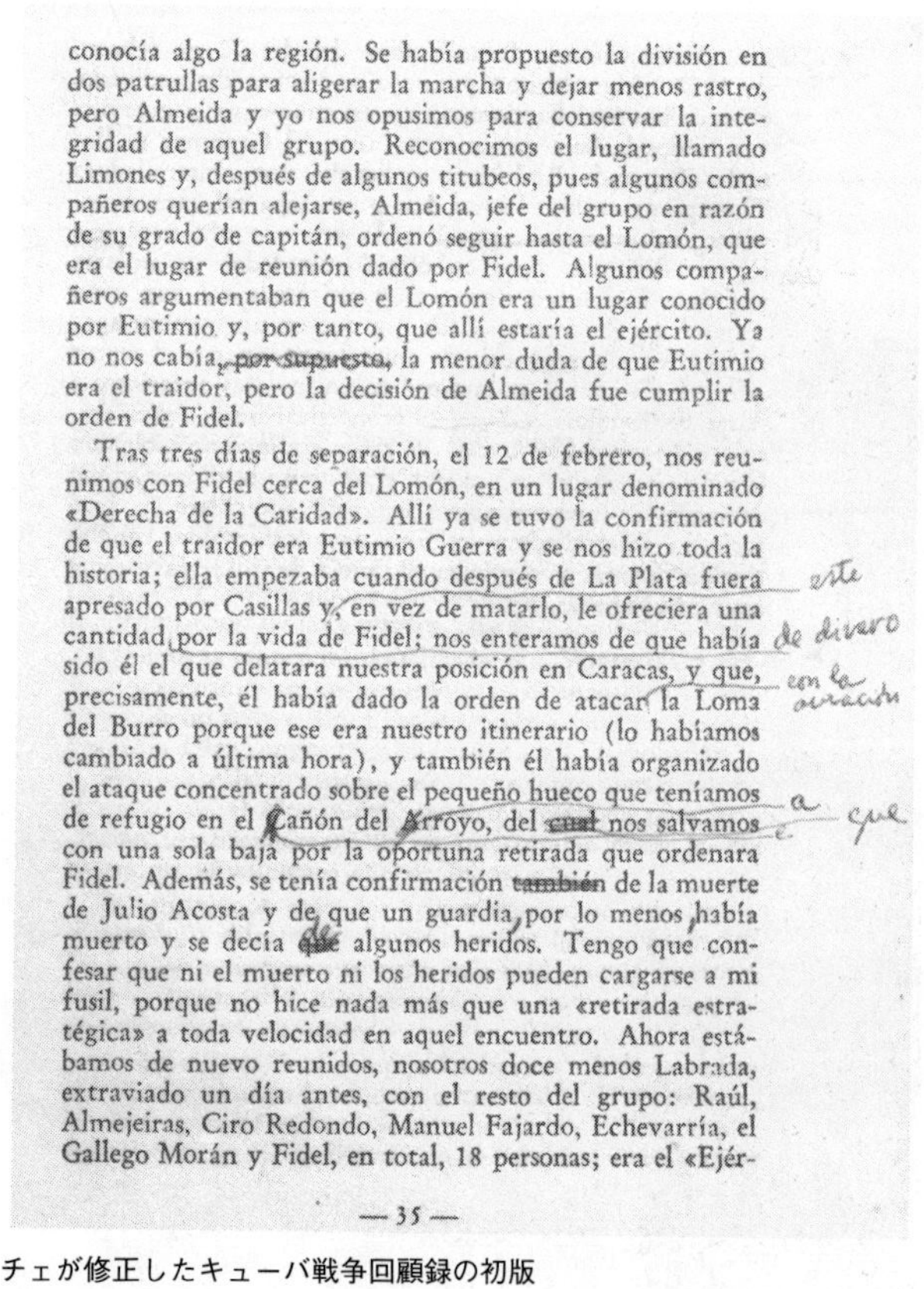

conocía algo la región. Se había propuesto la división en dos patrullas para aligerar la marcha y dejar menos rastro, pero Almeida y yo nos opusimos para conservar la integridad de aquel grupo. Reconocimos el lugar, llamado Limones y, después de algunos titubeos, pues algunos compañeros querían alejarse, Almeida, jefe del grupo en razón de su grado de capitán, ordenó seguir hasta el Lomón, que era el lugar de reunión dado por Fidel. Algunos compañeros argumentaban que el Lomón era un lugar conocido por Eutimio y, por tanto, que allí estaría el ejército. Ya no nos cabía, ~~por supuesto,~~ la menor duda de que Eutimio era el traidor, pero la decisión de Almeida fue cumplir la orden de Fidel.

Tras tres días de separación, el 12 de febrero, nos reunimos con Fidel cerca del Lomón, en un lugar denominado «Derecha de la Caridad». Allí ya se tuvo la confirmación de que el traidor era Eutimio Guerra y se nos hizo toda la historia; ella empezaba cuando después de La Plata fuera apresado por Casillas y, en vez de matarlo, le ofreciera una cantidad por la vida de Fidel; nos enteramos de que había sido él el que delatara nuestra posición en Caracas, y que, precisamente, él había dado la orden de atacar la Loma del Burro porque ese era nuestro itinerario (lo habíamos cambiado a última hora), y también él había organizado el ataque concentrado sobre el pequeño hueco que teníamos de refugio en el Cañón del Arroyo, del ~~cual~~ nos salvamos con una sola baja por la oportuna retirada que ordenara Fidel. Además, se tenía confirmación ~~también~~ de la muerte de Julio Acosta y de que un guardia por lo menos había muerto y se decía ~~que~~ algunos heridos. Tengo que confesar que ni el muerto ni los heridos pueden cargarse a mi fusil, porque no hice nada más que una «retirada estratégica» a toda velocidad en aquel encuentro. Ahora estábamos de nuevo reunidos, nosotros doce menos Labrada, extraviado un día antes, con el resto del grupo: Raúl, Almejeiras, Ciro Redondo, Manuel Fajardo, Echevarría, el Gallego Morán y Fidel, en total, 18 personas; era el «Ejér-

— 35 —

チェが修正したキューバ戦争回顧録の初版

triste pero aleccionadora: Sergio Acuña, el desertor de días atrás, fue a la casa de unos parientes, allí se puso a relatar a sus primas sus hazañas como guerrillero, lo escuchó un tal Pedro Herrera, lo delató a la guardia, vino ~~el famoso~~ el cabo Roselló* ~~(ya ajusticiado por el pueblo)~~, lo torturó, le dio cuatro tiros y, al parecer, lo colgó. Esto enseñaba a la tropa el valor de la cohesión y la inutilidad de intentar huir individualmente del destino colectivo; pero, además, nos colocaba ante la necesidad de cambiar de lugar pues, presumiblemente, el muchacho hablaría antes de ser asesinado y él conocía la casa de Florentino, donde estábamos. Hubo un hecho curioso en aquel momento, que sólo después atando cabos, hizo la luz en nuestro entendimiento: Eutimio Guerra, había manifestado que en un sueño se había enterado de la muerte de Sergio Acuña, y, todavía más, dijo que el cabo Roselló lo había muerto. Esto suscitó una larga discusión filosófica de si era posible la predicción de los acontecimientos por medio de los sueños o no. Era parte de mi tarea diaria hacer explicaciones de tipo cultural o político a la tropa ~~y explicaba claramente~~ que eso no era posible, que podía deberse a alguna casualidad muy grande, que todos pensábamos que era posible ese desenlace para Sergio Acuña, que Roselló era el hombre que estaba asolando la zona, etc. ~~; además~~ Universo Sánchez dio la clave diciendo que Eutimio era un «paquetero», que alguien se lo había dicho, pues éste había salido el día antes y había traído cincuenta latas de leche y una linterna militar. Uno de los que más insistían en la teoría de la iluminación era un guajiro analfabeto de 45 años a quien ya me he referido: Julio Zenón Acosta. Fue mi primer alumno en la Sierra; ~~estaba~~ hacía ~~haciendo~~ esfuerzos por alfabetizarlo y, en los lugares donde nos deteníamos, le iba enseñando las primeras letras; estábamos en la etapa de identificar la A y la O, la E y la I. Con mucho empeño, sin considerar los años pasados sino lo que quedaba por hacer, Julio Zenón se había dado a la tarea ~~de alfabetizarse~~. Quizás su ejemplo en este año pudiera servir a muchos

Por lo que trata de explicar

* No hay certeza de la veracidad de ~~esta~~ la noticia sobre la identidad del asesino.

シエラ・マエストラにおいて、(左から) チェ・ゲバラ、フィデル・カストロ、カリスト・ガルシア、ラミロ・バルデスおよびフアン・アルメイダ

シエラ・マエストラにおいて、(左から) ギジェルモ・ガルシア、チェ・ゲバラ、ウニベルソ・サンチェス、ラウル・カストロ、フィデル・カストロ、クレセンシオ・ペレス、ホルヘ・ソトゥスおよびフアン・アルメイダ

シエラ・マエストラにおけるフィデル・カストロ

シエラ・マエストラの農民一家に話しかけるフィデル・カストロ。その右脇にセリア・サンチェス

シエラ・マエストラにおけるフィデル・カストロ、チェ・ゲバラおよびその他の者たち

殺害された農民の遺体の周囲に集まるゲリラ戦闘員と農民。チェ・ゲバラが右側にしゃがんでいる

シエラ・マエストラの農村
(チェ・ゲバラ撮影)

フィデル・カストロをインタビューするアメリカ人記者のボッブ・テーバー

チェ・ゲバラをインタビューするジャン・ダニエル記者

チェ・ゲバラとアルゼンチン人記者のホルヘ・リカルド・マセッティー

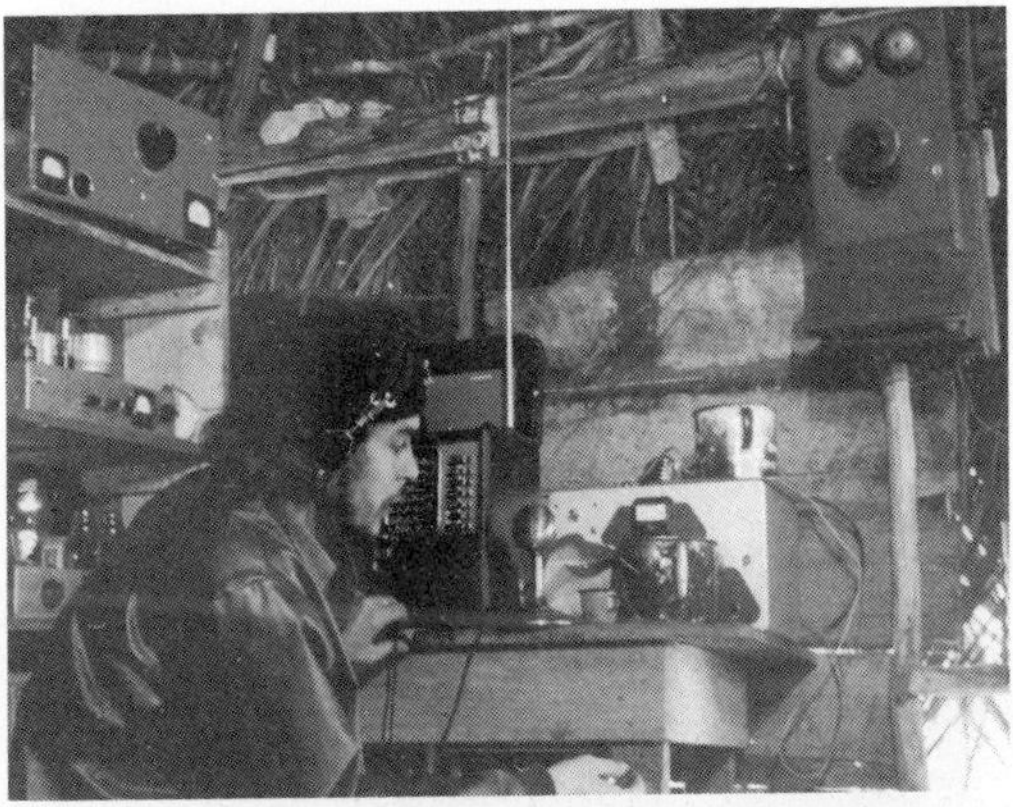

エスカンブレー山中でのチェ・ゲバラ

シエラ・マエストラにおけるフィデル・カストロとラミロ・バルデス

シエラ・マエストラの「エル・オンブリト」でのチェ・ゲバラ

「エル・オンブリト」の丘に掲げられた巨大な旗印の前で、チェ・ゲバラ（中央）と第四縦隊の隊員たち

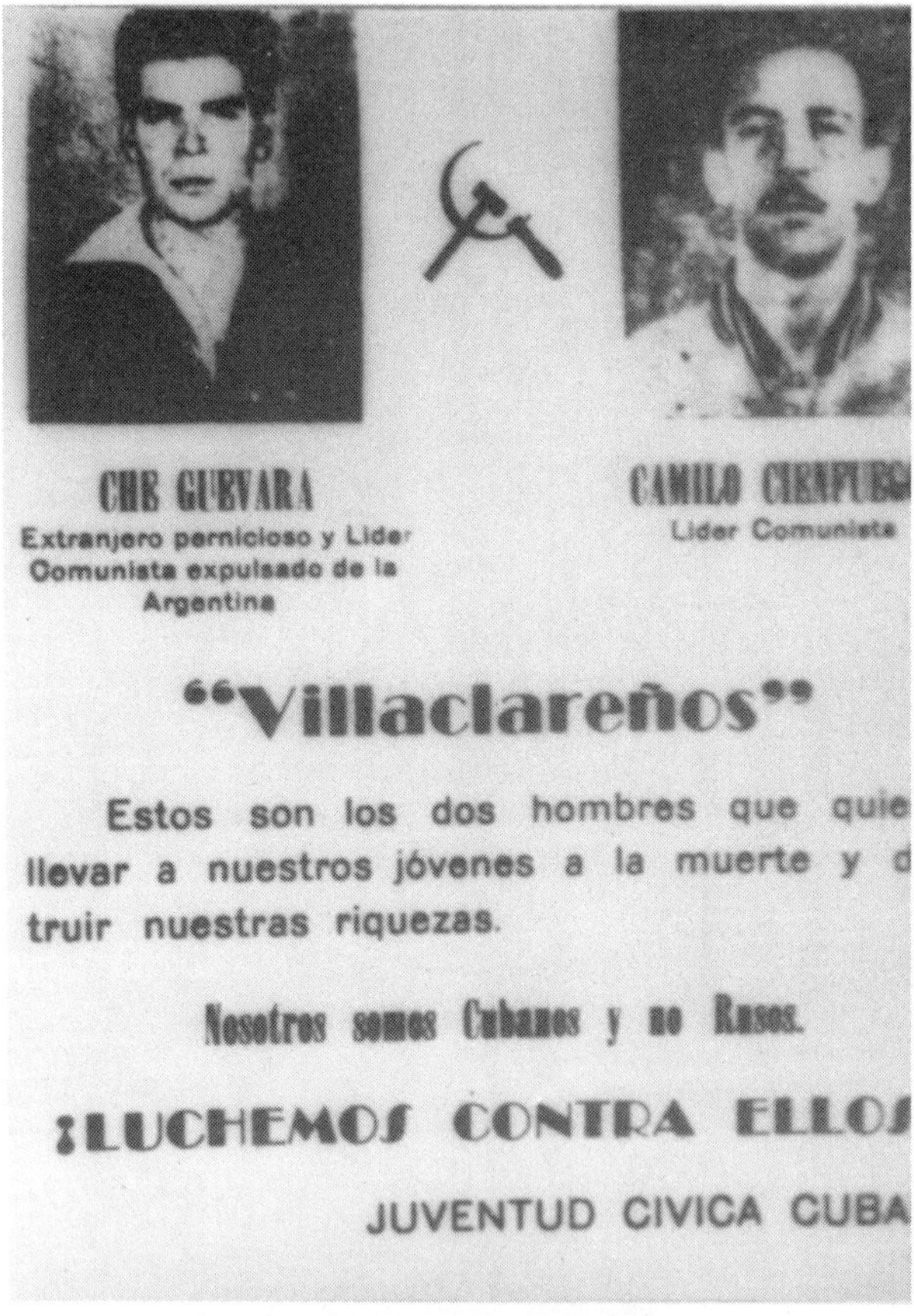

チェ・ゲバラとカミロ・シエンフエゴスを共産主義者として糾弾するポスター、1958年後半

チェ・ゲバラとカミロ・シエンフエゴス

脱線した装甲車両、サンタ・クララにおいて、1958年12月

フォメントで地元民に語りかけるチェ・ゲバラ、1958年12月

上：サンタ・クララ攻落前にアレイダ・マルチからメッセージを受け取るチェ・ゲバラ

下：サンタ・クララのレオンシオ・ビダル兵営でのチェ・ゲバラとアレイダ・マルチ

ラス・ビジャスでのチェ・ゲバラとアレイダ・マルチ、1958年12月

（左から）ラミロ・バルデス、オロ・パントハおよびミゲル・マナルス、サンタ・クララにて
1958年12月

向かって左から、ホセ・アルグディン、チェ・ゲバラ、アレイダ・マルチ、後方にハリー・ビジェガスおよびラモン・パルド・ゲラ、サンタ・クララの繁華街にて

ロベルト・ロドリゲス、「バッケリト」

ＤＴＰ　平面惑星

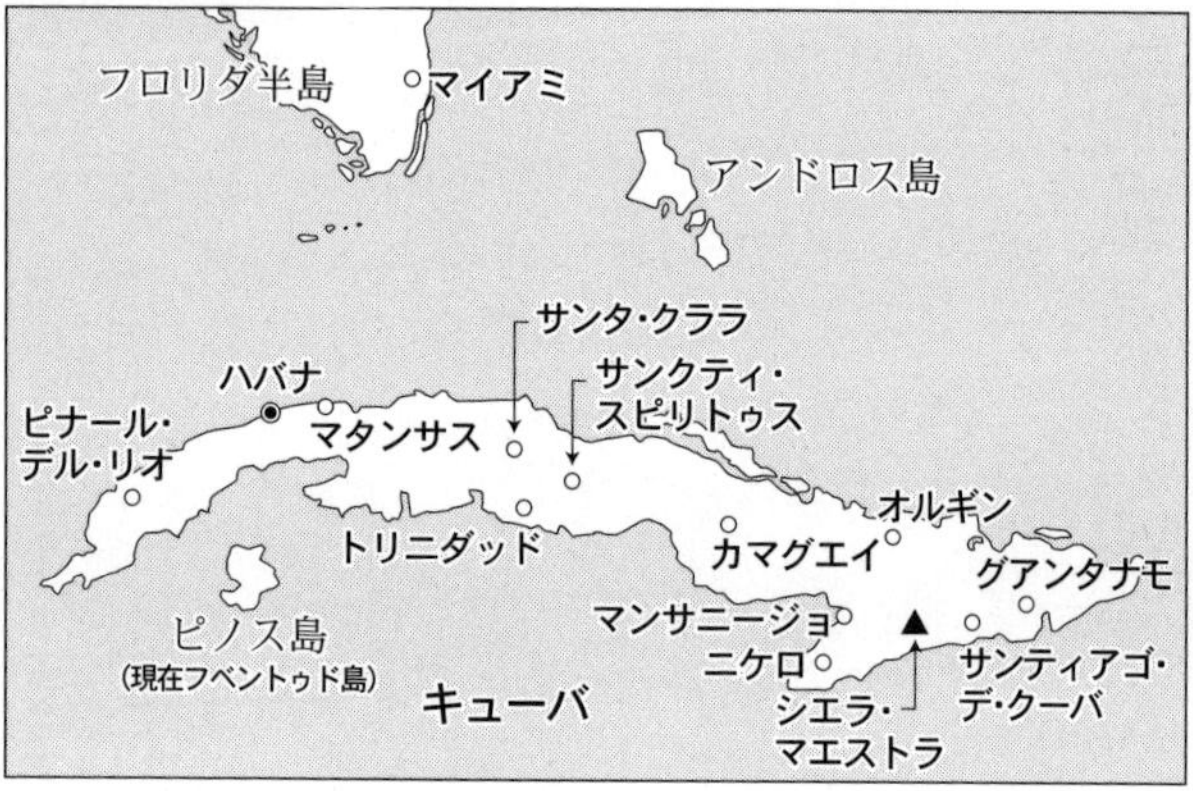

本書は訳し下ろし作品です。

原文中の括弧は（）、［］などそのままの形で示し、訳出にあたり説明を要する語句には〔〕にて注を施した。

本文中に今日の人権意識に照らして不適切な表現があるが、原著者が故人であり、過酷な状況における事実を描いた作品であることを鑑みて原文に忠実な訳とした。

中公文庫

革命戦争回顧録《かくめいせんそうかいころく》

2008年2月25日　初版発行

著　者　チェ・ゲバラ

訳　者　平岡《ひらおか》　緑《みどり》

発行者　早川 準一

発行所　中央公論新社
〒104-8320　東京都中央区京橋2-8-7
電話　販売 03-3563-1431　編集 03-3563-3692
URL http://www.chuko.co.jp/

印　刷　三晃印刷

製　本　小泉製本

Published by CHUOKORON-SHINSHA, INC.
Printed in Japan　ISBN978-4-12-204981-9 C1120

定価はカバーに表示してあります。
落丁本・乱丁本はお手数ですが小社販売部宛お送り下さい。
送料小社負担にてお取り替えいたします。

中公文庫既刊より

各書目の下段の数字はISBNコードです。978－4－12（★印は4－12）が省略してあります。

ケ-3-1
新訳 ゲバラ日記
チェ・ゲバラ
平岡 緑 訳
キューバ革命後ボリビアに身を投じ壮絶な最期を遂げるまでを綴った一年間の記録。極度の緊張感の中、ゲバラの素顔の魅力が溢れる。〈解説〉いとうせいこう
204940-6

B-1-2
遊撃戦論
毛 沢 東
藤田敬一
吉田富夫 訳
人民戦争を謳った「抗日遊撃戦争の戦略問題」と毛沢東思想の原基「文芸講話」を収録。中国革命を担った毛沢東の本質はここに潜む。〈解説〉鎌田 慧
★203851-0

B-1-11
最終戦争論
石原莞爾
戦争術発達の極点に絶対平和が到来する。戦史研究と日蓮信仰を背景にした石原莞爾の特異な予見は、日本を満州事変へと駆り立てた。〈解説〉松本健一
★203898-7

B-14-7
戦争史大観
石原莞爾
使命感過多なナショナリストの魂と冷徹なリアリストの眼をもつ石原莞爾。真骨頂を示す軍事学論・戦争史観・思索史的自叙伝を収録。〈解説〉佐高 信
★204013-2

B-1-19
13日間 キューバ危機回顧録
ロバート・ケネディ
毎日新聞社 訳
異文化と衝突を繰り返すアメリカ。冷戦下、ミサイルの恐怖に大統領はどう対処したか。ロバート・ケネディが緊迫の筆致で描く危機の内情。〈解説〉舛添要一
★203936-3

B-14-8
人民の戦争・人民の軍隊 ヴェトナム人民軍の戦略・戦術
グエン・ザップ
眞保潤一郎
三 宅 蕗 子 訳
ベトナム人民軍の名将が、その組織・戦略・戦術を、ディエン・ビエン・フーの戦い等に即して具体的に論じた、比類なきゲリラ戦論。〈解説〉神浦元彰
★204043-4

B-14-10
補給戦 何が勝敗を決定するのか
M・v・クレフェルト
佐藤佐三郎 訳
ナポレオン戦争からノルマンディ上陸作戦までの戦争を「補給」の観点から分析。戦争の勝敗は補給によって決まることを明快に論じた名著。〈解説〉石津朋之
★204690-4